後遺障害の認定と異議申立
―むち打ち損傷事案を中心として―

日本損害保険協会
損害保険相談・紛争解決サポートセンター東京
加藤 久道

［医学監修］
慶應義塾大学医学部整形外科学
教授 松本 守雄

保険毎日新聞社

■はしがき■

　交通事故や傷害保険事故の結果として、負傷した当事者に一定の障害が残存する場合に、これを後遺症あるいは後遺障害と呼んでいる。
　後遺障害の問題は、損害賠償や補償の大きな柱の一つである。後遺障害は、逸失利益と慰謝料で構成されるが、いずれも後遺障害の認定によって、その内容は大きな影響を受ける。
　したがって、後遺障害認定に関する基本的知識は、損害賠償や補償を考える上で必要不可欠のものであるといえる。
　後遺障害認定は、実務上、自賠責保険制度に依拠して進められている。もちろん、自賠責保険後遺障害等級認定が絶対的というわけではなく、裁判所の判断によって変更されることはあり得るが、交通事件の大方が保険会社（含む共済組合。以下同）によって解決されていること、および裁判所も自賠責保険の認定基準を判断の基準として採用することが多い現状を考えれば、実際上、自賠責保険の後遺障害等級認定が後遺障害を決定付けているといえる。
　交通事故において、いわゆる「むち打ち損傷」事案は数多い。実数は示されていないが、むち打ち損傷事案に多く見られる神経症状の後遺障害（主として12級・14級）は、相当な件数であると考えられる。
　そこで、後遺障害認定件数の多数を占めると考えられる、むち打ち損傷事案による12級・14級神経症状の後遺障害を中心に、後遺障害の認定などを検討することは意味あることと思う。
　後遺障害に関する書籍は数多い。しかし、事例に即して認定の可否や認定の差異を具体的に検討したものは少ないと思われる。
　本書は、後遺障害について基本的知識を整理し、事例に即して理解を進めようと試みるものであり、目指すものは、「実用に役立つ参考書」である。
　本書が、相談実務に携わる事故相談担当者、損保・共済社員、損保代理店、弁護士、司法書士、行政書士等の方々の、後遺障害認定相談業務の一助になれば幸いである。

　本書において、事故発生状況に関連する解説については、事故解析専門家の視点から森澤三郎氏（株式会社審調社）より、本書の全般については、法律家の観点から弁護士無津呂幸憲氏（東京エクセル法律事務所）より貴重な助言と教示をいただいた。心より御礼申し上げたい。

　なお、本書「第2章　判例紹介」の解説に当たり、医学的見解にかかる事項につい

はしがき

て、慶應義塾大学医学部整形外科学教授松本守雄氏に監修をいただいた。ここにあらためて厚く御礼申し上げる次第である。

2017年12月

一般社団法人日本損害保険協会
損害保険相談・紛争解決サポートセンター東京
加藤　久道

■著者紹介■

[著　者]

加藤　久道（かとう・ひさみち）

　日本損害保険協会医研センター部長代理、損害保険相談・紛争解決サポートセンター東京主査を経て、現在同センター勤務

　日本交通法学会会員、日本臨床救急医学会会員

【主な論文】

　「後遺障害の認定と異議申立に関する一考察＜研究ノート＞」損害保険研究77巻2号（2015）、「自賠責保険請求における交通事故の証明に関する諸問題」損害保険研究68巻1号（2006）

[医学監修者]

松本　守雄（まつもと・もりお）

　慶應義塾大学医学部整形外科学教授

　日本整形外科学会副理事長

　認定資格等：日本整形外科学会認定整形外科専門医ほか

【主な著書】

　『NHKここが聞きたい！名医にQ　腰痛のベストアンサー〔ポケット版〕』（監修）（主婦と生活社、2013）、『ナースのためのやさしくわかる整形外科』（総監修）（ナツメ社、2012）、『整形外科専門医になるための診療スタンダード1　脊椎・脊髄』（共編）（羊土社、2008）

■凡　　例■

1　法令名等の略記

自賠法	自動車損害賠償保障法
施行令	自動車損害賠償保障法施行令
施行則	自動車損害賠償保障法施行規則
料団法	損害保険料率算出団体に関する法律
労災法	労働者災害補償保険法
労災則	労働者災害補償保険法施行規則

2　判例表示および判例集等

東京高判平成 28 年 1 月 20 日判時 2292 号 58 頁	東京高等裁判所平成 28 年 1 月 20 日判決 判例時報第 2292 号 586 頁
交通民集	交通事故民事裁判例集
判時	判例時報
判タ	判例タイムズ
労判	労働判例
自保ジャ	自保ジャーナル
金判	金融・商事判例

3　その他

青本	『交通事故損害額算定基準〔25 訂版〕』(日弁連交通事故相談センター、2016)
赤い本	『民事交通事故訴訟 損害賠償額算定基準〔2017 年版〕』(日弁連交通事故相談センター、2017)
自算会	自動車保険料率算定会
支払基準	自動車損害賠償責任保険の保険金等及び自動車損害賠償責任共済の共済金等の支払基準
自賠責保険	自動車損害賠償責任保険
障害等級認定基準	労働者災害補償保険の障害補償給付の基準
そんぽ ADR センター	一般社団法人日本損害保険協会損害保険相談・紛争解決サポートセンター
損保料率機構	損害保険料率算出機構
調査事務所	損害保険料率算出機構・自賠責損害調査事務所

凡　例

必携	『労災補償　障害認定必携〔第 16 版〕』（財団法人労災サポートセンター、2016）
紛争処理機構	一般財団法人自賠責保険・共済紛争処理機構
労災保険	労働者災害補償保険

■目　次■

はしがき
著者紹介
凡　例

第1章　基礎知識

Ⅰ　後遺症と後遺障害 …………………………………………………………2
Ⅱ　後遺障害の意義 1 ── 総説 ………………………………………………4
　1　後遺障害認定の法的根拠／4
　2　障害等級認定基準における用語の意味および該当要件／4
　　(1)　障害認定上の意味・4
　　(2)　後遺障害の該当要件・5
　3　保険約款における後遺障害の定義／5
Ⅲ　後遺障害の意義 2 ── 各論の問題点 ……………………………………7
　1　傷害の意義／7
　2　傷害に関わる問題点／8
　　(1)　保険約款における傷害の定義・8
　　(2)　治ったとき・8
　　(3)　症状固定・8
　　(4)　当該傷害との相当因果関係・10
Ⅳ　後遺障害認定実務の概要 ………………………………………………11
　1　後遺障害等級表／11
　2　後遺障害の部位、系列と序列／11
　　(1)　部　位・11
　　(2)　系　列・12
　　(3)　序　列・12
　3　後遺障害等級認定における原則と準則／12
　　(1)　併合（施行令2条1項3号に基づく規定）・12
　　(2)　相当（施行令別表第一備考、別表第二備考6に基づく規定。労災保険における「準用」）・13
　　(3)　加重（施行令2条2項に基づく規定）・13
Ⅴ　後遺障害認定の実際 ……………………………………………………17
　1　一括払と事前認定／17
　　(1)　一　括　払・17
　　(2)　事前認定・17

2　自損事故、傷害保険事故等の後遺障害認定／18
　　3　保険会社と損保料率機構の関係／18
Ⅵ　紛争解決手続……………………………………………………………21
　　1　紛争処理機構／21
　　2　そんぽADRセンター／22
　　3　一般社団法人保険オンブズマン／24
　　4　一般社団法人日本共済協会共済相談所／24
　　5　公益財団法人交通事故紛争処理センター／24
　　6　公益財団法人日弁連交通事故相談センター／24
　　7　一般財団法人日本自転車普及協会自転車ADRセンター／24
Ⅶ　神経系統の機能または精神の後遺障害………………………………25
Ⅷ　神経症状12級・14級の認定基準………………………………………27
　　1　障害等級認定基準における神経症状12級・14級／27
　　2　自賠責保険における神経症状の後遺障害認定基準と該当事例／29
　　　(1)　非該当判断事例・30
　　　(2)　14級認定事例・31
　　　(3)　12級認定事例・33
Ⅸ　傷害保険の認定実務……………………………………………………35
　　1　入院・通院保険金の支払い／35
　　2　他覚所見のないむち打ち症免責条項／37
　　3　後遺障害保険金支払区分表の改定／40
　　4　2種以上の後遺障害／40
Ⅹ　他覚所見…………………………………………………………………44
　　1　他覚所見の意義／44
　　　(1)　医学上の他覚所見・44
　　　(2)　判例における他覚所見の意味・44
　　2　判例における他覚所見の評価／46
　　　(1)　14級認定例──1・46
　　　(2)　14級認定例──2・47
　　　(3)　12級認定例──1・48
　　　(4)　12級認定例──2・49
　　　(5)　12級認定例──3・50
　　3　医師側の見解／51
　　4　保険約款における他覚所見／52
　　　(1)　他覚所見の定義・52
　　　(2)　保険約款文言と自賠責保険認定の差異・52
　　5　他覚所見が乏しい後遺障害に関する判例／53

第2章　判例紹介　　　　　　　　　　　　　　　　　　　　　　55

Ⅰ　被追突、14級主張：器質的損傷なし、反射等正常、後遺障害否認……………………………………………………………………56
　■後遺障害の争点／56
　■解　　説／59
　　はじめに・59
　　⑴　事故発生状況と物損程度・59
　　⑵　治療状況・60
　　⑶　診断内容・60
　　⑷　乙の主張（右指の症状と検査所見）・60
　　⑸　後遺障害の検討・61
　　⑹　裁判所の判断理由・63

Ⅱ　自動二輪車が追突、9級主張：自覚症状と医学的所見の乖離、後遺障害否認……………………………………………………………64
　■後遺障害の争点／64
　■解　　説／67
　　はじめに・67
　　⑴　事故発生状況・67
　　⑵　治療経過・68
　　⑶　傷病名・68
　　⑷　診断書の内容・68
　　⑸　精神症状・69
　　⑹　症状の推移・70
　　⑺　症状固定後・71
　　⑻　後遺障害の評価・71
　　⑼　その他（保険会社の対応）・71

Ⅲ　頸髄損傷の疑い等で7級の主張：労災保険10級認定、後遺障害否認……………………………………………………………………72
　■後遺障害の争点／72
　■解　　説／74
　　はじめに・74
　　⑴　事故発生状況・75
　　⑵　治療経過・75
　　⑶　診断と所見・75
　　⑷　症状の推移・75
　　⑸　後遺障害の評価・76

目　次

Ⅳ　右肩関節の可動域制限で12級主張：可動域制限否認、神経症状14級認定 …………………………………………………78
- ■後遺障害の争点／78
- ■解　説／83
  - はじめに・83
  - (1)　事故発生状況・84
  - (2)　治療経過・84
  - (3)　後遺障害診断書の内容・84
  - (4)　症状固定時の症状と自賠責保険の評価・84
  - (5)　疼痛等感覚障害・86
  - (6)　関節可動域の制限・87
  - (7)　甲の関節可動域制限・88
  - (8)　握力の推移・88
  - (9)　症状固定後の症状悪化・88
  - (10)　測定方法・89
  - (11)　疼痛等感覚障害の認定・90

Ⅴ　頭部瘢痕醜状障害、神経症状残存、12級主張：醜状は慰謝料で考慮し神経症状14級認定 …………………………………91
- ■後遺障害の争点／91
- ■解　説／94
  - はじめに・94
  - (1)　事故発生状況・94
  - (2)　治療経過・94
  - (3)　後遺障害の評価・95

Ⅵ　神経症状14級自賠責認定済：事故2か月後にゴルフプレイ、後遺障害否認 ………………………………………………99
- ■後遺障害の争点／99
- ■解　説／101
  - はじめに・101
  - (1)　事故発生状況と物損・101
  - (2)　治療状況・101
  - (3)　後遺障害否認の理由・101

Ⅶ　症状の増悪、新たな症状の発現、14級主張：14級認定 ……103
- ■傷害の争点／103
- ■後遺障害の争点／103
- ■解　説／107
  - はじめに・107
  - (1)　事故発生状況・107

(2) 体動と傷病名・109
　　(3) 頸部痛の増悪と左上肢のしびれの出現および腰痛の出現と増悪
　　　　・110
　　(4) 乙の主張（反射の亢進）・113
　　(5) 症状の推移・113
　　(6) 後遺障害の評価・114

Ⅷ　頸髄損傷で12級の主張：頸髄損傷否認、神経症状残存として
　　14級認定 ………………………………………………………………… 116
　■後遺障害の争点／116
　■解　　説／121
　　はじめに・121
　　(1) 事故発生状況と物損程度・121
　　(2) 治療経過の概要・122
　　(3) 後遺障害診断書の内容・124
　　(4) 「中心性頸髄損傷」に対する検討と評価・126
　　(5) 後遺障害の評価・127
　　(6) 頸部の可動域（運動制限）・129

Ⅸ　膝部損傷等で併合12級の主張：頸部と腰部の神経症状残存と
　　して併合14級認定 ……………………………………………………… 131
　■後遺障害の争点／131
　■解　　説／135
　　はじめに・135
　　(1) 事故発生状況・135
　　(2) 治療と症状の経過・136
　　(3) 膝の障害（右膝半月板損傷）・136
　　(4) 後遺障害の評価・140

Ⅹ　被追突、12級主張：他覚所見を認め12級認定 …………………… 141
　■後遺障害の争点／141
　■解　　説／144
　　はじめに・144
　　(1) 事故発生状況・144
　　(2) 治療経過・145
　　(3) 後遺障害診断書の内容・147
　　(4) 後遺障害の評価・147

Ⅺ　タナ（膝部）障害、12級請求：他覚所見を認め12級認定 … 149
　■後遺障害の争点／149
　■解　　説／153
　　はじめに・153

(1) 事故発生状況・153
　　(2) 治療経過・154
　　(3) 診断と所見・156
　　(4) 因果関係の認否・157
　　(5) 後遺障害の評価・157

第3章　異議申立　159

Ⅰ　異議申立の方法………………………………………………160
　1　保険契約の被保険者／160
　2　交通事故の被害者／160
　　(1) 一括払保険会社への提出・160
　　(2) 自賠責保険会社への提出・160
　　(3) 紛争処理機構への提出（紛争処理申請）・160
　3　競　　合／161
　4　そ の 他／161
　　(1) 一括社および自賠責保険会社の異議申立・161
　　(2) 被保険者または被害者の申出・161

Ⅱ　認否の事由……………………………………………………162
　1　軽微物損／162
　　(1) クリープ現象による傷害に関する判例・162
　　(2) 調査確認の要点・164
　2　治療開始の遅れ／166
　3　治療の中断／166
　4　症状の増悪、新たな症状の発現／167
　5　常時性疼痛／167
　6　骨折後の症状（偽関節）／168

Ⅲ　後遺障害の認定に対する異議申立…………………………170
　1　後遺障害認定の申請に当たって／170
　2　意 見 書／171
　3　意見書の留意点／171
　　(1) 具体的記載内容・171
　　(2) 一般的標準項目・172
　4　申請者の準備／172
　5　異議申立の文例／173

Ⅳ　異議申立参考事例……………………………………………175
　【参考事例1】頸椎捻挫に伴う「頭部痛、めまい、左小指・環指のしびれ感」の症状については、後遺障害に該当しないとされた結論を変更し、

　　　　　　　　　神経障害の14級9号とした事例／175
【参考事例2】頸椎捻挫ほかに伴う頸部痛、肩痛、上肢のしびれ、触覚低下等の症状については、いずれも後遺障害に該当しないとされた結論を変更し、神経障害併合14級とした事例／180
【参考事例3】頸椎捻挫、胸椎捻挫、腰椎捻挫に伴う、腰痛・後頸部痛が常時ある、疲れると後頸部痛が強くなる等の症状については、後遺障害に該当しないとされた結論を変更し、頸部と腰部に神経障害の残存を認め併合14級とした事例／186
【参考事例4】左足捻挫、左第4趾基節骨骨折に伴う安静時自発痛等の症状については、後遺障害に該当しないとされた結論を変更し、神経障害の14級9号とした事例／191
【参考事例5】左下腿開放性骨折に伴う左下腿痛、歩行能力低下等の症状について神経障害の14級9号とした結論を変更し、「1下肢の3大関節中の1関節の機能に障害を残すもの」として12級7号に該当するとした事例／196
【参考事例6】頸椎症、頸椎症性脊髄症、頸椎椎間板ヘルニアおよび前方除圧固定術後の症状について、当初は自賠責保険の支払対象外（無責）とした判断を変更して、一部有責とし、さらに変更して有責とし、最終的に9級10号の認定とした事例／201

事項索引／219
判例索引／222

第1章 基礎知識
Chapter 1

本章においては、後遺障害を理解する上で必要な基礎知識について、神経症状に関連する事項を中心に整理する。各事項から後遺障害を考えるに当たっての具体的な問題点を検討することができる。

I 後遺症と後遺障害

交通事故によって負傷した被害者や傷害保険事故等の被保険者[1]、[2]に、ケガの回復後、症状の残る場合がある。これを後遺症[3]あるいは後遺障害と呼んでいる。

日常の用語としては、「後遺症」が使われるのが一般的であろう。

交通事故の損害賠償における基準本はいくつかあるが、『青本』には、「第2　後遺症による逸失利益」(89頁)および「第2　後遺症」として「基準　後遺症の慰謝料は、後遺障害等級ごとに下記の金額とする。」(170頁)と記載されている。

『赤い本』には、「第3(消極損害その2)後遺症による逸失利益」(89頁)および慰謝料の項として「3．後遺症」(180頁)と記載されている。

自賠責保険の支払基準には、「第3　後遺障害による損害」として、「後遺障害による損害は、逸失利益及び慰謝料等とし、自動車損害賠償保障法施行令第2条並びに別表第1及び別表第2に定める等級に該当する場合に認める。」と記載されている。

自賠責保険が準用する[4]労災保険の障害等級認定基準(内容は必携参照)には、障害とはあるが、後遺症という文言はない。

必携には、障害補償の意義について、「障害補償は、障害による労働能力のそう失に対する損失てん補を目的とするものである。したがって、負傷又は疾病(以下「傷病」という。)がなおったときに残存する当該傷病と相当因果関係を有し、かつ、将来においても回復が困難と見込まれる精神的又は身体的なき損状態(以下「障害」という。)であって、その存在が医学的に認められ、労働能力のそう失を伴うものを障害補償の対象としているものである。」[5]と記載されている。

---

(1) 損害保険契約では、被保険者とは、被保険利益の帰属主体であると同時に保険給付請求権の帰属主体として定義される。損害保険契約では、利得禁止原則が妥当し、この原則を貫徹する手段として、保険契約の有効な成立・継続のためには、保険事故の発生について経済的な利害関係の存在が必要とされる。この経済的利害関係を被保険利益として概念化し、その帰属主体を被保険者とする(山下友信『保険法』(有斐閣、2005)78頁)。
(2) 保険約款を見ると、被保険者とは、「保険の補償を受けることができる者をいいます(A損害保険株式会社、B損害保険株式会社)。」、あるいは「この保険契約により補償を受ける者または補償の対象となる者をいいます(C損害保険株式会社)。」と定義している。
(3) 病気やけがの主症状が治癒したあとに長く残存する機能障害。脳出血後の手足の麻痺、一酸化炭素中毒や脳外傷後の精神神経障害など。比喩的にも用いる(新村出編『広辞苑〔第6版〕』(岩波書店、2008)924頁)。
(4) 支払基準「第3　後遺障害による損害」参照。
(5) 必携69頁。

また、「ここにいう『なおったとき』とは、傷病に対して行われる医学上一般に承認された治療方法（以下「療養」という。）をもってしても、その効果が期待し得ない状態（療養の終了）で、かつ、残存する症状が、自然的経過によって到達すると認められる最終の状態（症状の固定）に達したときをいう。」[6]、「『労働能力』とは、一般的な平均的労働能力をいうのであって、被災労働者の年齢、職種、利き腕、知識、経験等の職業能力的諸条件については、障害の程度を決定する要素とはなっていない。」[7]とある。

　以上から、後遺症とは、治療の終了あるいは治療改善効果の最終段階において残遺する症状ということができ、後遺障害とは、後遺症を賠償や補償の対象として考える場合における法的評価の内実ということができよう。

---

(6)　必携69頁。
(7)　必携70頁。

Ⅱ　後遺障害の意義 1 ── 総説

1　後遺障害認定の法的根拠

　自賠責保険関連法規において、後遺障害は、「傷害が治ったとき身体に存する障害をいう。」（施行令2条1項2号）とされている。

> **施行令**
> 2条1項
> 　二　介護を要する後遺障害（傷害が治ったとき身体に存する障害をいう。以下同じ。）をもたらす傷害を受けた者

　後遺障害の損害に関しては、自賠法16条の3第1項に、支払基準に従って支払わなければならない旨が定められている。

> **自賠法**
> 16条の3　保険会社は、保険金等を支払うときは、死亡、後遺障害及び傷害の別に国土交通大臣及び内閣総理大臣が定める支払基準（以下「支払基準」という。）に従ってこれを支払わなければならない。

　支払基準は、「等級の認定は、原則として労働者災害補償保険における障害の等級認定の基準に準じて行う。」（第3　後遺障害による損害）としている。
　労災保険における障害の等級認定は、労災則14条（障害等級等）1項に「障害補償給付を支給すべき身体障害の障害等級は、別表第一に定めるところによる。」として別表第一[8]に1級から14級が定められている。障害等級認定の基本的な考え方、障害等級の認定方法等、障害等級認定実務に必要な事項については必携に示されている。
　つまり、自賠責保険における後遺障害認定の法的根拠は、自賠法、施行令および支払基準に定められ、実務は労災保険の障害認定に準拠して行われるといえる。
　ただし、労災保険は労働者に対する災害補償であり、自賠責保険の対象は労働者に限らないため、自賠責保険においては、実態に応じた運用が図られている。

2　障害等級認定基準における用語の意味および該当要件

(1)　障害認定上の意味

　労災保険の障害認定における各用語の意味は、次のとおりとなる。

---

[8]　必携58頁。

① （後遺）障害

負傷または疾病がなおったときに残存する当該傷病と相当因果関係を有し、かつ、将来においても回復が困難と見込まれる精神的または身体的なき損（毀損）状態であって、その存在が医学的に認められ、労働能力の喪失を伴うものをいう。

② なおったとき（症状固定）

傷病に対して行われる医学上一般に承認された治療方法をもってしても、その効果が期待し得ない状態で、かつ、残存する症状が、自然的経過によって到達すると認められる最終の状態に達したときをいう。

③ 障害程度の評価（後遺障害の評価時期）

原則として療養効果が期待し得ない状態となり、症状が固定したときに行う。

(2) 後遺障害の該当要件

上記から、後遺障害に該当する要件は、
① 相当因果関係：傷害が治ったとき身体に存する、当該傷害と相当因果関係を有するもの
② 永久残存性：将来においても回復が困難と見込まれる精神的または身体的な毀損状態
③ 医学的認定：その存在が医学的に認められるもの
④ 労働能力喪失：労働能力の喪失を伴うもの

であり、
⑤ 等級該当：労災保険においては労災則に定める等級に該当する場合に、自賠責保険においては施行令に定める等級に該当する

場合に後遺障害に該当することとなる。

3　保険約款における後遺障害の定義

A損害保険株式会社（以下「A社」という）、B損害保険株式会社（以下「B社」という）およびC損害保険株式会社（以下「C社」という）（以下「損保三社」という）の保険約款における後遺障害の定義は表1のとおりである。

A社とC社は、後遺障害について「被保険者が症状を訴えている場合であっても、それを裏付けるに足りる医学的他覚所見のないものを含みません。」（A社。C社も同旨）と規定（以下「本規定」という）している。

B社は、後遺障害の定義に前記2社と同様の規定を設けていないが、傷害の定義に「被保険者が症状を訴えている場合であってもそれを裏付けるに足る医学的他覚的所

【表1】保険約款における後遺障害の定義

会社名	定 義
A　社	後遺障害 治療の効果が医学上期待できない状態であって、被保険者の身体に残された症状が将来においても回復できない機能の重大な障害^(注)に至ったものまたは身体の一部の欠損をいいます。 ただし、次のいずれかに該当するものに限ります。 ① 別表1に掲げる後遺障害 ② 別表1に掲げる後遺障害に該当しない状態であっても、身体の障害の程度に応じて、同表の後遺障害に相当すると認められるもの。 （注）将来においても回復できない機能の重大な障害 　被保険者が症状を訴えている場合であっても、それを裏付けるに足りる医学的他覚所見のないものを含みません。
B　社	後遺障害 身体の一部を失いまたはその機能に重大な障害を永久に残した状態であって、次のア．またはイ．に該当するものをいいます。 ア．基本条項別表1に掲げる後遺障害 イ．基本条項別表1に掲げる後遺障害に該当しない状態であっても、当会社が、身体の障害の程度に応じて、同表の後遺障害に相当すると認めたもの
C　社	後遺障害 治療の効果が医学上期待できない状態であって、被保険者の身体に残された症状が将来においても回復できない機能の重大な障害に至ったものまたは身体の一部の欠損をいいます。ただし、被保険者が症状を訴えている場合であっても、それを裏付けるに足りる医学的他覚所見のないものを除きます。

見のない傷害を含みません。」としてあって、結果として2社と同様の規定となっている。

　本規定は、（医学的）他覚所見のない症状は後遺障害の認定対象としない趣旨と解されるが、他覚所見とは何かという問題と関連する論点であるので、他覚所見を検討する項において、論ずることにする（後記X「他覚所見」参照）。

Ⅲ 後遺障害の意義2──各論の問題点

「傷害が治ったとき身体に存する、当該傷害と相当因果関係を有するもの」に関しては、いくつか検討すべき点がある。

1 傷害の意義

傷害とは、単なる外的傷害（いわゆるケガ）だけを指すものではなく、自賠法3条にある「身体を害した」状態と考えるべきものである。

> 自賠法
> （自動車損害賠償責任）
> 3条　自己のために自動車を運行の用に供する者は、その運行によって他人の生命又は身体を害したときは、これによって生じた損害を賠償する責に任ずる。

自動車の運行によって身体を害された者は、当該事故が自賠責保険の適用対象となる場合に自賠責保険の支払いを受けることになる。

したがって、当該事故によって生じた身体被害が、後遺障害の原因となる「傷害」に当たるかどうかの確認は重要である。

自動車が溜池に転落して水没し、同乗者が溺れて重体となった場合や、積雪時に駐車場で運転準備中に雪に降り込められ、同乗者が排気ガス中毒により重体となった場合など、一般のケガの概念に当たらないものであっても、自賠責保険の適用対象になるものは少なくない。

傷害の概念を考える場合には、「身体の『傷害』とは、一般に身体に生じた異常な状態（病理現象）のうち『病気』以外の場合を指すが、いわゆるケガよりも広義であり、外部に傷害の痕跡がなくても差し支えない。また、ケガの介在しない即死、たとえば溺死、煙やガスによる窒息死、墜落死、凍死なども傷害による死亡にあたる[9]。」との説明が一般的であろう。外面的な傷害（狭義の傷害）のみならず、身体内部の損傷や障害も該当する。

判例に、「不慮の事故による傷害は、右の急激かつ偶発的な外来の事故により身体傷害を被ることであり、いわゆる外傷に限定されるものではなく、あらゆる身体的完全性の毀損がこれに当たり、敗血症、凍傷、日射病、中毒、窒息のほか……右傷害に

---

[9] 鴻常夫編『註釈 自動車保険約款（上）』（有斐閣、1995）205頁。

含まれることがありうる。」[10]とするものがある。

　傷害については、外的要因によって生じる心身の異常と大まかに把握する見解もあるだろうが、そうすると高山病、潜水病、低体温症はどうか、車酔い、船酔いはどうか、寒風に当たって鳥肌が立った場合、車に轢かれそうになり心臓がドキドキして気分が悪くなった場合などについて、判断がつきにくい問題が生じ得るので、やはり一定の定義は必要であると思う。

　筆者は、「傷害とは、外部からの作用により生じる、脳（精神）または身体の毀損で、脳（精神）の機能的常態や身体組織・臓器の正常な機能あるいは生理的連続性が障害されるものをいう。」と解している。

　なお、傷害の発生起因に対比される内的要因（内因）については、「（内因）[internal cause]病気の原因（病因）のうち、個体の純粋な身体的機構および精神活動に関するもの。具体的には、素因、遺伝に伴う遺伝子・染色体の異常、内分泌障害、免疫の異常、アレルギーがその要素である。このほか、精神的葛藤あるいは体験に由来する精神身体関係も含まれる。内因に対して、個体の外の環境から与えられるものを外因と呼ぶ[11]。」と説明される。

2　傷害に関わる問題点

(1)　保険約款における傷害の定義
　損保三社の保険約款における傷害の定義は表2のとおりである。
　B社の約款文言は、急激・偶然・外来の3要件を明示しており、C社も同様の趣旨が読み取れる。しかし、両社とも傷害の具体的内容は必ずしも明確とはいえない感がある。

(2)　治ったとき
　傷害が「治ったとき」とは、一般的には治癒が想定される。
　しかし、後遺障害の残存が問題とされる場合には、治療改善効果の最終到達点として理解されている。
　後遺障害における「治ったとき」は、必携が示すように、いわゆる症状固定と同義に扱われることになる。

(3)　症状固定
　症状固定は、治療効果あるいは症状の推移が一進一退の状態と認められることをい

---

(10)　東京地判平成9年2月3日判タ952号272頁。
(11)　伊藤正男＝井村裕夫＝高久史麿総編集『医学書院医学大辞典〔第2版〕』（医学書院、2009）2051頁。

III 後遺障害の意義2——各論の問題点

【表2】保険約款における傷害の定義

会社名	定　　義
A 社	(同社の約款に傷害の定義についての規定は見当たらない)
B 社	傷害 被保険者が急激かつ偶然な外来の事故によって被った身体の傷害をいい、この傷害には身体外部から有毒ガスまたは有毒物質を偶然かつ一時に吸入、吸収または摂取した場合に急激に生ずる中毒症状[*1]を含み、細菌性食中毒、ウイルス性食中毒または精神的衝動による障害および被保険者が症状を訴えている場合であってもそれを裏付けるに足る医学的他覚的所見のない傷害[*2]を含みません。 　＊1　継続的に吸入、吸収または摂取した結果生ずる中毒症状を除きます。 　＊2　その症状の原因が何であるかによりません。
C 社	傷害 身体外部から有毒ガスまたは有毒物質を偶然かつ一時に吸入、吸収または摂取した場合に急激に生ずる中毒症状[注]を含み、次のいずれかに該当するものを含みません。 　①　細菌性食中毒 　②　ウイルス性食中毒 　③　日射、熱射または精神的衝動による障害 　④　被保険者が症状を訴えている場合であってもそれを裏付けるに足る医学的他覚的所見のないもの 　（注）中毒症状 　　継続的に吸入、吸収または摂取した結果生ずる中毒症状を除きます。

　うと解されるが、傷害が複数存在する場合は、後遺障害も複数存在することがあり得る。たとえば、頸椎捻挫と腰椎捻挫の後遺障害が同時に存在することは稀ではないし、部位・傷病ごとの症状固定日が異なる場合もある。

　症状固定は、治療改善効果の最終到達点であり、以後の治療効果は見込めないのであるから、一般的には以降の治療費請求は認められないし、加害者も支払義務はない。

　また、傷害と後遺障害の区分点となるため、慰謝料や休業損害などの損害額算定にも影響を及ぼしてくる。この点で、症状固定は大きな意味を持つといえる。

　症状固定は、医師の判断に基づき認定される。症状固定の診断、後遺障害診断書の作成に当たって、患者との関係や混乱を避けるため、患者の同意を得て行う医師もあり得ようが、本来、診断行為は医師の判断に基づくものであるから、患者の同意は必要ない。患者が求めて症状固定になるものではないし、患者が求めなくても、医師の判断で症状固定と診断される。

同一部位・同一症状に関する後遺障害診断書が複数の医療機関から提出されることがある。この場合は、後遺障害診断書の記載内容および医療機関への照会確認により、妥当な症状固定日が認定される。

(4) 当該傷害との相当因果関係

当該事故によって生じた傷害と結果として残存する障害が、相当因果関係を有することが要件であることを示している。

相当因果関係の要点は、①当該事故発生の事実、②当該事故によって傷害が生じた医学的妥当性、③傷害治療の結果として残存する障害の医学的整合性、と考えることができる。

Ⅳ 後遺障害認定実務の概要

1 後遺障害等級表

　施行令には、介護を要する後遺障害として別表第一に2等級、4種の後遺障害が、その他の後遺障害として別表第二には14等級、133種の後遺障害が規定され、等級ごとに保険金額が定められている。

　別表第一および別表第二を後遺障害等級表といい、後遺障害の程度および評価は、後遺障害等級表によって定められる。

2 後遺障害の部位、系列と序列

　労災保険の障害等級表（労災則別表第一）は、身体障害を労働能力喪失の程度により障害等級として1級から14級までの14段階に区分し、137種の類型的な障害を掲げている[12]。

　障害等級表は、次の考え方に基づいて定められている。

　まず身体を解剖学的観点から10の部位に分け[13]、次にそれぞれの部位における身体障害の機能の面に重点を置いた生理学的な観点から、たとえば、眼における視力障害、運動障害、調節機能障害および視野障害のように一種または数種の障害群に分け（これを「障害の系列」と呼ぶ）、さらに、各障害は、その労働能力の喪失の程度に応じて一定の順序のもとに配列されている（これを「障害の序列」と呼ぶ）[14]。

　自賠責保険の後遺障害認定においても、基本的に上記内容を準用している。

(1) 部　　位

　身体障害は、以下の10部位に区分されている。

①眼　ア眼球　イまぶた（右又は左）、②耳　ア内耳等　イ耳介（右又は左）、③鼻、④口、⑤神経系統の機能又は精神、⑥頭部、顔面、頸部、⑦胸腹部臓器（外生殖器を含む）、⑧体幹　アせき柱　イその他の体幹骨、⑨上肢（右又は左）　ア上肢　イ手指、⑩下肢（右又は左）　ア下肢　イ足指

　なお、以上の区分に当たって、眼球および内耳等については、左右両器官をもって

---

(12)　必携58頁。
(13)　必携74頁。
(14)　必携73頁。

1の機能を営むいわゆる相対性器官としての特質から、両眼球、両内耳等を同一部位とし、また、上肢および下肢は、左右一対をなす器官ではあるが、左右それぞれを別個の部位とされている[15]。

(2) 系　　列

障害の系列は、1個の身体に複数の後遺障害が存在するときに、何個の障害を残すものとして認定するかという、後遺障害の数を定めるときの基準となるものである。

系列は、系列区分1（眼、眼球（両眼）視力障害）から系列区分35（下肢、足指左欠損障害・機能障害）までの35の系列に分けられて、35種の障害系列表（以下「系列表」[16]という）として整理されている。

障害の系列について、系列表の同一欄内の身体障害については、これを同一の系列にあるもの（1個の障害）として取り扱う[17]。

「神経系統の機能又は精神」については、「部位」の1つであるとともに、「神経系統の機能又は精神の障害」として1個の系列（系列区分13）を構成している。

(3) 序　　列

障害の序列は、同一系列の障害相互間における等級の上位、下位の関係である[18]。

障害を「障害の系列」と「障害の序列」の観点からまとめたものが障害等級早見表[19]である。

3　後遺障害等級認定における原則と準則

(1) 併合（施行令2条1項3号に基づく規定）

別表第二に定める系列の異なる後遺障害が2つ以上ある場合に、重い方の等級を1級もしくは2級もしくは3級繰り上げるか、または重い方の後遺障害等級とするなど、障害の程度に応じて1つの後遺障害等級を定めることをいう。ただし、例外的に併合の取扱いのできない場合もある。

頭部外傷（高次脳機能障害）により神経症状9級と膝部の外傷による関節機能障害で12級の認定を受けた場合は、系列の異なる2つの障害であるから併合8級になるが、膝部の障害が神経症状12級の認定であった場合は、同じ神経症状の系列にあることから併合とはならず、「神経系統の機能又は精神の障害」として総合的に評価さ

---

(15)　必携74頁。
(16)　必携75頁。
(17)　必携75頁。
(18)　必携77頁。
(19)　必携巻末参照。

れることになる[20]。

なお、別表第一と別表第二の後遺障害が併存する場合については、併合の規定がないことから、併合することができない。

(2) 相当（施行令別表第一備考、別表第二備考6に基づく規定。労災保険における「準用」）

後遺障害等級表（障害等級表）に定めのない後遺障害が生じる場合がある。その場合には、障害の程度に応じた等級を認定することになる。この運用的規定（準則）を「相当」と呼ぶ。

相当には以下の2種の取扱いがある。
① ある後遺障害が後遺障害等級表のいかなる後遺障害の系列にも属さない場合[21]
② 後遺障害等級表にその属する後遺障害の系列はあるが、該当する後遺障害がない場合[22]

(3) 加重（施行令2条2項に基づく規定）

既に後遺障害のあった者が、当該事故によって同一部位に障害を負い、後遺障害の程度が重くなる場合をいう。

「既に後遺障害のあった者」とは、先天的なもの、事故によるものであるか否かを問わず、後遺障害等級表に定められている後遺障害（相当等級の後遺障害を含む）に該当する障害が存していた者である[23]。

「同一の部位」とは、「同一系列」の範囲内をいう[24]。ただし、欠損または機能の全部喪失は当該部位の最上位等級に当たるから、既に後遺障害のあった部位に欠損または機能の全部喪失が加わった場合には、系列が異なる場合でも同一部位の加重として取り扱われる[25]。

近時の判例に、既存の後遺障害のあった者が新たな事故によって後遺障害を負った場合の加重の解釈、当否が争われ、自賠責保険の実務とは異なる判断を示した東京高裁平成28年1月20日判決がある。

---

(20) 必携81頁・140頁。
(21) 必携83頁。
(22) 必携84頁。
(23) 必携86頁。
(24) 必携87頁。
(25) 必携87頁。

【東京高判平成28年1月20日判時2292号58頁】

[要旨]

既存の後遺障害として1級相当の障害（体幹と両下肢の機能の全廃）のある者（以下「X」という）が交通事故で傷害を負い、結果として頸部痛等の本件神経症状後遺障害が残存したとして加害者および保険会社に対して損害賠償と保険金支払いを求めたところ、保険会社は、既存障害は「神経系統の機能又は精神に著しい障害を残し、常に介護を要するもの（1級1号）」に該当する神経系統機能障害の最上位の障害であるから、本件神経症状が残存したとしても「同一の部位」の障害に当たり障害の程度を加重したものとは評価できないため、保険金は支払えない旨を主張した。

Xは、既存障害と本件神経症状の障害は「同一の部位」の障害であるということはできないから保険金は支払われるべきである旨を主張したところ、第一審は同一の部位について後遺障害の程度を加重した場合に当たらないとしてXの請求を認容したことから加害者と保険会社は控訴したが、控訴審においても第一審と同様の判断が示された。

[事案の概要]

X（被控訴人）は、平成21年10月29日、車いすで、さいたま市北区の交差点を横断していたところ、Y（控訴人）が運転する普通乗用自動車に衝突されて転倒し、頸椎捻挫の傷害を負って通院し、頸部痛等の神経症状が残存したとして、Yに対し、民法709条、自賠法3条に基づく損害賠償を求めるとともに、Yとの間で自賠責保険契約を締結していたW保険会社に対し、自賠法16条1項に基づく75万円の支払いを求めた。

[YおよびW保険会社（控訴人）の主張]

「施行令2条2項は、労働者災害補償規定に準拠したものであるから、その適用要件である『同一の部位』の解釈も、労働者災害補償保険に準拠して、『同一の系列』のことをいうと解するのが相当であり、このような解釈に従って長年にわたり運用されてきたものである。

そうすると、仮に、本件症状が『局部に神経症状を残すもの』と評価し得るものであったとしても、本件既存障害と『同一の部位』の障害であるから、本件症状の残存をもって後遺障害等級表上の障害程度を『加重』するものではなく、自賠責保険の後遺障害と認定することはできないというべきである。」

[X（被控訴人）の主張（原判決の「事実及び理由」より）]

「施行令2条2項の趣旨は、損害賠償の調整にあるが、損害賠償の調整が合理性を有するのは、同一部位にさらなる障害が重なった場合であって、同項の『同一部位』とは、症状、機能及び医学的な発生原因等に着目して判断されなくてはならない。神経にはそれぞれ支配領域があり、胸髄の神経支配領域が頸椎に及ばないことは確立した医学的常識である。

……本件既存障害と本件症状の医学的な発生原因の違いや症状に照らせば、本件

既存障害と本件症状が『同一部位』の障害であるということはできない。」
[裁判所の判断]
「本件症状の内容及び程度に照らすと、被控訴人（X）には、症状固定時点において、『局部に神経症状を残す』（施行令別表第二の14級9号）後遺障害が残存したものと認められることは、前記判断のとおりである。
……主張（本件既存障害と本件残存障害は同一部位の障害か否か）について　施行令2条2項にいう『同一の部位』とは、損害として一体的に評価されるべき身体の類型的な部位をいうと解すべきであるところ、本件既存障害と本件症状は、損害として一体的に評価されるべき身体の類型的な部位に当たるとは認められないから、『同一の部位』であるとはいえないことは、前記判断のとおりである。
……したがって、控訴人らの本件各控訴及び被控訴人の本件附帯控訴はいずれも理由がないからこれらを棄却することとして、主文のとおり判決する。」

■**第一審の判断**■【さいたま地判平成27年3月20日判時2255号96頁】

「争点(5)（本件既存障害と本件残存障害は同一部位の障害か。）について
……施行令2条2項は、自賠法13条1項の保険金額につき、既に後遺障害のある者が傷害を受けたことによって同一部位について後遺障害の程度を加重した場合における当該後遺障害による損害については、当該後遺障害の該当する別表第一又は別表第二に定める等級に応ずるこれらの表に定める金額から、既にあった後遺障害の該当するこれらの表に定める等級に応ずるこれらの表に定める金額を控除した金額とするものとしているところ、同項の趣旨は、その内容からして、保険会社に対し、『同一の部位』について二重の損害賠償の負担を負わせることを避けることにあると解され、上記のとおり、同法16条1項の損害賠償が交通事故による身体障害から生じた損害賠償請求権全体を対象としていることを踏まえれば、同項にいう『同一の部位』とは、損害と一体的に評価されるべき身体の類型的な部位をいうと解すべきである。
……胸椎と頸椎とは異なる神経の配払領域（原文ママ。「支配領域」と思われる）を有し、それぞれ独自の運動機能、知覚機能に影響を与えるものであるから、本件既存障害と本件症状とは、損害として一体的に評価されるべき身体の類型的な部位に当たると解することはできず、『同一の部位』であるということはできない。」

自賠責保険の後遺障害認定実務において、「同一の部位」とは「同一の系列」を意味するものとされ、「神経系統の機能又は精神」は、部位の1つであるとともに、系列表において「神経系統の機能又は精神の障害」として1つの系列（系列区分13）とされている。
同一の部位（同一の系列）に関する障害が2度発生した場合には、それらは同一の

部位に関するものになり、後に発生した障害が先の障害（既存障害）より重くならなければ「加重」には該当しないこととなる[26]。

保険会社は、既存障害が1級1号相当であって最上位の等級であるから、加重に該当しない旨を主張したが、裁判所は、「施行令2条2項にいう『同一の部位』とは、損害として一体的に評価されるべき身体の類型的な部位をいうと解すべきである」との判断を示して、Xの請求を認めたものである。

本判決の判断を受けて、自賠責保険の実務においては、主として既存障害が別表第二9級以上の脳または脊髄等の中枢神経の障害についても、新たに加わった障害に対して認定の判断を行う旨の変更が行われることとなった。

なお、実務の運用基準日については、東京高裁判決を踏まえての実務であることから、判決確定日（平成28年2月4日）を基準日とし、当該基準日以後に発生した事故に適用するものとされている。

---

[26] 必携87頁同旨。

V 後遺障害認定の実際

1 一括払と事前認定

(1) 一括払

　加害者が自賠責保険のほかに自動車（任意）保険（対人賠償保険）にも加入している場合には、保険会社が示談の代行を行うのが一般的である。

　示談の代行は、最終的に相手方被害者との示談解決を目指すものであるが、解決までの過程で、治療費、休業損害、看護料等さまざまな支払手続を行う必要がある。

　これらの費用を保険会社が被保険者（加害者）に代わり、被保険者に対して支払責任を負う限度において、被保険者から自賠責保険部分を一括して立替支払いする等の委任を受けて支払いを行うサービスを一括払と呼んでいる。

　近時、人身傷害保険の普及、拡大に伴って、人身傷害保険金の支払いに基づく一括払も増加している。

　一括払は、保険会社が自賠責保険部分を立替えて支払いを行うことから、保険会社は、後日自賠責保険に対して自賠責保険から支払われるべき保険金の支払いを請求し、回収することになる。

　一括払の法的性質については、以下の判例がある。

【大阪高判平成元年5月12日判タ705号202頁】

> 「昨今交通事故の被害者の治療費の支払いに関し任意保険会社と医療機関との間で行われている『一括払い』なるものは、保険会社において、被害者の便宜のため、加害者の損害賠償債務の額の確定前に、加害者（被保険者）、被害者、自賠責保険、医療機関等と連絡の上、いずれは支払いを免れないと認められる範囲の治療費を一括して立て替え払いしている事実を指すにすぎず、立て替え払いの際保険会社と医療機関との間に行われる協議は、単に立て替え払いを円滑にすすめるためのもので、保険会社に対し医療機関への被害者の治療費一般の支払い義務を課し、医療機関に対し保険会社への右治療費の支払い請求権を付与する合意を含むものではないと解するのが相当である。」

(2) 事前認定

　保険会社は、一括払により自賠責保険を含めた支払いを行うところから、自賠責保険の損害調査を行っている損保料率機構に対して、自賠責保険の適用可否、減額の有

無・割合や後遺障害等級などに関する取扱いや判断について、事前に確認を行うことがある。これを事前認定という。

交通事故によって傷害を負った被害者が後遺障害の認定を求める場合、相手方（加害者側）保険会社が一括払で対応している場合には、相手方保険会社が後遺障害認定に必要な後遺障害診断書を含む必要書類を被害者から、または被害者の同意を得て医療機関から受理し、調査事務所に書類を提出する、事前認定を行うことが一般的である（事前認定によらず、自賠法に基づく16条請求（いわゆる被害者請求）によって認定・支払いを求めることもできる）。

事前認定は、保険会社が行う自賠責保険の取扱いに係る確認作業であって、その手続自体が何らかの法的効果（たとえば自賠責保険における時効の中断）をもたらすものではない。

2　自損事故、傷害保険事故等の後遺障害認定

交通事故での単独自損事故や傷害保険事故のように自賠責保険（含む自賠責共済。以下同）の適用を求めるべき相手方がおらず、自賠責保険の適用がない場合は、被保険者は、自分の契約保険会社（含む共済組合。以下同）に対して後遺障害の認定と保険金（含む共済金。以下同）の支払いを求めることになる。

近時、保険会社は人身傷害保険などにおいて、自社の認定作業を損保料率機構に委託し、その認定結果を自社の判断とすることが多くなった。

この点からも、自賠責保険の認定は重要性と影響度を増しているといえる。

3　保険会社と損保料率機構の関係

自賠責保険は、その社会公共的な性格から、公平な損害調査に基づく適正な保険金支払いを行うことが強く求められている。

自賠責保険の損害調査は、当初、自賠責保険を取り扱う保険会社が共同で設置した自賠責保険共同本部および共同査定事務所で行っていたが、昭和39年に自賠責保険共同本部および共同査定事務所が新たに設立された自算会に引き継がれ、自賠責保険の損害調査は自算会が行うこととなった。自算会は平成14年7月に損害保険料率算定会と統合して損保料率機構となった。

統合されて現在の形となっている損保料率機構は、料団法に基づき設立され、全国に調査事務所を設置し、支払基準に基づき損害調査を行うことにより、自賠責保険制度の公平性、均質性を保つこととしている。

損保料率機構（実務的には調査事務所）が保険会社の依頼により、自賠責保険の損害調査を行う法的な規定としては、料団法7条の2と損保料率機構の定款にその根拠を見ることができる。

> **料団法**
> （業務の範囲）
> 7条の2　料率団体は、次に掲げる業務の全部又は一部を行うものとする。
> 　一　参考純率を算出し、会員の利用に供すること。
> 　二　基準料率を算出し、会員の利用に供すること。
> 2　料率団体は、前項各号に掲げる業務のほか、次に掲げる業務の全部又は一部を行うことができる。
> 　一　保険料率の算出に関し、情報の収集、調査及び研究を行い、その成果を会員に提供すること。
> 　二　保険料率に関し、知識を普及し、並びに国民の関心及び理解を増進すること。
> 　三　前項各号及び前2号に掲げる業務に付随する業務
> 　四　前3号に掲げるもののほか、第1条の目的を達成するため必要な業務

　料団法7条の2第2項3号は、「前項各号及び前2号に掲げる業務に付随する業務」を行うことができるとしている。

　損保料率機構の定款は、料団法の規定を受けて業務の範囲を定めており、定款6条は、「本機構は、第2条の目的を達成するため次の業務を行う。」として「(5)自賠責保険に係る損害調査（自賠責共済に係る損害調査を含む。）」を行うとしている。

　すなわち、「自賠責保険に係る損害調査」は、料団法7条の2第2項3号にいう「付随する業務」に該当し、定款によってその業務遂行が規定されているものである。

　なお、定款は、その内容（変更時も含む）について内閣総理大臣の承認を得る必要があり（料団法3条2項および5条）、行政の強い規制の下にある。

　調査事務所の調査認定内容は、保険会社に調査結果として報告される。保険会社が調査事務所の調査結果に異議がある場合は、調査事務所に再調査を依頼することができる。

　保険会社と調査事務所の見解が相違して協議が整わないという事態は考え難いが、調査事務所が自賠責保険の損害調査を行うことは、自賠責保険の認定実務として定立している。

　また、料団法が「この法律は、損害保険における公正な保険料率の算出の基礎とし得る参考純率を算出するために設立される損害保険料率算出団体について、その業務の適切な運営を確保することにより、損害保険の健全な発達を図るとともに、保険契約者等の利益を保護することを目的とする。」（1条）と定めるように、調査事務所の損害調査は、損害保険事業の健全な発達を図るという国家行政施策の要請と、保険契約者等の利益保護に資することを合目的とするものであるから、保険会社は調査事務所の調査認定内容を尊重するべき立場にあると考えられ、その内容を自社の判断として決定することが商慣習として確立しているといえる。

判例も、「一般に、自賠責保険の実務では、被害者の迅速、公平な救済を図るため、各保険会社が損害額に関する資料を算定会に送付し、算定会の下部機構である調査事務所で統一的に損害額の調査を行い、各保険会社は、その調査結果に基づいて支払額を決定するというのが確立した慣行となっている」[27]としている[28]。

---

(27) 東京地判昭和60年11月29日交通民集18巻6号1560頁。
(28) 加藤久道「自賠責保険請求における交通事故の証明に関する諸問題」損害保険研究68巻1号（2006）122頁一部改変。

Ⅵ 紛争解決手続

　裁判外の紛争解決手続として、自賠責保険、自動車保険および傷害保険の後遺障害認定などの紛争解決手続や交通事故の解決相談等については、以下の団体が相談や解決に携わっている。

　取り扱う内容は、それぞれに特色がある。

1　紛争処理機構

　紛争処理機構[29]は、平成14年に自賠責保険・共済の紛争解決などを目的として設立された。

　平成13年に被害者保護の充実を目的として自賠法の改正が審議された中で、自賠責保険・共済から支払われる保険金・共済金等に関して発生した紛争を適確に解決するため、公正・中立な判断を行う第三者機関の創設が求められた。これを受けて、平成13年12月26日に財団法人として許可され、平成14年4月1日に改正施行された自賠法に基づく「指定紛争処理機関」として国土交通大臣および金融庁長官の指定（自賠法23条の5）を受け、裁判外紛争処理機関として設立された。また、平成23年4月1日に一般社団法人及び一般財団法人に関する法律に基づき、一般財団法人に移行した。

> **自賠法**
> 23条の5　国土交通大臣及び内閣総理大臣は、保険金等又は共済金等の支払に係る紛争の公正かつ適確な解決による被害者の保護を図ることを目的とする一般社団法人又は一般財団法人であって、次条第1項に規定する業務（以下「紛争処理業務」という。）に関し次に掲げる基準に適合すると認められるものを、その申請により、紛争処理業務を行う者として指定することができる。

　紛争処理機構は、目的および事業として

　「この法人は、自動車損害賠償責任保険（以下「責任保険」という。）又は自動車損害賠償責任共済（以下「責任共済」という。）からの支払に係る紛争の公正かつ適確な解決による被害者の保護を図るための事業を行い、もって公共の福祉の増進に寄与することを目的とする」（紛争処理機構定款3条）、

---

[29]　本部：〒101-0062 東京都千代田区神田駿河台3－4龍名館本店ビル11階（TEL　0120-159-700、03-5296-5031）大阪支部：〒541-0051 大阪府大阪市中央区備後町3－2－15モレスコ本町ビル2階（TEL　06-6265-5295）

「この法人は、前条の目的を達成するため、次の事業を行う。(1)責任保険又は責任共済からの支払いに係る紛争の調停事業(2)自動車事故（責任保険及び責任共済に関するものに限る）による被害者等からの相談等を目的とする事業」（同定款4条）として、自賠責保険・共済の認定に係る紛争の調停および相談を行っている。

具体的な内容としては、①保険金・共済金の支払制度等に関すること、②過失の有無および過失割合に関すること、③後遺障害の等級に関すること、④事故と死亡、傷害、後遺障害との因果関係に関すること、⑤保険会社・共済組合の決定に納得できないケース（治療費の認定額、休業損害の認定額、看護料の否認、その他）があげられる。

たとえば、後遺障害についていえば、認定を求めたが非該当の判断であった、あるいは認定等級に不満である場合には、調停（紛争処理）の申請ができる。

申請者の申立に対する調停結果については、保険会社・共済組合は遵守義務がある。一方、申請者は必ずしも受諾しなくてもよい。調停結果に納得できない場合は、再度の調停申請はできないが、事故の相手方や保険会社・共済組合を相手として、あらためての交渉や訴訟を提起することができる。

> **自賠責保険普通保険約款**
> （指定紛争処理機関）
> 19条　当会社が支払うべき保険金または損害賠償額の額に決定について、当会社と被保険者または被害者との間で争いが生じた場合は、その当事者のいずれも、法第23条の5に規定する指定紛争処理機関に紛争処理を申請することができるものとします。
> 2　当会社は、前項の指定紛争処理機関による紛争処理が行われた場合、その調停を遵守します。ただし、裁判所において、判決、和解または調停等による解決が行われた場合には、この限りではありません。

紛争処理申請による変更率については、平成23年度では申立のうち11.3％が変更されているとの報告がある[30]。

紛争処理機構の判断は、自賠責保険・共済制度の認定実務における最終判断であるといえる。

2　そんぽADRセンター

日本損害保険協会は、法令に基づいて国の指定を受けた指定紛争解決機関として、そんぽADR[31]センター[32]を設置し、苦情解決手続と紛争解決手続を行っている。

---

(30)　東京弁護士会弁護士研修センター運営委員会編『民事交通事故訴訟の実務Ⅱ』（ぎょうせい、2014）176頁。
(31)　「ADR　裁判外紛争解決手続 Alternative（代替の）Dispute（紛争）Resolution（解決）。」日本損害保険協会「そんぽADRセンターのご案内2017年1月版」4頁。

Ⅵ　紛争解決手続

　そんぽADRセンターが紛争解決手続を行う対象事案は、①手続実施基本契約を締結している日本損害保険協会加盟会員保険会社（以下「会員会社」という）と契約者（被保険者）等との契約や保険事故に係る紛争（これを「一般紛争」という）、②交通事故、賠償責任事故における被害者で、加害者が会員会社の契約者（被保険者）であり、かつ、被害者に直接請求権が認められている場合の紛争（これを「交通賠責紛争」という）である。

　手続実施場所は、一般紛争は申立人の居住地により区分して東京（そんぽADRセンター東京）と大阪（そんぽADRセンター近畿）で実施し、交通賠責紛争は東京で実施している。

　紛争解決手続を進める手続実施委員は、紛争解決委員の中から選任する。一般紛争は、弁護士、消費生活相談員、学識経験者の3名ないし4名が、交通賠責紛争は弁護士1名がその任に当たる。

　意見聴取（面談）は、一般紛争は手続実施委員が必要と判断した場合に実施し、交通賠責紛争は全件実施している。

　そんぽADRセンターは、互譲の精神による妥当な紛争の解決を目指すものであり、具体的な解決案を示すことができる場合は、和解案（特別調停案）を提示する。

　和解案（特別調停案）に対しては、保険会社は原則として遵守義務がある。申立人は必ずしも受諾しなくてもよい。申立人が和解案（特別調停案）を受諾しない場合は、再度の申立はできないが、事故の相手方や保険会社を相手として、あらためての交渉や訴訟を提起することができる。

　保険会社が和解案（特別調停案）を受諾しないとする場合は、和解案不受諾理由書を提出し、訴訟による解決を図ることになる。

　和解成立の見込みがないと手続実施委員が判断したときは、手続を終了することになる。また、申立はいつでも取り下げることができる。

　紛争申立による時効中断の効力については、手続実施委員が「和解成立の見込みがない」ことを理由に紛争解決手続を終了した場合において、手続終了の通知を受けた日から1か月以内に申立人が訴訟を提起した場合、紛争解決手続の申立があったときに遡って時効中断の効力が発生する[33]。

　後遺障害については、傷害保険の被保険者としての申立（一般紛争）と被害者としての申立（交通賠責紛争）があり得るが、被害者で後遺障害等級が決定していない場合は、申立の受付を保留し、苦情解決手続を案内することがある。

---

(32)　東京：〒101-0063 東京都千代田区神田淡路町2-105 ワテラスアネックス7階（TEL 03-4335-9255）
(33)　時効の中断。保険業法308条の14。

3　一般社団法人保険オンブズマン

　外国損害保険協会加盟会社は、一般社団法人保険オンブズマン[34]と紛争解決等業務に関する基本実施契約を締結し、保険業務に関する苦情および紛争解決等の申立については、保険オンブズマンが対応している。

4　一般社団法人日本共済協会共済相談所

　一般社団法人日本共済協会共済相談所[35]は、契約関係者と会員団体（全国共済農業協同組合連合会（通称「JA共済連」）、全国労働者共済生活協同組合（略称「全労済」）など）との間の紛争解決支援業務を行っている。

5　公益財団法人交通事故紛争処理センター

　公益財団法人交通事故紛争処理センター[36]は、交通事故の被害者となった場合の、損害賠償に関する紛争を解決する手続業務を行っている。
　後遺障害の問題については、等級認定を得てからの解決手続となっている。

6　公益財団法人日弁連交通事故相談センター

　公益財団法人日弁連交通事故相談センター[37]は、交通事故紛争処理センターと同様に交通事故の被害者となった場合の、損害賠償に関する紛争解決手続業務を行っている。

7　一般財団法人日本自転車普及協会自転車ADRセンター

　一般財団法人日本自転車普及協会自転車ADRセンター[38]は、自転車と歩行者との事故、自転車と自転車との事故および自転車による器物の損壊に起因する損害賠償に関する紛争解決手続業務を行っている。

---

(34)　〒105-0001 東京都港区虎ノ門3－20－4虎ノ門鈴木ビル7階（TEL　03-5425-7963）
(35)　〒160-0008 東京都新宿区三栄町23－1ライラック三栄ビル（TEL　03-5368-5757）
(36)　東京本部：〒163-0925 東京都新宿区西新宿2－3－1新宿モノリスビル25階（TEL　03-3346-1756）
(37)　東京支部：〒100-0013 東京都千代田区霞が関1－1－3弁護士会館3階（TEL　03-3581-1770）
(38)　〒141-0021 東京都品川区上大崎3－3－1自転車総合ビル4階（TEL　03-4334-7959）

Ⅶ 神経系統の機能または精神の後遺障害

　神経系統の機能または精神の障害については、施行令別表第一に2等級、施行令別表第二に6等級の計8等級が規定されている。
　障害の程度と認定基準[39]は表3・表4のとおりである。

【表3】別表第一

等　　級	介護を要する後遺障害	
	障害の程度	認定基準
第1級 1号	神経系統の機能又は精神に著しい障害を残し、常に介護を要するもの	生命維持に必要な身のまわり処理の動作について常時介護を要するもの
第2級 1号	神経系統の機能又は精神に著しい障害を残し、随時介護を要するもの	生命維持に必要な身のまわり処理の動作について随時介護を要するもの

【表4】別表第二

等　　級	後遺障害	
	障害の程度	認定基準
第3級 3号	神経系統の機能又は精神に著しい障害を残し、終身労務に服することができないもの	生命維持に必要な身のまわり処理の動作は可能であるが、労務に服することができないもの
第5級 2号	神経系統の機能又は精神に著しい障害を残し、特に軽易な労務以外の労務に服することができないもの	極めて軽易な労務にしか服することができないもの
第7級 4号	神経系統の機能又は精神に障害を残し、軽易な労務以外の労務に服することができないもの	軽易な労務にしか服することができないもの
第9級 10号	神経系統の機能又は精神に障害を残し、服することができる労務が相当な程度に制限されるもの	通常の労務に服することはできるが、就労可能な職種が相当程度に制約されるもの

[39] 必携141頁。

第12級13号	局部に頑固な神経症状を残すもの	通常の労務に服することはでき、職種制限も認められないが、時には労務に支障が生じる場合があるもの
第14級 9号	局部に神経症状を残すもの	第12級より軽度なもの

　自賠責保険の後遺障害等級認定については、平成16年の労災則別表の改正に伴い、後遺障害等級表および後遺障害等級表上の用語の一部が改定された。

　12級の「局部に頑固な神経症状を残すもの」については、12級12号とされていたが、12級13号（平成16年7月1日以降発生の事故に適用）に改められた。

　14級の「局部に神経症状を残すもの」については、14級10号が14級9号（平成16年7月1日以降発生の事故に適用）に改められた。

　そのため、本書の事例紹介においても、神経症状の12級と14級について、12級は12号と13号、14級は10号と9号が混在することとなっている。

Ⅷ 神経症状12級・14級の認定基準

1 障害等級認定基準における神経症状12級・14級

　労災保険の障害等級認定基準においては、「神経系統の機能又は精神の障害」については、その障害により、12級は「通常の労務に服することはでき、職種制限も認められないが、時には労務に支障が生じる場合があるもの」および14級は12級よりも軽度のものが該当するとされている（前項参照）[40]。

　別表第二における表記（Ⅶ参照）は、12級13号が「局部に頑固な神経症状を残すもの」、14級9号が「局部に神経症状を残すもの」であって、文言上の差異が「頑固な」の有無であるから、頑固の程度によって区分されるのか、頑固度の基準があるかのように思えてしまうが、判断において頑固度の基準があるわけではなく、労災保険は、労務の支障を判断の基準とするとしている。

　しかし、障害等級認定基準の表記は、判断要素が明確ではなく、12級よりも軽度のものとする14級についても、何についてどれほど軽度であるのかが不明であり、障害等級認定基準によって判断することは、なかなかに困難である。

　労災保険の認定基準は、平成15年に大幅な改正が行われ、「神経系統の機能又は精神の障害に関する障害等級認定基準について（平成15年8月8日付厚生労働省、障害等級認定基準）」として公表され、その後数次の改正を経て現行に至っている。

　上記認定基準は、専門検討会での検討内容を踏まえて全面的に改正されたもので[41]、検討内容は、「精神・神経の障害認定に関する専門検討会の検討結果及び報告書について（平成15年7月4日厚生労働省発表。以下「専門検討会報告」という）」として公表されている。

---

(40)　必携141頁。
(41)　平成15年8月8日基発第0808002号厚生労働省労働基準局長　神経系統の機能又は精神の障害に関する障害等級の認定については、昭和50年9月30日付け基発第565別冊「障害等級認定基準」（以下「基本通達」という。）により取り扱っているところであるが、今般、平成15年6月に報告のあった「精神・神経の障害認定に関する専門検討会」の検討結果を踏まえ、基本通達の「5　神経系統の機能又は精神」に係る部分及び昭和56年1月30日付け基発第51号「神経系統の機能又は精神の障害に関する障害等級認定基準の一部改正について」を廃止し、別添1のとおり「神経系統の機能又は精神の障害に関する障害等級認定基準」（以下「認定基準」という。）として定めることとしたので、下記事項に留意の上、事務処理に遺漏のないように期されたい。

改正前後の必携の内容を見ると、改正前の11版（平成14年3月20日）では、「第12級は『他覚的に神経系統の障害が証明されるもの』及び第14級は第12級よりも軽度のものが該当する。」（135頁）とし、「(2) 中枢神経系（脳）の障害」の項では、以下のとおりであった（138頁）。

> (2) 中枢神経系（脳）の障害
> ト 「労働には通常差し支えないが、医学的に証明しうる神経系統の機能又は精神の障害を残すもの」　　　　　　　　　　　　　　　　第12級の12
> 　中枢神経系の障害であって、たとえば、感覚障害、錐体路症状及び錐体外路症状を伴わない軽度の麻痺、気脳撮影その他他覚的所見により証明される軽度の脳萎縮、脳波の軽度の異常所見等を残しているものが、これに該当する。
> 　なお、自覚症状が軽い場合であっても、これらの異常所見が認められるものは、これに該当する。
> チ 「労働には通常差し支えないが、医学的に可能な神経系統又は精神の障害に係る所見があると認められるもの」　　　　　　　　　　第14級の9
> 　医学的に証明しうる精神神経学的症状は明らかでないが、頭痛、めまい、疲労感などの自覚症状が単なる故意の誇張ではないと医学的に推定されるものが、これに該当する。

上記の内容は、12級は医学的な証明が必要で、その証明は、感覚障害等他覚的所見により確認できるもので、自覚症状の軽重は問題ではないとし、14級は医学的に説明可能で、自覚症状が単なる故意の誇張ではないと医学的に推定されるもの、である。

改正後の12版（平成15年3月13日）では、「第12級は『通常の労務に服することはでき、職種制限も認められないが、時には労務に支障が生じる場合があるもの』及び第14級は第12級よりも軽度のものが該当する。」（136頁）である。

12版では、「(1) 脳の障害」（136頁以下）として、11版に比して詳細な認定基準が記載されている。

改正前後の差異については、改正前は、12級は他覚的所見による医学的証明が必要である旨を示していたが、改正後は労務の支障性を判断の基準とするとして、各障害の内容に応じた認定基準を示している。

11版にあった「(第14級) 自覚症状が単なる故意の誇張ではないと医学的に推定されるもの」の文言は、12版以降には見当たらない。

専門検討会報告を見ると、高次脳機能障害の評価についてではあるが、以下の記載がある。

本検討会としては、後遺障害として労働能力のそう失を伴うと認められる高次脳機能障害についても上記の各障害等級に区分して評価することが妥当であり、また、上記の各障害等級に相当する障害の程度は、以下のとおりとするのが適当であると考える。……（第1級～第9級）……

第12級　MRI、CT等により他覚的に証明される軽度の脳挫傷、脳出血等又は脳波の軽度の異常所見が認められるものであって、4能力のいずれか1つ以上の能力が「困難はあるが概ね自力でできる」に該当すると認められるものが該当する。

　たとえば、4能力について「困難はあるが概ね自力でできる」状態に該当するものには、次のようなものがある。

　　意思疎通能力については、「職場で他の人と意思疎通を図ることに困難を生じることがあり、ゆっくり話してもらう必要が時々ある」場合

第14級　MRI、CT、脳波等によっては、脳の器質的病変は明らかではないが、頭部打撲等の存在が確認され、脳損傷が合理的に推測されるものであって、4能力のいずれか1つ以上の能力が「困難はあるが概ね自力でできる」又は「多少の困難はあるが概ね自力でできる」ような状態に該当するものが該当する。

　上記内容から、12級は、「MRI、CT等により他覚的に証明される異常所見が認められるもの」であり、14級は、「他覚的に確認はできないが、頭部打撲等の存在が確認され、脳損傷が合理的に推測されるもの」とすることができ、この判断基準は、他の神経症状の認定基準としても妥当すると考える。

2　自賠責保険における神経症状の後遺障害認定基準と該当事例

　自賠責保険における後遺障害等級認定は、労災保険に準拠することから、認定要件等は必携を参照することになる。

　神経症状の後遺障害について、必携の文言は版によって変更されているが、それまでの記載がないことから12級と14級の認定要件が変更されたというわけではなく、実務上は従来と同様に取り扱われている。

　神経症状の後遺障害等級12級と14級についていえば、12級は他覚的に神経系統の障害が証明されるもの（ただし、非器質性精神障害の基準により等級評価を行う場合を除く）、14級は他覚的に神経系統の障害は証明されない（証明にまでは至らない）が、医学的に説明可能なものということができ、他覚所見の有無がその差異であるといえる。

　判例に引用、掲載された損保料率機構（調査事務所）の非該当判断事例、14級認定事例および12級認定事例としては、以下のものなどがある。

(1) 非該当判断事例

残存する症状について、神経学的検査所見や画像所見などから自覚症状を裏付ける客観的な医学的所見がみられない、あるいは医学的整合性がみられないなどから非該当と判断されたと考えられる。

① 名古屋地判平成23年8月19日交通民集44巻4号1086頁

頸椎捻挫後の「作業時右肩〜腕にかけて痛い」との症状について、頸部画像上も特段異常所見は認められず、後遺障害診断書上有意な神経学的異常所見も乏しいなど、自覚症状を裏付ける客観的な医学的所見はみられないことから、非該当とされた事例
「頸椎捻挫後の『作業時右肩〜腕にかけて痛い』との症状については、平成18年11月24日発行のS病院経過診断書上『MRI施行するもヘルニア等認めず』との記載があり、提出の頸部画像上も特段異常所見は認められず、右肩・右前腕については画像撮影もみられないこと、後遺障害診断書上『MMT左右差なし　知覚障害なし』と有意な神経学的異常所見も乏しいなど、自覚症状を裏付ける客観的な医学的所見はみられず、かつ、『作業時……痛い』とのことで、ほとんど常時疼痛を残すものにも至らないことから、自賠責保険の後遺障害に該当しないものと判断する」(自賠責調査事務所の判断、第2章「判例紹介」Ⅳ参照)。

② 高松地判平成23年6月1日自保ジャ1855号73頁

頸椎捻挫後の右母指より中指に知覚鈍麻、巧緻性の低下について、画像上変形性変化は認められるが、骨折等の器質的損傷は認められず、神経学的所見においても異常性は認められず、その他診断書等からも前記症状を裏付ける客観的な医学的所見に乏しいことなどから、非該当とされた事例
「(頸椎捻挫後の右母指より中指に知覚鈍麻、巧緻性の低下について)画像上変形性変化は認められるが、本件事故による骨折等の器質的損傷は認められず、神経学的所見の推移についての医療照会回答書(Eクリニック、平成20年10月31日付け)に『腱反射：正常、筋萎縮：無』と所見され、その他診断書等からも前記症状を裏付ける客観的な医学的所見に乏しいことに加え、治療状況等を勘案すれば、将来においても回復が困難な障害とはとらえ難いことから、自賠責保険における後遺障害には該当しない」(自賠責調査事務所の判断、第2章「判例紹介」Ⅰ参照)。

③ 東京地判平成21年2月5日交通民集42巻1号110頁

受傷(傷病名)と症状に整合性が認められないことなどから非該当と判断された事例
「本件第一事故における受傷につき、頸椎捻挫、頸髄損傷等の傷病名が認められるが、平成13年2月13日より入院のK病院におけるカルテにおいて、同年2月28日

の所見として『車椅子をこげるのに握力0?』『タバコを指で挟める!』とされ、下肢筋力も『両膝伸展したまま車椅子で後退』とされており、さらに、看護記録では指の力は入らないとの訴えに対して『そう言っているそばからTVのリモコン軽々持ち上げチャンネルかえている。』とされ、全身痛の訴えに対して『いきおいよく側臥位になる』とされているなど、本件第一事故による受傷により、将来においても困難と見込まれる精神的又は身体的な障害が残存するものとは捉え難いことから、自賠責保険の後遺障害等級には該当しない」(損保料率機構の判断)。

(2) 14級認定事例

残存する症状が、神経学的検査所見や画像所見などから証明することはできない(証明にまでは至らない)が、受傷時の状態や治療の経過などから、連続性、一貫性が認められ、医学的に説明可能なものと判断されたと考えられる。

① 東京地判平成24年4月26日交通民集45巻2号499頁

画像上、頸椎に骨傷等の外傷性変化は認められないものの、加齢性変化が認められ、症状経過等も勘案すれば、症状の将来にわたる残存は否定し難いとして14級を認定した事例

「既存障害が自覚症状もなく治癒していること、画像上頸椎に骨傷等の外傷性変化は認められないものの加齢性変化が認められており、症状経過、治療経過等も勘案すれば、症状の将来にわたる残存は否定し難いことから『局部に神経症状を残すもの』として後遺障害等級第14級10号に該当する……」(自賠責保険の認定)。

② 大阪地判平成25年1月10日交通民集46巻1号1頁

頸部痛、項部痛、頭痛、上肢の痛み、上肢のしびれ等について、画像上、骨折、脱臼等の器質的損傷は認められないものの、下位頸椎に経年性の変性所見がうかがわれ、受傷から症状の訴えの一貫性が認められ、治療経過等を勘案すれば、本件事故を契機に症状が発現したことを否定し難いとして14級を認定した事例

「頸部捻挫後の、頸部痛、項部痛、頭痛、上肢の痛み、上肢のシビレ、両手の把握困難、嘔気等について、提出の画像上、本件事故による骨折、脱臼等の器質的損傷は認められないものの、下位頸椎に経年性の変性所見が窺われ、受傷から症状の訴えの一貫性が認められ、治療経過、症状所見等を勘案すれば、本件事故を契機に症状が発現したことを否定し難く、頸部並びに頸部由来の神経症状と捉え、『局部に神経症状を残すもの』として、自賠法施行令別表第二第14級9号に該当するものと判断する」(自賠責調査事務所の判断)。

③　神戸地判平成 21 年 6 月 24 日交通民集 42 巻 3 号 774 頁

頚部の画像上、外傷による骨折や脱臼などの器質的変化は認められず、自覚症状を裏付ける神経学的異常所見は認められないものの、神経症状等は一貫して存在し、将来においても回復が困難と見込まれることから 14 級を認定した事例

「残存する症状については、頚部の画像上、外傷による骨折や脱臼などの器質的変化は認められず、自覚症状を裏付ける神経学的異常所見は認められないものの、頚部痛や左上肢の神経症状等、長期の治療後においても一貫する頚部由来の神経症状は、将来においても回復が困難と見込まれることから『局部に神経症状を残すもの』として等級表第 14 級 10 号と判断する」（自賠責保険の判断）。

④　京都地判平成 23 年 6 月 10 日交通民集 44 巻 3 号 765 頁

頚部痛、頚の拘縮感、左肩部痛、左上肢のしびれなどの症状については、症状を裏付ける有意な他覚的所見に乏しいが、画像上変形性変化が認められ、症状経過等も勘案すると、症状の将来にわたる残存は否定し難いとして 14 級を認定した事例

「頚部捻挫後の耳鳴り、頚部痛、全身倦怠感、頚の拘縮感、左肩部痛、左上肢痛、左上肢のしびれ、心窩部痛、吐き気等の症状については、症状を裏付ける有意な他覚的所見に乏しいが、画像上変形性変化が認められ、症状経過、治療経過等も勘案すると、症状の将来にわたる残存は否定し難いから、『局部に神経症状を残すもの』として『自動車損害賠償保障法施行令別表第 2（以下、単に「別表第 2 という。」）14 級 10 号に該当』する」（損保料率機構の判断）。

⑤　東京地判平成 27 年 9 月 28 日自保ジャ 1960 号 52 頁

頚椎捻挫後の後頚部の疼痛・運動時痛、背中の疼痛、左手しびれ感等の症状について、頚椎に変性所見が認められるものの、骨折等の明らかな外傷性変化や脊髄への圧迫所見は認められず、神経学的異常所見には乏しいことから、他覚的に神経系統の障害が証明されるものとは捉えられないが、治療状況、症状経過などから、将来においても回復が困難と見込まれるとして 14 級を認定した事例

「甲は、C 整形外科において、平成 22 年 10 月 2 日に症状が固定したとの診断を受け、同年 12 月 27 日、自動車損害賠償責任保険（以下「自賠責保険」という。）の後遺障害等級認定手続において、①頚椎捻挫後の後頚部の疼痛・運動時痛、背中の疼痛、左手しびれ感等の症状について、頚椎に変性所見が認められるものの、本件事故による骨折等の明らかな外傷性変化や脊髄への圧迫所見は認められず、また症状の裏付けとなる神経学的異常所見には乏しいことから、他覚的に神経系統の障害が証明されるものとは捉えられないが、治療状況、症状経過などから、将来においても回復が困難と見込まれる障害と捉えられることから、『局部に神経症状を残すもの』として自賠法施行令別表第 2（以下「障害等級」という。）第 14 級 9 号に該当する」（自

賠責保険の判断、第2章「判例紹介」Ⅷ参照）。

(3) 12級認定事例

残存する症状が、神経学的検査所見や画像所見などの他覚所見により、医学的に証明されるものと判断されたと考えられる。

① 東京地判平成19年11月7日交通民集40巻6号1479頁

下肢の疼痛について、筋萎縮の存在が認められ、他覚的に障害が証明されるとして12級に認定した事例

「右下肢の疼痛については、筋萎縮が認められており、疼痛等の残存については、他覚的に神経系統の障害が証明されるものと捉えられることから、12級12号に該当する」（損保料率機構の判断）。

② 東京地判平成21年2月5日交通民集42巻1号110頁

両下腿・足部・両手のしびれ等の症状について、画像上は明らかな所見はないものの、神経学的所見等より中心性頸髄損傷によるものと認められるとし、他覚的に障害が証明されるとして12級に認定した事例

「両下腿・足部、両手のしびれ等の症状につき、画像上は明らかな所見はないものの、治療経過、医証上の神経学的所見等より中心性頚髄損傷によるものと認められ、障害程度については、明らかな四肢の運動障害等はみられず、労働には通常差し支えないが、医学的に証明しうる脊髄症状を残すものと捉えられることから、『局部に頑固な神経症状を残すもの』である第12級12号に該当する」（損保料率機構の判断）。

③ 大阪高判平成18年9月28日交通民集39巻5号1227頁

受傷当初から左上肢の脱力感、しびれの神経症状が存在し、医療機関は左手指の腫脹、左手のうっ血および冷感等を認めており、カラー写真上もこれを確認できることから、頸部から左上肢にかけての神経症状は、他覚的に証明されたといえるとして12級に認定した事例

「受傷当初から左上肢の脱力感、痺れの神経症状が存在し、H整形外科は左手指の腫脹を、S病院は左手のうっ血、冷感等を認めており、カラー写真上もこれを確認できる。したがって、頸椎捻挫後の頸部から左上肢にかけての神経症状は、他覚的に証明されたといえるから、『局部に頑固な神経症状を残すもの』として12級12号を適用するのが相当である」（自賠責調査事務所の判断）。

④　神戸地判平成 22 年 12 月 7 日交通民集 43 巻 6 号 1587 頁

> 画像上では骨萎縮は判然とせず、写真においても皮膚の変化は明らかではないが、医証上腫脹や発汗等が確認でき、治療経過からも関節の拘縮が所見されるなどから、他覚的に障害が証明されるとして 12 級に認定した事例

「今回提出の画像上では、左上肢、手指部の骨萎縮は判然とせず、提出の写真においても皮膚の変化が健側と比較して明らかに認められるとは捉えられないものの、医証上腫脹や発汗等が確認でき、治療経過からも疼痛等に対するブロック療法等を行った結果、症状固定時においても関節の拘縮が所見されていることなどを総合的に判断すると、頚部から左上肢にかけて残存する神経症状については、他覚的に神経系統の障害が証明されるものと評価し『局部に頑固な神経症状を残すもの』別表第二第 12 級 13 号を認定することが妥当と判断します」（自賠責保険の認定）。

Ⅸ 傷害保険の認定実務

傷害保険は、平成25年10月に大幅な改定が行われた。

1 入院・通院保険金の支払い

平成25年9月以前の保険約款（以下「旧約款」という）と平成25年10月改定版（以下「現行約款」という）の入院保険金・通院保険金の内容の比較をA社を例として見ると、表5のとおりである。

旧約款と現行約款の主要な違いは、旧約款にあった「平常の業務に従事することまたは平常の生活ができなくなり（入院保険金）」、「平常の業務に従事することまたは平常の生活に支障が生じ（通院保険金）」の要件文言が削除されたことである。

B社およびC社の改定内容も文言として若干の差異はあるが、同様趣旨の内容となっている。

この改定によって、業務支障性の認定に関する争いはなくなることになる。ただし、入院、通院の必要性についての争いが生じることはあり得る。

【表5】入院保険金・通院保険金に関する新旧約款の比較

	旧約款	現行約款
用語の定義	第1条（用語の定義） ［通院］　治療が必要な場合において、病院もしくは診療所に通い、または往診により、治療を受けることをいいます。 ［入院］　治療が必要な場合において、自宅等での治療が困難なため、病院または診療所に入り、常に医師の管理下において治療に専念することをいいます。	第1条（用語の定義） ［通院］　病院もしくは診療所に通い、または往診により治療を受けることをいいます。ただし、治療を行わない、薬剤、診断書、医療器具等の受領等のためのものは含みません。 ［入院］　自宅等での治療が困難なため、病院または診療所に入り、常に医師の管理下において治療に専念することをいいます。
	第6条（入院保険金および手術保険金の支払） (1)　当会社は、被保険者が第1条（保険金を支払う場合）の傷害を被り、	第6条（入院保険金および手術保険金の支払） (1)　当会社は、被保険者が第1条（保険金を支払う場合）の傷害を被り、

入院保険金	その直接の結果として、平常の業務に従事することまたは平常の生活ができなくなり、かつ、次の①または②のいずれかに該当した場合は、その期間に対し、入院保険金を被保険者に支払います。	その直接の結果として、入院した場合は、その期間に対し、次の算式によって算出した額を入院保険金として被保険者に支払います。
通院保険金	第7条（通院保険金の支払） (1)　当会社は、被保険者が第1条（保険金を支払う場合）の傷害を被り、その直接の結果として、平常の業務に従事することまたは平常の生活に支障が生じ、かつ、通院した場合は、次の算式によって算出した額を通院保険金として被保険者に支払います。ただし、平常の業務に従事することまたは平常の生活に支障がない程度に傷害がなおった時以降の通院に対しては、通院保険金を支払いません。	第7条（通院保険金の支払） (1)　当会社は、被保険者が第1条（保険金を支払う場合）の傷害を被り、その直接の結果として、通院した場合は、その日数に対し、次の算式によって算出した額を通院保険金として被保険者に支払います。

　判例を見ると、保険契約および共済契約を締結していた被保険者（原告）が、自転車を運転中に自家用普通貨物自動車と接触後に入院し、入院給付金を請求したことについて、「入院」の定義からしても単に医師の判断によるにとどまらず、判断に客観的な合理性があるか、病院に入り常に医師の管理下において治療に専念しなければならないほどの治療の必要性や自宅での治療の困難性が認められるかという観点から判断されるべきとし、原告の症状や治療内容等からすれば入院の必要性や自宅での治療の困難性を認めることはできないとして、原告の請求を棄却した事例がある。

【福岡地判平成28年2月22日判時2302号111頁】

> 「本件各保険契約における保険金ないし共済金の支払事由としての「入院」に該当するか否かの判断は、契約上の要件の該当性の判断であり、前提事実二(2)オ及び三(2)ウのとおりの本件各保険契約における「入院」の定義（医師による治療が必要であり、かつ自宅等での治療が困難なため、病院又は診療所に入り、常に医師の管理下において治療に専念すること）からしても、単に当該入院が医師の判断によるにとどまらず、同判断に客観的な合理性があるか、すなわち、患者の症状等に照らし、病院に入り常に医師の管理下において治療に専念しなければならないほどの医師による治療の必要性や自宅等での治療の困難性が客観的に認められるかという観点か

> ら判断されるべきものと解される。
> ……これらの原告の症状やその後の治療内容等からすれば、本件においては、客観的にみて、病院に入り常に医師の管理下において治療に専念しなければならないほどの医師による治療の必要性や自宅等での治療の困難性を認めることはできない。……
> したがって、本件入院が本件各保険契約における保険金ないし共済金の支払事由としての「入院」に該当するとは認められない。」

2　他覚所見のないむち打ち症免責条項

旧約款にあった、
「当会社は、被保険者が頸部症候群(注)、腰痛その他の症状を訴えている場合であっても、それを裏付けるに足りる医学的他覚所見のないものに対しては、その症状の原因がいかなる場合であっても、保険金を支払いません。(注)頸部症候群:いわゆる「むちうち症」をいいます（A社傷害保険普通保険約款第2章補償条項）。」
の規定（いわゆる「他覚所見のないむち打ち症免責条項」）は、現行約款においても存続している。

B社は、本免責条項を設けておらず、用語の定義中の傷害において、「(傷害)被保険者が症状を訴えている場合であってもそれを裏付けるに足りる医学的他覚所見のない傷害を含みません。」としている。

本免責条項の適用をめぐり、交通事故の被害者のむち打ち症が他覚症状のない場合、傷害保険普通保険約款の免責条項を適用することは相当であるとして、保険会社に対する傷害保険金の請求を認めなかった判例の中に、以下の東京高裁平成11年8月9日判決がある。

【東京高判平成11年8月9日判タ1041号250頁】

> 「……同人（被控訴人）は、入院中、これといった理由もなく、MRIなどの検査を拒んでいる上、同病院の看護婦に対し、同月18日には、頭部から背部の痛みが強いので点滴を止めないよう要請したり、……。
> 同病院の担当医師は、被控訴人の症状について、特にこれを裏付ける他覚所見はないとの意見を述べている。
> ……M整形の担当医師は、……被控訴人の症状については不明であると述べるとともに、被害車両の損傷状況の写真及び修理見積書を見て、これほどの神経症状（筋力低下、しびれ感）が出ることは医学の常識から頸をかしげざるを得ない旨述べており、また、S病院の担当医師も、それらの書面を見て、車両損害に比較して被控訴人の症状が重症過ぎる旨の意見を述べている。

> ……以上の事実からすると、被控訴人を診断・治療した各医師が、被控訴人を診断するに当たって、本件事故の態様等を知っていれば、被控訴人を治療する必要性があると診断しなかったのではないかとの疑問を払拭できない。
> ……事実を総合すると、被控訴人が、本件事故により、頸椎捻挫又は腰椎捻挫の傷害を受け、医師が通院又は入院を必要と判断する程度になったこと、すなわち、平常の業務に従事することに支障を生じるほど又は平常の生活に支障を生じるほどの傷害、若しくは、平常の業務に従事することかできなくなるほど又は平常の生活ができなくなるほどの傷害を被ったことを認めることはできない。
> 本件免責条項によれは、控訴人は、原因のいかんを問わず、頸部症候群又は腰痛で他覚症状のないものに対しては、保険金を支払わないこととされているところ、前記一の事実によれば被控訴人の症状は、他覚所見を伴わない頸椎捻挫又は腰椎捻挫であると認められるから、これが本件免責条項の規定に該当することは明らかであり、控訴人は、本件免責条項により、保険金の支払を免れるというべきである。
> 被控訴人は、本件保険契約一ないし五を締結するに当たって、本件免責条項の説明を受けていない旨供述するが(被控訴人)、被控訴人は、普通保険約款を承認した上で右各契約を締結し、かつ、普通保険約款が記載された書面の交付を受けていると推認できるから、仮に、右各契約を締結するに当たって、本件免責条項の説明を受けていないとしても、右約款によらない旨の特段の合意がない限り、右各契約については、普通保険約款の定めに従うとの意思であったというべきところ、右特段の合意の主張立証は存在しない。
> また、被控訴人は、被控訴人の症状に他覚所見がないとして保険金の支払をしないことは本件保険契約一ないし五の存在を無視することになる旨主張するが、頸部症候群又は腰痛について医師の診断によっても被控訴人の訴え以外に被控訴人の症状を裏付ける客観的根拠が見いだせない場合、すなわち、症状に他覚所見のない場合に保険金の支払をしないと予め定めておくことは、保険金の不当請求、詐取等を防止し、また、保険金支払に関し無用の紛争が発生することを防止するという点で合理性がある上、右のとおり、被控訴人が、本件保険契約一ないし五については、普通保険約款の定めに従うとの意思であったことを考慮すると、本件免責条項を適用することが本件保険契約一ないし五の存在を無視するものであるとはいえず、被控訴人の右主張は採用できない。」

被控訴人(被保険者)は、平成8年9月8日に追突事故に遭った。

被控訴人は、保険会社と5件の傷害保険契約(計入院日額3万円、通院日額2万円)を契約しており、109日間入院し、36日通院したので、保険契約に基づき399万円(入院日額3万円×109日+通院日額2万円×36日＝399万円)の支払いを請求した。

保険会社は、頸部症候群または腰痛で他覚所見のないものに対しては保険金を支払わない規定(以下「本件免責条項」という)があるところ、被控訴人の症状は、他覚

的所見のない頸椎捻挫、腰椎捻挫であり、本件免責条項に該当するから、保険金支払義務はないと主張した。

　第一審[42]は、原告（被保険者）は、これといった他覚的所見のない頸椎捻挫あるいは腰椎捻挫であることが認められるが、本件免責条項のとおりに他覚的所見のない頸部症候群または腰痛に対し、一切保険金が支払われないものとすれば、あまりに保険会社に有利に働くこととなり、不当な結果を招く恐れが十分に認められることからすれば、本件2条項については、保険契約の当事者に対する拘束力はないものと考えることが相当であるとし、原告が入通院した治療期間のうち1か月（入院16日間、通院13日）に限り認め、保険金74万円（入院日額3万円×16日＋通院日額2万円×13日＝74万円）の支払いを認めた。

　これに対して、本判決（以下「本判例」という）は、被控訴人（被保険者）の症状は他覚的所見を伴わない頸椎捻挫または腰椎捻挫であると認められるから、本件免責条項に該当することは明らかであり、保険会社は保険金の支払いを免れるとした。

　本件免責条項の妥当性については、頸部症候群または腰痛について医師の診断によっても被控訴人の訴え以外に被控訴人の症状を裏付ける客観的根拠が見いだせない場合、すなわち、症状に他覚所見のない場合に保険金の支払いをしないと予め定めておくことは、保険金の不当請求、詐取等を防止し、また、保険金支払いに関し無用の紛争が発生することを防止するという点で合理性があるとし、被控訴人が、普通保険約款の定めに従うとの意思であったことを考慮すると、本件免責条項を適用することが本件保険契約一ないし五の存在を無視するものであるとはいえず、被控訴人の右主張は採用できないとして、原判決を取り消し、保険会社の免責を認めた。

　本判例は、事故状況（上り坂、信号待ち停止後の発進追突）、双方の車両重量（加害車両650キログラム、被害車両1,020キログラム）、車両の破損程度（加害車両のバンパーに若干の後退、加害車両のシグナルランプのレンズ類に破損なし。被害車両の後部バンパーに軽微な押し込み）、加害運転者および加害車両同乗者の衝突時の身体衝撃（加害運転者に衝撃実感なし、加害車両同乗の子に傷害なし）や被控訴人（被保険者）の主訴、治療状況、受診態度などを詳細に検討した上で、本件免責条項の合理的妥当性を論じている。

　上記判例のほかに、同様趣旨の判例として、契約締結の半年後に発生したブロック塀への衝突事故による頸椎捻挫およびその4か月後に発生した階段踏み外しによる左足捻挫について、いずれも医学的他覚所見がないとして免責条項の適用を認め原告の請求を棄却した事例[43]がある。

---

(42)　宇都宮地足利支判平成11年3月16日判タ1041号250頁（参考・原審判決）。
(43)　熊本地判平成24年8月9日自保ジャ1881号174頁。

なお、本項は、他覚所見のない症状に関する保険金支払可否の問題であることから、後記Ⅹ5「他覚所見が乏しい後遺障害に関する判例」を併せ参照願いたい。

3　後遺障害保険金支払区分表の改定

旧約款においては、A社を除きB社およびC社は、労災保険の身体障害等級表（後遺障害等級表）とは異なる独自の支払区分表を使用していたが、現行約款では、労災保険の身体障害等級表（後遺障害等級表）に基づく後遺障害等級表とした。

この改定により、対人賠償等における評価との統一性が図られることとなった。

傷害保険の後遺障害保険金支払額は、契約保険金額に各等級の後遺障害に対する保険金支払割合（％）を乗じて算出する。

保険金支払割合は、労働基準法77条関係の別表第二（身体障害等級及び災害補償表）[44]に定める1級障害の障害補償日数（1,340日）を分母とし、該当障害等級の障害補償日数を分子として算定した数値につき、小数点第1位を四捨五入して割合率（％）を定めている。

「後遺障害等級と保険金支払割合」については、表6のとおりである。

4　2種以上の後遺障害

傷害保険の後遺障害保険金は、被保険者に後遺障害が生じた場合に、規定表上の後遺障害等級に応じて支払われることとなっている。

しかし、後遺障害が複数存在する場合の算定方法は、必ずしも明確ではない。

傷害保険約款には、「同一事故により、2種以上の後遺障害が生じた場合は、当会社は、保険金額に次の保険金支払割合を乗じた額を後遺障害保険金として支払います（A社保険約款。C社同旨）。」の規定がある。

上記規定は、①から④の場合として、
① 1級から5級までの後遺障害が2種以上ある場合は、重い後遺障害等級の3級上位等級の保険金を支払う、
② ①以外の場合で1級から8級までの後遺障害が2種以上あるときは、重い後遺障害等級の2級上位等級の保険金を支払う、
③ ①および②以外の場合で1級から13級までの後遺障害が2種以上ある場合は、重い後遺障害等級の1級上位等級の保険金を支払う、
④ ①から③まで以外の場合は、重い後遺障害等級の保険金を支払う
旨の算定方法を示している。

---

(44)　別表第二　必携48頁。

【表6】後遺障害等級と保険金支払割合

等　級	障害補償の額 (障害補償日数)	算　定　式	保険金支払割合 (％)
1級	(平均賃金の。以下同) 1,340日分	(1,340／1,340) × 100 = 100	100
2級	1,190日分	(1,190／1,340) × 100 = 88.80	89
3級	1,050日分	(1,050／1,340) × 100 = 78.35	78
4級	920日分	(920／1,340) × 100 = 68.65	69
5級	790日分	(790／1,340) × 100 = 58.95	59
6級	670日分	(670／1,340) × 100 = 50	50
7級	560日分	(560／1,340) × 100 = 41.79	42
8級	450日分	(450／1,340) × 100 = 33.58	34
9級	350日分	(350／1,340) × 100 = 26.11	26
10級	270日分	(270／1,340) × 100 = 20.14	20
11級	200日分	(200／1,340) × 100 = 14.92	15
12級	140日分	(140／1,340) × 100 = 10.44	10
13級	90日分	(90／1,340) × 100 = 6.71	7
14級	50日分	(50／1,340) × 100 = 3.73	4

　問題点は、2種以上の「種」をどのように考えるかである。

　たとえば、交通事故の被害者となった被保険者が、頸椎捻挫で神経症状12級、腰椎捻挫で神経症状12級および膝部損傷で神経症状14級の認定を受けたとして、保険金の算定はどうなるかということである（前提として、契約保険金額は1,000万円。免責条項には該当しないとする）。

　保険約款に「種」の定義はない。したがって、頸椎捻挫に基づく後遺障害という種類、腰椎捻挫と膝部損傷に基づくという計3種類の後遺障害が生じたという解釈も文言上は可能である。この場合は、前記の後遺障害は、「3つ」の後遺障害ということになる。

　この解釈による場合には、3種類（3つ）の後遺障害があり、障害等級は12級、12級、14級であるから、前記③の規定により、12級の1級上の11級の保険金支払割合である15％を乗じて、1,000万円×15％＝150万円となる。

　一方、種を労災保険の障害等級認定における「障害の系列」と考える場合には、各後遺障害は、神経症状の障害であって、同じ系列にある障害であるから、同種の障害となり、「2種以上の後遺障害」の規定の対象とはならず、前記規定の④が適用されて、同種3つのうちの重い後遺障害である12級の支払割合である10％を乗じて、1,000万円×10％＝100万円となる。

必携を見ると、「137種の類型的な身体障害を掲げる」(71頁)とあって、種を障害等級表の障害数とする旨の表記がある。

必携には、「一種又は数種の障害群に分け、(これを便宜上『障害の系列』と呼ぶ)」(73頁)、「部位ごとに区分された身体障害は、さらに生理学的な観点から、次表のとおり35種の系列に細分され、同一欄内の身体障害については、これを同一の系列にあるものとして取り扱うこととなる。」(75頁)との記載があって、障害数と障害の系列数の両方に単位として使用されている。

労災保険の障害認定実務において、種は、障害数と障害系列数につき、それらを数える上での単位として使われており、「種」自体に特定の意義を認めているものではないと考えられるところから、認定実務より種の意義を定立することは困難である。

保険約款文言と労災保険障害等級の取扱いは表7のとおりである。

保険約款の文言は、できるだけわかりやすく、解釈上の争いが生じないことが望ましいから、種の意味について、混乱や紛争を回避する観点からも明定するか、種を付けずに労災保険障害等級の文言と同一とするかを検討してはどうだろうか。

判例を見ると、後遺障害保険金額の算出方法における「2種の障害」の解釈が争われ、「同一事故により2種以上の後遺障害が生じた場合」とは、「労働者災害補償保険法施行規則14条2項所定の『身体障害が2以上ある場合』と同様、『障害系列表』の系列区分を異にする2以上の身体障害が生じた場合をいうと解するのが相当である。」とする事例がある[45]。

---

(45) 東京地判平成2年11月27日金判865号32頁・判時1373号88頁。

IX 傷害保険の認定実務

【表7】保険約款文言と労災保険障害等級の取扱い

保険約款文言 （A社ご契約のしおり・約款集）	労災保険障害等級の取扱い （第2節「障害補償に係る規定の概要」 1「障害等級」）[46]
（3） 同一事故により、2種以上の後遺障害が生じた場合は、当会社は、保険金額に次の保険金支払割合を乗じた額を後遺障害保険金として支払います。 ① 別表2の第1級から第5級までに掲げる後遺障害が2種以上ある場合は、重い後遺障害に該当する等級の3級上位の等級の後遺障害に対する保険金支払割合 ② ①以外の場合で、別表2の第1級から第8級までに掲げる後遺障害が2種以上あるときは、重い後遺障害に該当する等級の2級上位の等級の後遺障害に対する保険金支払割合 ③ ①および②以外の場合で、別表2の第1級から第13級までに掲げる後遺障害が2種以上あるときは、重い後遺障害に該当する等級の1級上位の等級の後遺障害に対する保険金支払割合。ただし、それぞれの後遺障害に対する保険金支払割合の合計の割合が上記の保険金支払割合に達しない場合は、その合計の割合を保険金支払割合とします。 ④ ①から③まで以外の場合は、重い後遺障害の該当する等級の後遺障害に対する保険金支払割合	（1） 障害等級表に掲げる身体障害が2以上ある場合は、重い方の身体障害の該当する等級によることとし（労規則※第40条第2項、労災則第14条第2項）、次に掲げる場合にあっては、それぞれの方法により等級を繰上げ、当該身体障害の等級とする（労規則第40条第3項、労災則第14条第3項）（以下これを「併合」という。）。 ア 第13級以上に該当する身体障害が2以上ある場合は、重い方の身体障害の該当する等級を1級繰上げる。 イ 第8級以上に該当する身体障害が2以上ある場合は、重い方の身体障害の該当する等級を2級繰上げる。 ウ 第5級以上に該当する身体障害が2以上ある場合は、重い方の身体障害の該当する等級を3級繰上げる。 労規則：労働基準法施行規則

[46] 必携71頁。

X 他覚所見

1 他覚所見の意義

　他覚所見は、他覚的所見あるいは他覚症状ともいうが、本書においては引用を除き「他覚所見」と表記する。

　他覚所見に対する語は、自覚症状である。自覚症状とは、患者自身が感知する症状[47]であり、症状についての患者の訴え[48]である。

(1) 医学上の他覚所見

　他覚所見とは、一般的には、診断医が客観的観察によって確認できる身体的異常をいい、理学的検査（視診、打診、聴診、触診）、画像検査や神経学的検査によって確認される所見をいう。

　また、医師など観察者が明白に認識できた症状や異常な徴候をいい、自覚症状との関係は時にあいまいなこともあるとの解説がある[49]。

(2) 判例における他覚所見の意味

　判例を見ると、他覚所見の意味を「症状を裏付ける客観的根拠」とするものがある。

【東京高判平成 11 年 8 月 9 日判タ 1041 号 250 頁・判時 1699 号 87 頁】

> 「頸部症候群又は腰痛について医師の診断によっても被控訴人の訴え以外に被控訴人の症状を裏付ける客観的根拠が見いだせない場合、すなわち、症状に他覚所見のない場合に……。」

　また、具体的所見、特徴や内容を示すものがある。

---

(47) 新村編・前掲注(3) 1199 頁。
(48) 井上久『鞭打ち損傷と周辺疾患』（自動車保険ジャーナル、1992）15 頁。
(49) 「他覚症状（objective symptom）　医師など観察者が明白に認識できた症状や異常な徴候（sign）または他覚的所見をいう。これらのうち、医師が理学的検査によって見出した所見を理学的所見（physical finding）という。自覚症状（subjective symptom）との関係は時にあいまいなこともあって、時には症状（symptom）とか症候（sign）という名称で漠然とよばれることもある」『最新医学大辞典』（医歯薬出版、1987）896 頁。

Ⅹ　他覚所見

【東京高判平成12年8月28日判時1749号38頁】

「狭義の頸肩腕症候群（職業性頸肩腕障害）とは、『その症状の原因が、変形性頸椎症等の原因、病態が明らかなものを除き、上肢の過使用、すなわち上肢を同一位に保持又は反復使用する作業により神経、筋疲労が慢性化した状態となったものをいい、その病像形成に精神的因子及び環境的因子の関与を無視することができないもの』である。
その症状には、他覚所見として筋硬、圧痛が広範囲に存在すること、慢性化・長期化・難治化する傾向があることの2つの特徴がある。」

【東京高判平成20年3月13日判時2004号143頁】

「……主たる傷病名を腰椎捻挫等としており、中心性頸髄損傷、腰部椎間板ヘルニアと診断したのはN整形外科のE医師のみであること、③E医師の診断はMRI検査に基づくものではなく、他覚的所見に裏付けられたものであるかは疑問であること、が認められ、これらの事情に徴すると、本件事故と中心性頸髄損傷、腰部椎間板ヘルニアとの間には法的な因果関係があると認めることはできないものというべきである。」

【東京高判平成5年12月21日判時1514号143頁】

「……ボールペンは使用できず鉛筆を使用せざるを得なかった。生活面でも掃除機や縫い針の使用は未だ無理であった。カルテによって明らかなとおり、肩・頸・背の痛みが依然として継続しており、未だ頸肩腕障害の重い症状に苦しんでいた。当時のカルテ上の他覚的所見も筋硬結の状況は相当残っており、検査結果も背筋力や握力も未だ相当低い状態であった。」

【東京高判平成5年1月27日判時1452号137頁】

「他覚的所見としては、触診により、僧帽筋の緊張と圧痛、肩甲筋の緊張亢進と圧痛、右頸部の伸展痛があり、右頸部を圧迫すると上肢の痛みがあり、さらに右腕の圧痛、右肩甲骨の内部に圧痛が見られた。」

【東京高判平成4年3月16日労判615号48頁】

「他覚的所見として右手関節部軽度の腫脹を認め、背屈・掌屈時疼痛が増強する、X-Pにて橈骨遠位端の変形治癒（昭和48年1月骨折）を認める、治療経過は副子固定・鎮痛消炎剤投与にて軽快、手関節装具作製し就労させる、他覚的所見と病訴との相関として手関節の変形治癒のため関節面の不適合があり、このため手関節を過度に

> 使用すると病痛が起こると考えられる。」

一方、客観的観察によって確認できる圧痛、硬結等を他覚所見とは認めるものの、それらの所見を「他覚的所見に乏しく」とし、他の他覚所見（たとえば画像診断所見等）と比して同様に評価することは困難である旨を示す以下のような判例がある。この見解は、後述の「他覚所見の評価」と関係する問題でもある。

【東京高判平成5年1月27日判時1452号137頁】

> 「頸肩腕症候群については、未だ、明確な定義を欠くが、一般には、主として頸部、肩、上肢にかけての痛みを訴え、しびれ感、重感、脱力感、知覚異常などの症状を併発する状態につけられた総括的名称とされ、他覚的には、当該障害部の筋肉の病的な圧痛、硬結等を伴う。自覚的症状が主体で、他覚的所見に乏しく、業務に起因して発症する場合もそれ以外の原因で発症する場合もあるとされる。外傷に起因するもの、原因が明らかなものには原因疾患名が付けられて除かれる。」

2　判例における他覚所見の評価

(1)　14級認定例──1

【東京地判平成23年2月3日交通民集44巻1号197頁】

> 「前記当事者間に争いのない事実等に加え、前記認定の原告の症状や治療経過等によれば、原告は、本件事故により頸椎捻挫及び腰椎捻挫ないし腰背部挫傷の傷害を負ったこと、その後、頸部や背部から腰部の疼痛や右上肢のしびれ等の神経症状を継続的に訴えて、医療機関における治療を受けたが、頸部痛や右手しびれの神経症状や腰痛や右下肢の知覚鈍麻等の神経症状が残存したことが認められる。
> そして、前記のとおり、低髄液圧症候群、腰椎椎間板損傷や右胸郭出口症候群の発症は認められず、治療を受けた各病院において施行された頭部や頸部、腰部のCT検査やレントゲン検査において異常所見はみられず、他に上記症状を裏付ける他覚的所見がないことに照らすと、原告には、頸部から右上肢にかけてと、腰部から右下肢にかけて、それぞれ局部に神経症状を残すものとして、後遺障害等級14級10号（現行の等級では14級9号）に該当する後遺障害が残存したと認めるのが相当であり、原告の後遺障害の程度は併合14級に該当すると認めるのが相当である。」

原告（被害者）が事故により低髄液圧症候群、頸椎捻挫等および腰椎椎間板損傷を発症し、その結果として後遺障害等級5級2号「神経系統の機能又は精神に著しい障害を残し、特に軽易な労務以外の労務に服することができないもの」に該当する後遺障害が残存したとして損害賠償を請求した事例において、低髄液圧症候群の発症は認

められないが、局部に神経症状を残すものとして、併合14級に該当すると認めた判例である。

本判例は、右下肢の知覚鈍麻等の神経症状が残存することを認めながらも、画像検査における異常所見はみられないとして、腰部から右下肢にかけて、それぞれ局部に神経症状を残すものとして、後遺障害等級14級10号（現行14級9号）に該当する後遺障害が残存し、後遺障害の程度は併合14級に該当すると認めるとした。

知覚鈍麻等は、14級を超える認定要素とは認められないとの判断がうかがえる。

(2) 14級認定例——2
【神戸地判平成21年9月28日交通民集42巻5号1239頁】

> 「……他覚症状等として、握力右2キログラム・左1キログラム、腱反射正常、両手関節から手指にしびれ感があり左上腕の表皮知覚と温痛覚が中等度鈍麻、MMTは左肩・肘、両手関節周囲、手指屈曲が3レベル、右肩・肘、両手指伸展が4レベル、ジャクソンテスト及びスパーリングテストが陽性……。
> 　丁原医師は、……神経学的な検査で自覚症状として両上下肢の知覚障害と筋力低下があるが、右上下肢の末梢神経伝導速度検査で異常を認めなかったことから、上記自覚症状の裏付けはできないと診断した。……他覚症状及び検査所見として、項頸部所見がBSR及びTSRが左右差なし、ホフマン反射が陰性、知覚障害があり、握力は測定不能……。
> 　しかし、神経症状について、自賠責で認められた等級表14級を超えて12級以上の後遺障害があるとみるためには、神経系統の障害が医学的な他覚的所見により証明されていることが必要である。
> 　丁原医師は、……上記自覚症状の裏付けができないと診断していることも併せ考えると、両医師の診断ないし判断だけをもって、神経系統の障害が医学的他覚的所見により証明されたとみることもできない。……
> 　以上によれば、原告の現在の症状や丙川医師らが後遺障害の診断をした際の神経系統の障害が医学的な他覚的所見により証明されているとみることはできず、これに関する原告の後遺障害の程度は、等級表14級にとどまるといわざるを得ない。」

原告（被害者）が追突事故により中心性の神経ないし脊髄損傷を発症し、後遺障害として施行令別表第二（等級表）の2級に該当する障害となったとして、損害賠償を請求した事例において、後遺障害の診断をした際の神経系統の障害が医学的な他覚的所見により証明されていないとして、後遺障害の程度は等級表14級にとどまるとした判例である。

本判例では、他覚所見として握力の低下、左上腕の表皮知覚と温痛覚の中等度鈍

麻、ジャクソンテスト⁽⁵⁰⁾およびスパーリングテスト⁽⁵¹⁾が陽性等であることを認めるが、後遺障害認定における判断基準を「神経症状について、自賠責で認められた等級表14級を超えて12級以上の後遺障害があるとみるためには、神経系統の障害が医学的な他覚的所見により証明されていることが必要である。」と示して、医師の診断と検査所見の整合性や外傷性の異常所見の有無、症状の増悪等を検討の上で、神経系統の障害が医学的な他覚的所見により証明されているとみることはできず、後遺障害は14級にとどまるとした。

本判例においては、診断医の1人が所見として、「神経学的な検査で自覚症状として両上下肢の知覚障害と筋力低下があるが、右上下肢の末梢神経伝導速度検査で異常を認めなかったことから、上記自覚症状の裏付けはできないと診断した。」ことを他覚的所見により証明されていない理由の1つにしている。

医師が、知覚障害と筋力低下を他覚所見とせず、「自覚症状」としていることは注目される。

症状の分類は別として、患者の意思によって変更できる可能性のある症状については、他の所見との整合性について留意して判断している。

他覚所見とは、診断医の所見をより客観的に検証できる検査によって裏付けられるものをいうと解する姿勢がうかがえる。

(3) 12級認定例——1
【横浜地判平成23年7月20日交通民集44巻4号968頁】

> 「原告に対するジャクソンテスト及びスパーリングテストの結果は、いずれも陽性であった。
> ……原告の頸部のMRI画像について、放射線科の専門医（略）が、その撮影された当時に『原告のC4とC5の間に存在する椎間板が正中後方へ突出して頸髄を圧排している』との所見を述べている……
> 本件事故時に原告に加わった衝撃が軽微であったとは必ずしもいえないことに照らすと、原告の椎間板の突出による頸髄の圧排（椎間板ヘルニア）は、本件事故によっ

---

(50) 神経根性疼痛の誘発テストの一つ。「(shoulder depression test) 絞扼され、癒着している神経根を緊張させ、伸展症状を誘発する。」三浦幸雄編『図説整形外科診断治療講座14 頸椎疾患・損傷』（メジカルビュー社、1991）64頁。
「［圧迫テスト］脊柱管と椎間孔の狭窄を強め、脊髄と神経根の圧迫症状を誘発する」（同上）。圧迫テストは、頭を軽く後方に反らせて上から押しつける。頸部から肩、腕（指先を含む）まで痛みが放散すれば陽性と判定する。

(51) 神経根性疼痛の誘発テストの一つ。「椎間孔の狭窄を強め、神経根の圧迫症状を誘発する。」三浦編・前掲注（51）64頁。頸椎を患側に傾けて頭を下に押しつける。放散痛があれば陽性と判定する。

> て生じたものと認めることが相当である。
> 　……一貫して、頸部痛、右手のしびれの症状を訴えていたのであり、その後も、これらの症状が残っているが、これらは、上記椎間板ヘルニアによるものと認められる。上腕二頭筋、腕橈骨筋、膝蓋腱およびアキレス腱における反射の亢進が認められており、証拠によると、これらも、上記椎間板ヘルニアによるものと認められる。
> 　……その後遺障害は、単に自覚症状があるのみならず、画像検査や神経学的検査によって裏付けられているということができるから、自賠法施行令別表第二第12級13号「局部に頑固な神経症状を残すもの」に該当するというべきである。」

　停止中に追突され、頸椎捻挫および外傷性頸椎椎間板ヘルニアの傷害を負った原告（被害者）が、後遺障害等級12級13号「局部に頑固な神経症状を残すもの」に該当するとして損害賠償を請求した事例において、自賠責保険の認定は14級であるが、原告の後遺障害（頸椎部、右上肢しびれおよび右上肢挙上時鈍痛）の程度につき、単に自覚症状があるのみならず、画像検査や神経学的検査によって裏付けられているといえるから、12級13号に該当するとした判例である。

　本判例では、原告車両の破損状況から外傷性頸椎椎間板ヘルニアが生じたと認定し、MRI画像検査において頸髄圧排の所見が認められ、当該所見と各症状の整合性があるとして、12級13号に該当するとした。

　本判例は、自覚症状を裏付ける他覚所見として、MRI画像検査による異常所見と神経学的検査所見の確認に留意している。

(4)　12級認定例──2
【名古屋地判平成22年3月19日交通民集43巻2号419頁】

> 　「原告は本件事故の翌日である平成12年8月30日のG外科において頸部挫傷等の傷病名を付され、同年9月4日からのK整形外科での診察で外傷性頸部症候群という傷病名が付されていること、頸部や左上肢の疼痛、頸椎のこわばりなどの自覚症状も本件事故後間もないG外科での診察から一貫して訴えており、本件事故後5年以上を経過した平成17年9月14日においてもその症状が残存していること、本件事故後約2ヶ月半後のH整形外科においては両上肢の筋力低下を訴え、左上肢の筋力低下が残存していることから、左上肢の筋力低下、知覚異常、頭痛、頸部痛、自律神経症状が後遺障害として残存しているものと認められる。
> 　そして、他覚的所見と自覚的所見、画像所見を総合判断した結果として原告の症状が事故により出現し、スパーリングテストなどの頸椎圧迫テストで神経根が刺激されて出現する左上肢の疼痛やしびれ、知覚障害が誘発でき、この症状が自覚症状と同じである点、画像でC5／6、6／7での左に優位の椎間孔狭窄が認められる点、サー

> モグラフィーでも上肢の温度差がある点などで、『障害の存在が医学的に証明できるもの』といえるから、後遺障害等級12級13号の『局部に頑固な神経症状を残すもの』に該当すると認めるのが相当である。」

追突事故により、頸部挫傷、胸部・腰背部挫傷の傷害を負った原告（被害者）が、後遺障害7級4号「神経系統の機能又は精神に障害を残し、軽易な労務以外の労務に服することができないもの」に該当するとして損害賠償を請求した事例において、原告に残存した左上肢の筋力低下、知覚異常、頭痛、頸部痛、自律神経症状につき、自賠責保険の認定は非該当であるが、「障害の存在が医学的に証明できるもの」といえるとして、後遺障害12級13号に該当すると認めた判例である。

本判例では、MRIで明らかに椎間孔の狭窄が認められ、これが左上肢の症状を訴える原因となったと推測することは可能であるとし、神経根の刺激症状が主となるため、頸部や背部痛、左上肢のしびれや疼痛、筋力低下が生じ、脊髄症状がないことは原告の他覚的所見と合致すると認定した。

自律神経系の症状（バレーリュー症候群）の嘔気、嘔吐、めまい、耳鳴り、などは、追突で何らかの障害が生じたとすることも推測可能で、筋萎縮が明確に認められないとしても、原告の知覚症状や筋力低下は画像所見とおよそ一致していると考えることができるとして、12級13号に該当するとした。

本判例は、原告の自覚症状と画像所見（MRI、サーモグラフィー[52]など）および神経学的検査所見との整合性を検討して、12級と認定している。

(5) 12級認定例——3
【大阪地判平成18年4月25日交通民集39巻2号578頁】

> 「MRI検査においても明確にタナ障害と判断できるだけの異常所見は認められなかったものの、……MRIに基づく『内側半月板の後方に長い断裂』（略）との所見……これらの所見はタナ障害につながる異常所見ということができるものである。
> ……タナ障害は、明らかなタナ障害の所見があるにもかかわらず、MRIで明らかな所見を認めないことも多いものであり、タナ障害の診断におけるMRIの役割は補助的であり、最終的には関節鏡検査でその診断が行われるものであること……
> 甲の左膝に残存する疼痛等の後遺障害の原因は、関節鏡検査でタナの著明な肥厚、

---

(52) 「サーモグラフィー　英 thermography……　物体表面における温度分布を図、写真などの像として表す方法をサーモグラフィーという。赤外線放射温度計 infrared thermometer により、表面と温度計を接触させない状態で表面温度を測定することができる。ヒトの皮膚温を熱電対や温度計で接触法で測定する場合は皮膚から測定器への熱の移動や、測定器の皮膚接触による生理的影響があるが、サーモグラフィーによる温度測定はこれらの影響がない。……」『南山堂医学大辞典〔第20版〕』（南山堂、2015）944頁。

> 関節面とのインピンジ（接触、衝突）、接触する軟骨面における発赤が確認されたタナ障害である。これは、客観的な異常所見（他覚所見）の認められる神経症状というべきものである。
> 　したがって、『他覚的に神経系統の障害が証明されるもの』として、自賠責保険の後遺障害等級第12級12号に該当するものとするのが相当である。」

　助手席に搭乗していた原告（被害者）がスリップ事故により左膝を損傷し、後遺障害12級の認定に基づく損害賠償を請求した事例において、自賠責保険の認定は14級であるが、関節鏡検査でタナ障害（膝蓋内側滑膜壁（タナ）の肥厚による障害）が確認できたとし、客観的な異常所見（他覚所見）が認められるとして、障害等級12級12号に該当するとした判例である。

　原告は、本件事故（事故日平成13年1月21日）によって左膝を打撲し、事故後一貫して左膝の疼痛等を訴え、14級該当とする自賠責保険の認定に対して異議申立を行ったが、レントゲン検査、MRI検査および各種テストによってでも何ら異常は認められなかったとして、14級の認定にとどまった（症状固定診断平成15年4月10日）。

　原告は、平成14年10月16日に関節鏡検査を受け、左膝タナ切除手術を施された。
　膝の滑膜壁（タナ）の肥厚による障害は、健常者にも起こり得るから、本障害の因果関係も争点となっている。

　本判例は、本件事故前にタナ障害が発症していたとは認められないとした上で、タナ障害は膝蓋内部を直接観察しなければ発見が困難であること、原告は事故後一貫して左膝の疼痛等を訴えていたことから、タナ障害は事故による左膝打撲の衝撃によって生じたものと認めた。

　本判例では、MRI検査において明確な異常所見は認められないが、関連性のある所見があり、MRIの役割は補助的であって、最終的には関節鏡でその診断が行われるものであるとして、関節鏡検査で確認された所見を他覚所見と認めた。

　なお、本判例については、第2章「判例紹介」において判例XIとして掲載している。

3　医師側の見解

　他覚所見について、井上久医師は、同氏の著書[53]において、次のように述べている。臨床医としての経験に基づく有意な見解であると思う。

> ……一般人に限らず保険業界でも、時には医師でさえ、『症状（自覚的訴え）』と『所見（徴候）』を混同している人を見受けます。英語では、symptom（症状）とsign（所見・徴候）といったようにしっかり区別されています。簡単にいうと、痛みやしびれ、だ

---

[53]　井上久『医療審査「覚書」』（自動車保険ジャーナル、2011）80頁。

るさ、凝りなどは『（自覚）症状』であり、腫れや皮下出血、発赤、局所熱感（自分で感じるのではなく他人が触って感じる）、変形、筋萎縮、さらに広義には検査所見などが『（他覚）所見』ということになります。……

ところで、『症状』と『所見』を「主観」と「客観」という概念に置き換えて、それぞれの関与の強さという観点から、明確には無理であるものの段階別に分けてみると次のようになるかと思います（教科書的事項でなく、私の臨床経験に基く個人的見解です）。

① 純粋な自覚症状
痛み、しびれ、凝り、倦怠感、脱力感、冷感じ、火照り…
② 主観を通した他覚所見（患者の自覚的訴え・申告に基づき客観的に把握されるもので、心因性要因もしくは意図的要因が容易に入る可能性がある）
圧痛、疼痛性可動域制限、握力、スパーリングテストなどの神経根圧迫（刺激）徴候、ラゼーグ・SLRテストなどの神経根牽引（刺激）徴候…
③ 主観も入り得る他覚所見（知覚・運動・反射など総合的所見や、場合により各種画像検査、電気生理学的検査、専門的特殊検査などによる裏付けが必要になるもの）
知覚鈍麻・脱失、筋力低下、手指巧緻運動障害、排尿障害、性機能障害、歩行障害・歩容異常…
④ 客観的に証明される厳密な意味での他覚所見
出血、皮下出血、腫張、浮腫、皮膚変色、皮膚瘢痕、発汗異常、脱毛、筋硬結・過緊張、筋萎縮、反射異常、変形、血液検査所見、画像検査所見、電気生理学的検査所見（筋電図、神経伝導速度、各種誘発電位検査…）

このうち、一般に、医師達はどこまでを他覚所見とするかというと、私の経験上、③、④さらには②までをいう場合が多いように感じます。

ところが、保険業界、特に前述の如く、局部の神経症状の後遺障害の12級、14級、非該当の認定実態を見ていると、②は必ずしも他覚所見とは認められていないように感じます。すなわち、大雑把で乱暴ないい方ですが、保険業界における他覚所見とは③と④に限られるように思うのです。

4 保険約款における他覚所見

(1) 他覚所見の定義

損保三社の保険約款における定義は表8のとおりである。
A社とC社は同じであり、B社も同旨であるといえる。

(2) 保険約款文言と自賠責保険認定の差異

前記Ⅱ3「保険約款における後遺障害の定義」において、A社とC社の後遺障害の定義およびB社の傷害の定義について触れ、それらの定義による規定は、（医学的）

【表8】損保三社の保険約款における定義

会 社 名	定　　義
A 社	医学的他覚所見 理学的検査、神経学的検査、臨床検査、画像検査等により認められる異常所見をいいます。
B 社	医学的他覚所見 レントゲン検査、脳波所見、理学的検査、神経学的検査、臨床検査、画像検査等により認められる異常所見をいいます。
C 社	医学的他覚所見 理学的検査、神経学的検査、臨床検査、画像検査等により認められる異常所見をいいます。

他覚所見のない症状は後遺障害の認定対象としない趣旨と解されるものであると述べた。

また、自賠責保険の認定基準において、神経症状の後遺障害等級12級と14級の差異は、12級が原則として神経系統の障害が他覚所見によって医学的に証明されたもので、14級は証明できないが説明可能で医学的に推認できるものであり、他覚所見の有無が判断基準であるとも述べた（Ⅷ「神経症状12級・14級の認定基準」参照）。

つまり、自賠責保険の後遺障害等級14級は、他覚所見が乏しく自覚症状が主体である事案においても、障害の存在が説明可能であり医学的に推認できると判断されれば認定されるものである。

一方、保険約款においては、「保険約款に定める他覚所見」のない症状は後遺障害の認定対象としない規定であるから、自賠責保険が14級と認定した症状であっても、保険約款に定める他覚所見のないものは認定対象とならないことになる。

そうすると、自賠責保険で神経症状14級認定を受けた場合に、自動車保険や傷害保険で支払われるものかという問題になる。

5 他覚所見が乏しい後遺障害に関する判例

判例を見ると、傷害保険の被保険者（原告）が、駐車場内で歩行中に自動車に接触され、自賠責14級9号認定の後遺障害を残したことによる傷害保険金請求につき、原告の通院治療を要した症状および後遺障害については、これを裏付けるに足りる医学的他覚所見はないというべきであって、本件（傷害保険）免責条項に該当するとして、原告の請求を棄却した事例がある。

【仙台地判平成27年1月29日自保ジャ1945号159頁】

> 「本件保険契約の約款には、前記第二の1(2)イのとおり、本件免責条項、すなわち、むちうち症、腰痛その他の症状について、それを裏付けるに足りる医学的他覚所見のない場合には保険金を支払わない旨の条項が規定されている。
> 　医学的他覚所見とは、前記第二の1(2)アのとおり、理学的検査、神経学的検査、臨床検査、画像検査等により認められる異常所見をいう旨定義されているところ、ここでの異常所見については、本件免責条項の趣旨がむちうち症などのうち医学的な裏付けがないものを排除することにあると解されること、可動域検査を含む理学的検査による所見の意義について、客観性がある所見が得られる検査か否かの点、理学的検査の感受性、特異性が均質ではなく概して高くないことを考慮し、得られた所見を総合して判断し、1つの所見で行ってはならない旨指摘されていることを踏まえれば、上記に該当する単一の検査結果のみではなく、複数の検査結果や検査実施時の事情なども考慮して判断されるべきものであると解することが相当である。
> 　……原告については、頸部の可動域制限のほかに理学的検査により認められる異常所見はなく、その他の検査による異常所見もない上、可動域制限について検査を実施したB医師においてその結果の信頼性に疑問を呈しているのであり、これらを総合して考慮すれば、原告の通院治療を要した症状及び後遺障害については、これを裏付けるに足りる医学的他覚所見はないというべきであって、本件免責条項に該当するものと解される。」

　上記判例は、約款に定める他覚所見の意義を述べた上で、原告の検査内容を検討し、異常所見がないことなどを総合的に考慮して、判断を示している。

　上記判例のほかに、同様趣旨の判例として、追突事故により傷害を負ったとし、自賠責が14級10号を認定する事案につき、原告の訴えを裏付ける医学的他覚所見のあることを認めるに足りる証拠はないとして、搭乗者傷害保険における後遺障害保険金の請求を否認した事例[54]などがある。

　なお、本項は、他覚所見のない症状に関する保険金支払可否の問題であることから、前記Ⅸ2「他覚所見のないむち打ち症免責条項」を併せ参照願いたい。

---

(54) 大阪地判平成17年7月19日自保ジャ1618号16頁。

第 2 章 判例紹介
Chapter2

本章においては、後遺障害が争点となった11の判例を紹介する。各事例から、認否の事由、等級認定および関連する諸問題を考えることができる。

I 被追突、14級主張：器質的損傷なし、反射等正常、後遺障害否認

被害者（男、53歳、歯科医師、原告、以下「甲」という）が主張する後遺障害の残存（14級主張）について、甲には骨折や頸髄損傷等の器質的損傷は何ら認められないこと、腱反射は正常で筋萎縮もないこと等から、甲の訴える各症状には客観的医学的所見は見当たらず、事故による後遺障害と認定することはできないとして、後遺障害を否認した事例

■後遺障害の争点■

1	指の知覚鈍麻、巧緻性の低下 自賠責の認定：非該当→裁判所の判断：非該当（認定不変）
2	頸椎部の運動障害 自賠責の認定：非該当→裁判所の判断：非該当（認定不変）
3	左足のしびれ筋力低下 自賠責の認定：非該当→裁判所の判断：非該当（認定不変）
4	両顎関節痛 自賠責の認定：非該当→裁判所の判断：非該当（認定不変）
5	右肩関節の機能障害 自賠責の認定：非該当→裁判所の判断：非該当（認定不変）

【高松地判平成23年6月1日自保ジャ1855号73頁】

1	事案の概要

被害者　　：甲（原告）
加害者　　：乙（被告）
事故年月日：平成19年1月10日午後7時48分ころ
事故場所　：香川県高松市内
事故の態様：甲は、普通乗用自動車を運転して本件事故現場の三叉路を右折するため停止していたところ、乙運転の普通乗用自動車に追突された。
傷害　　　：頸椎捻挫、腰椎捻挫、右外傷性肩関節周囲炎、耳鳴り症
治療状況　：①Aクリニック
　　　　　　　平成19年1月11日（実日数1日）
　　　　　　②B医院

　　　　　　　平成19年1月18日（実日数1日）
　　③C接骨院
　　　　　　　平成19年1月25日～平成20年8月28日（実日数37日）
　　④D会社（民間療法のセラピー、甲がインストラクターを務める。）
　　　　　　　平成19年1月25日～平成20年8月17日（実日数40日）
　　⑤Eクリニック
　　　　　　　平成19年11月12日～平成20年9月3日（実日数23日）
　　⑥Fクリニック
　　　　　　　平成19年11月29日～同年12月6日（実日数2日）
症状固定日：平成20年9月3日
物損　　　：不明。ただし、乙は甲車両の損傷は軽微と主張している。

2	甲の主張

「甲には、多椎間板レベルで脊柱管の軽度狭窄が生じているところ、本件事故により、器質的な頚髄損傷は認められないものの、後方からの急激な衝撃により、同人の頚椎医（原文ママ。位と思われる）に過伸展過屈曲を生じた場合、脊柱管が狭くなっているため、中を通る頚髄が圧迫され、これにより神経症状が現れることは否定できない。甲は、本件事故当初から頚椎捻挫の傷病名のもと治療を受け、同人の上下肢や頭部、頚部の訴えは当初から持続しているのであって、前記残存する各症状（㋐指の知覚鈍麻や巧緻性の低下、㋑頚椎部の運動障害、㋒左足のしびれ筋力低下、㋓両顎関節痛、㋔右肩関節の機能障害）は、本件事故との間に因果関係のある後遺障害に該当する。

　甲は、歯科治療に当たり、左足での回転数の調整や、タービン使用の際の指の固定がしにくい、歯の詰め物やかぶせ物、咬合紙をピンセットで持ちにくい等の支障を来たし、また、日常生活面でも、階段の昇降、靴の着脱、箸の使用等が困難になり、長時間の運転も困難となっており、これは、少なくとも自賠責等級14級9号の『局部に神経症状を残すもの』に該当する。」

3	乙の主張

「甲の後遺障害は認められない。甲が主張する①右母指より中指の知覚鈍麻、巧緻性の低下の症状があるとしても、頚椎MRI検査での異常所見はC5／6が正中側に突出しているというものであり、それであれば知覚鈍麻は左指に出るものであって、右指の症状とは一致しないこと、②左足のしびれについても、受傷後10ヶ月もして初めて診断され、かつ腰椎MRI検査での所見と症状が一致しないこと、③歯をくいしばるため両顎関節痛が出現している点についても、それに関連する診断はなく、後遺症診断時に初めて訴えていること、④右肩関節の機能障害についても、可動域が3／4以下に制限されていないこと、からいずれも後遺障害には該当しない。このことは、甲が後遺障害事前認定について異議申立てをしたにもかかわらず、再度非該当となっていることからも明らかである。」

4	自賠責保険の判断

（判決文に引用された自賠責調査事務所の判断—事前認定）
「(ア) 頚椎捻挫後の右母指より中指に知覚鈍麻、巧緻性の低下について
　画像上変形性変化は認められるが、本件事故による骨折等の器質的損傷は認められず、神経学的所見の推移についての医療照会回答書（Eクリニック、平成20年10月31日付け）に『腱反射：正常、筋萎縮：無』と所見され、その他診断書等からも前記症状を裏付ける客観的な医学的所見に乏しいことに加え、治療状況等を勘案すれば、将来においても回復が困難な障害とはとらえ難いことから、自賠責保険における後遺障害には該当しない。
(イ) 頚椎部の運動障害について
　画像上その原因となる骨折、脱臼等は認められないことから、自賠責保険における後遺障害には該当しない。
(ウ) 左足のしびれ筋力低下について
　事故翌日に受診したAクリニック発行の診断書上、腰部や左足に関する傷病名は認められていない。また、事故から約10ヶ月後の平成19年11月12日に受診したEクリニックにおいて初めて腰椎捻挫との傷病名が見られること等から、前記症状の出現時期は少なくとも同日以降ととらえられる。したがって、事故から約10ヶ月後に生じた前記症状については、本件事故受傷との相当因果関係は認め難いことから、自賠責保険における後遺障害には該当しない。
(エ) 両顎関節痛について
　診断書等上、同部に骨折、脱臼等の器質的損傷は認められず、自覚症状を裏付ける客観的な医学的所見に乏しいことに加え、その他症状経緯や治療状況等も踏まえた結果、将来においても回復が困難と見込まれる障害とは認め難く、自賠責保険における後遺障害には該当しない。
(オ) 右肩関節の機能障害について
　画像上同部位に骨折等の器質的損傷等は認められず、また神経損傷等も認められないことから、関節可動域制限の原因となる客観的所見に乏しく、自賠責保険における後遺障害には該当しない。
（甲は、事前認定に対し、異議の申立てを行ったが、平成21年2月23日再度同内容の判断がなされた。）」

5	裁判所の判断（後遺障害の有無及び程度について）

「(1) 治療経過について
　証拠（略）によれば、甲は、本件事故の翌日である平成19年1月11日、Aクリニックを受診して頸部痛を訴え、頚椎捻挫と診断されたが、XP検査では頚椎に著変は見られなかったこと、甲は、その後も起床時両足に力が入らないとか、右肩の疼痛、頸部の鈍痛等を感じていたが、同月18日、右耳に耳鳴りがあったことから、B医院を受診し、耳鳴症、内耳振盪症と診断され経過観察となったこと、同月25日、C接骨院を受診し、後頚部の痛みや手に力が入りにくい等の症状を訴え、以後平成20年8月28日まで通院し

たこと、平成19年11月12日、Eクリニックを受診し、頭頸部より両肩への疼痛、右肩痛、腰痛、右手巧緻性の低下等を訴え、頸椎捻挫に加え腰椎捻挫と右外傷性肩関節周囲炎が追加診断されたが、腱反射や筋萎縮は正常とされ、XP上も特記すべき点はなかったこと、その後FクリニックでMRI検査を受けたところ、頸椎についてはC3／4、5／6、6／7椎間板が突出して硬膜を圧排する椎間板ヘルニアであり、腰椎においても、L3／4椎間板が左椎間孔で軽度突出してヘルニアが疑われ、L5／S椎間板も正中でやや突出していると診断されたこと、がそれぞれ認められる。

(2) 各症状との因果関係

上記認定の治療経過を踏まえ、証拠（略）にも照らして検討すれば、甲には、本件事故による骨折や頸髄損傷等の器質的損傷は何ら認められないこと、上記のとおり椎間板ヘルニアが認められるものの、通常多椎間にわたるヘルニアは経年変化によることが多く、甲の椎間板突出についても、外傷性ではなく加齢変化によるものと解されること、腱反射は正常で筋萎縮もないこと等から、甲の訴える各症状（(ア)指の知覚鈍麻や巧緻性の低下、(イ)頸椎部の運動障害、(ウ)左足しびれ筋力低下、(エ)両顎関節痛、(オ)右肩関節の機能障害）が本件事故によって生じたことを裏付ける客観的医学的所見は見当たらず、これらを本件事故による後遺障害と認定することはできない。」

■解　説■

はじめに

甲は、普通乗用自動車を運転して停止中に追突されて負傷し、残存する症状について、自賠責保険に後遺障害の認定を求めたが非該当であったため異議申立を行ったが、認定は変わらなかった。

裁判所も自賠責保険と同様に後遺障害を認定しなかったものである。

本事例から、後遺障害の該当要件、認否の判断理由を考えることができる。

本件後遺障害の争点は、甲が残存症状として訴える(ア)指の知覚鈍麻、巧緻性の低下、(イ)頸椎部の運動障害、(ウ)左足のしびれ筋力低下、(エ)両顎関節痛、(オ)右肩関節の機能障害についての評価である。

(1) 事故発生状況と物損程度

甲は、停止状態で追突された。甲車の損傷状況は、出典文中に乙は甲車両の損傷は軽微と主張しているとの記載はあるが、詳細の情報はない。

乙の衝突時速度、甲車の衝突後移動の有無、移動方向、移動距離、双方車両の損害（写真、見積書、目視状態、車両損害の状況）、甲の姿勢、ハンドル保持の状態、シートベルト装着の有無、体動等の確認は得たいところである（詳細については、後記第3章Ⅱ1(2)「調査確認の要点」参照）。

(2) 治療状況

　甲は、事故翌日の平成19年1月11日にAクリニックを受診し、1日のみの診療で7日後の同年1月18日にB医院を受診し、1日のみの受診で同年1月25日（事故の15日後）にC接骨院に転院した。C接骨院で施術を開始するのと同時に甲がインストラクターを務めるD会社（民間療法のセラピー[1]）で治療を受け始めた。

　C接骨院の施術終了は平成20年8月28日で、約1年7か月の間施術を受けている（実日数37日。1か月に約1.9日）。D会社はC接骨院の施術終了とほぼ同時期の平成20年8月17日に終了している（実日数40日。1か月に約2.1日）。

　甲は、C接骨院で施術を開始してから約9か月半余後（事故から約10か月後）の平成19年11月12日にEクリニックを受診し、Eクリニックに約10か月通院して平成20年9月3日に症状固定診断を受けた（実日数23日。1か月に約2.4日）。Eクリニック通院中にFクリニックで2日受診している。

　B医院での受診からEクリニック受診まで約9か月半余の間、病院・診療所等での診療はない（その間はC接骨院とセラピー）。C接骨院の施術終了日（平成20年8月28日）の6日後（平成20年9月3日）に症状固定となっている。

　Eクリニック受診中も引き続き接骨院の施術とセラピーを受けていたものである。

(3) 診断内容

　AクリニックからFクリニックの診断内容は、表1のとおりである。

　後遺障害診断書の内容は不明であるが、事故翌日に受診したAクリニック発行の診断書において、腰部や左足に関する傷病名は認められていないことおよび事故から約10か月後の平成19年11月12日に受診したEクリニックにおいて初めて腰椎捻挫との傷病名が見られることが確認できる。

(4) 乙の主張（右指の症状と検査所見）

　乙は、「甲の後遺障害は認められない。甲が主張する①右母指より中指の知覚鈍麻、巧緻性の低下の症状があるとしても、頸椎MRI検査での異常所見はC5／6が正中側に突出しているというものであり、それであれば知覚鈍麻は左指に出るものであって、右指の症状とは一致しない」と主張した。

　この点について、裁判所は、「甲の椎間板突出についても、外傷性ではなく加齢変

---

(1) セラピー
・therapy 療法　治す方法（『医学用語辞典』（南山堂、1975）1062頁）。
・therapy 治療　日本では特に物理療法や心理療法の意で用いる（『コンサイスカタカナ語辞典〔第2版〕』（三省堂、2000）545頁）。

【表1】診断内容　　　　　　　　　　　　　　　　　　　　　　　　（年号：平成）

医療機関	診断名	診断、検査、その他
Aクリニック 19.1.11（実日数1日）	頸椎捻挫	頸部痛 XP検査では頸椎に著変は見られなかった。
B医院 19.1.18（実日数1日）	耳鳴症、内耳振盪症	経過観察
C接骨院 19.1.25～20.8.28 （実日数37日）		［主訴］後頸部の痛みや手に力が入りにくい等
Eクリニック 19.11.12～20.9.3 （実日数23日）	頸椎捻挫、腰椎捻挫、右外傷性肩関節周囲炎	頭頸部より両肩への疼痛、右肩痛、腰痛、右手巧緻性の低下等の訴え 腱反射、筋萎縮は正常 XP上も特記すべき点はなかった。
Fクリニック 19.11.29～19.12.6 （実日数2日）		［MRI検査］頸椎についてはC3／4、5／6、6／7椎間板が突出して硬膜を圧排する椎間板ヘルニア[(2)]であり、腰椎においても、L3／4椎間板が左椎間孔で軽度突出してヘルニアが疑われ、L5／S椎間板も正中でやや突出している。

化によるものと解される」というものの、当否については論じていない。

　乙の主張は、椎間板が正中側に突出している場合、症状は左指に出るものであって、右指の症状発現は医学的整合性がないという趣旨である。しかし、正中側に突出している場合、症状は左右いずれの側にも発現し得るから、乙の主張に妥当性を認めることは困難である。

(5) 後遺障害の検討

　甲の訴える症状が、本件事故によるものとして、後遺障害に該当するか否かである。

　自賠責保険における後遺障害の認定については、「等級の認定は、原則として労働者災害補償保険における障害の等級認定の基準に準じて行う。」[(3)]としている。

---

(2)　「椎間板ヘルニア　……椎間板組織が脱出、膨隆した状態をいう。通常、髄核組織が後方線維輪を穿破、脱出し、脊柱管内で神経根や脊髄を刺激、圧迫する結果、発症する。腰部、頸部、胸部の順で好発する。ヘルニアの発生には、椎間板の変性を基礎とするが、さらに一定の内圧を要するため、年代別には腰部では30歳代、頸部では40歳代好発する。高位別には可動性の大きい腰部ではL4／5、L5／S1頸部ではC5／6椎間に好発する」東博彦ほか編『整形外科学辞典』（南江堂、1994）239頁。
(3)　支払基準「第3　後遺障害による損害」。

認定基準によれば、自動車事故による傷害が原因で後遺障害が残存したと認定されるためには、自動車事故による傷害と後遺障害との間に相当因果関係を有し、かつ、将来においても回復が困難と見込まれる身体的な毀損状態であって、その存在が医学的に認められることが必要であるとされる。

以下は、本件自賠責保険の認定要旨である。

> (ア) 指の知覚鈍麻、巧緻性の低下
>
> 骨折等の器質的損傷は認められず、「腱反射：正常、筋萎縮：無」であり、その他診断書等（出典文中に具体的記載はない）からも医学的所見に乏しく、治療状況等を勘案すれば、将来においても回復が困難な障害とは捉え難いことから、自賠責保険における後遺障害には該当しないとした。
>
> 症状の残存に医学的合理性を認め難いと判断した感がある。
>
> (イ) 頸椎部の運動障害
>
> 運動障害について、認定基準は、「ウ 運動障害 (ア)エックス線写真等では、せき椎圧迫骨折等又はせき椎固定術が認められず、また、項背腰部組織の器質的変化も認められず、単に、疼痛のために運動障害を残すものは、局部の神経症状として等級を認定する。」[4]としている。
>
> 受傷部位に運動障害を認めるためには、障害を生じるような骨傷や軟部組織の変化など、原因となる異常所見が認められ、症状の存在が医学的に証明されることが必要である[5]。自賠責保険は、画像上その原因となる骨折、脱臼等は認められないことから、後遺障害には該当しないとしたが、神経症状の残存としても医学的合理性が乏しいとして認定しなかったものと思われる。
>
> (ウ) 左足のしびれ筋力低下
>
> 事故翌日に受診したAクリニックの診断は、頸椎捻挫である。腰部や左足に関する傷病名は認められていない。
>
> 腰椎捻挫は、事故から約10か月後の平成19年11月12日に受診したEクリニックにおいて初めて見られるものである。
>
> 捻挫等の症状については、衝突や転倒等による衝撃により筋肉や靭帯等の軟部組織を損傷した際に発症し、受傷後早期から損傷を受けた部位の疼痛や関節可動域の低下等がみられ、時間の経過に伴い損傷を受けた部位の修復が得られることにより、症状は徐々に軽快を示すことが一般的である。
>
> これに対して、受傷から時期を経て新たな症状が発現したり、異常な検査値等が出現した場合には、自賠責保険の後遺障害の認定においては、変化した原因が外傷

---

[4] 必携239頁。
[5] 「頸椎部の運動障害については、画像上、頸椎に可動域制限を生じるような脱臼・骨折等の器質的変化は認められないことから、脊柱の運動障害として認定することは困難である」東京地判平成24年4月26日交通民集45巻2号499頁、自賠責保険の認定。

によるものであることを医学的に証明することが求められるものであるが、本件はこれに係る所見は見当たらない。

事故発生から10か月後の症状発現に合理性を認めることは困難である。

(エ) 両顎関節痛

自賠責保険は、「診断書上、同部に骨折、脱臼等の器質的損傷は認められず、自覚症状を裏付ける客観的な医学的所見に乏しいことに加え」として、非該当と判断した。

乙は、「歯をくいしばるため両顎関節痛が出現している」と主張しているようであるが、両顎関節痛があるとしても、その発生機序および因果関係が不明であり、合理的主張とは思えない。

(オ) 右肩関節の機能障害

甲は、右肩関節の可動域制限を訴えている。関節可動域については、乙が「可動域が3／4以下に制限されていない」と主張しているものの、具体的数値は記載されていないため不明であるが、可動域の低下を訴えたものであろう。

自賠責保険の後遺障害認定において、関節可動域制限については、原則として関節部の器質的損傷（たとえば、骨折・脱臼、腱板損傷など）や関節を支配する神経麻痺等のあることが認定の要件とされている[6],[7]。本件においては、Aクリニックの診断で「XP検査では頸椎に著変は見られなかった」であり、可動域制限を生じる医学的説明もないことから、認定の対象となっていない。

(6) 裁判所の判断理由

裁判所は、甲には、本件事故による骨折や頸髄損傷等の器質的損傷は何ら認められないとした上で、多椎間に椎間板ヘルニアが認められる（FクリニックMRI検査）が、外傷性ではなく加齢変化によるものと解されるとした。

本件事故によって、既往の椎間板ヘルニアが症状を発したとも認定しておらず、腱反射は正常で筋萎縮もないこと等および症状の客観的医学的所見が見当たらないことから、甲の後遺障害を否定した。否定の理由は、自賠責保険の判断とほぼ同様である。

---

[6] 「関節機能障害欄に上肢及び手指の可動域が記載されていますが、当該部位に脱臼・骨折等の器質的損傷の所見がないことや、可動域制限を他覚的に証明する画像等の医証提出もないことから、自賠責保険における関節の機能障害としての評価は困難です」神戸地判平成22年12月7日交通民集43巻6号1587頁、自賠責調査事務所の判断。

[7] 「左肩関節可動域制限については、X線上は明らかな異常所見は認められない。しかし、その経過や他動値も制限されていることを考慮し、左肩関節捻挫後の拘縮に起因すると捉えることとし、その障害の程度については、屈曲・伸展及び外転の運動可動領域が健側の3／4以下に制限されていることから、『（左肩）関節の機能に障害を残すもの』として12級6号を適用する。」大阪高判平成18年9月28日交通民集39巻5号1227頁、自賠責調査事務所の判断。

II 自動二輪車が追突、9級主張：自覚症状と医学的所見の乖離、後遺障害否認

被害者（男、事故時44歳、プロカメラマン、原告、以下「甲」という）の後遺障害（9級主張、予備的に14級主張）につき、甲は9級該当を主張するが、自賠責保険は非該当と判断し、裁判所も同様に、自覚症状の訴えと医学的所見が乖離している等として、後遺障害の残存を認めなかった事例

■後遺障害の争点■

1	①頸部痛、②両手部から指尖へのしびれ、③両踵から趾尖への足底のしびれ、④腰痛（その他、判断力の低下と物忘れ、日中の眠気が強い、夜間寝付きが悪い等の自覚症状） 自賠責の認定：非該当→裁判所の判断：非該当（認定不変）

【横浜地判平成22年7月15日自保ジャ1838号106頁】

1	事案の概要

被害者	：甲（原告）
加害者	：乙（被告）
事故年月日	：平成15年4月8日午前6時10分ころ
事故場所	：神奈川県大和市地内
事故の態様	：甲は、普通乗用自動車を運転して本件事故現場の信号機のある交差点において、信号待ちのために甲車両を停止させていたところ、直進してきた乙運転の乙車両（自動二輪車）が追突した。
傷害	：頸椎捻挫、左肋骨部挫傷、腰部捻挫、尾骨挫傷、胸部挫傷
治療状況	：平成15年4月8日〜平成16年9月30日　通院実日数180日
症状固定日	：平成16年9月30日（前提事実として裁判所認定済）
物損	：金額の記載はないが、乙は甲車の損害は小損である旨を主張している。

2	甲の主張

「本件事故の後、抑うつ、意欲低下、不眠及び物忘れ症状が出現するようになり、また、生活能力面においても、身辺整理ができない、物事に対する感動がなくなり、何事にも無関心である、対人関係において突然相手を怒鳴ってしまうなどのトラブルを度々起こす、家の中を落ち着きなく歩き回るなどの症状が出現するようになった。
　甲は、カメラマンとして小学校等での写真撮影を主な仕事としていたが、児童や教諭

と円滑にコミュニケーションをとることができなくなり、その結果、学校からの仕事の発注は次第に減少し、平成21年に入ってからはほとんどなくなってしまった。

また、視界が狭くなり、動体視力が下がっているように感じられ、ボールを目で追うことができなくなってしまったため、以前は趣味としていたテニス等の球技も一切できなくなってしまった。そして、その影響で、スキーをしながらの撮影といった以前得意としていた仕事もできなくなってしまった。

このような甲の状況からすれば、単純な労務を除いては行うことができず、甲の後遺障害は、後遺障害別等級表の第9級の『神経系統の機能又は精神に障害を残し、服することができる労務が相当な程度に制限されるもの』に該当する。

甲は、現在まで一貫して、頸部痛、腰痛、両手足のしびれを訴え続けており、平成16年8月25日作成のW整形外科のH医師作成の診断書では、後遺障害ありとの診断がされているのであって、この症状が後遺障害別等級表の第14級の『局部に神経症状を残すもの』に該当することは明らかである。」

3	乙の主張

「甲は、自賠責保険の後遺障害認定手続においては、後遺障害に該当しない（非該当）ものとされている。

甲の診断書では、他覚的所見、神経学的所見は認められておらず、自賠責保険の後遺障害認定手続においても、症状を裏付ける医学的所見に乏しいと判断されている。

本件事故は、四輪駆動車である甲車両に普通自動二輪車である乙車両が衝突したものであり、自動車に対して軽量の二輪車が追突したのであるから、衝突エネルギーは小さい。

しかも、甲車両は、ボディの主要部分には何らの損傷が生じておらず、わずかに車両下部の燃料タンクとリアアクスルハウジングが変形しているのみであって、乙車両はごく低速で追突したものである。

このような衝突状態からみても、甲が主張するような後遺障害が本件事故によって引き起こされたとみることは到底できない。

上記の事実からすれば、甲の愁訴は、専ら心因的、気質的な要因に基づいたものであるにすぎない。」

4	自賠責保険の判断

（判決文に引用された自賠責調査事務所の判断─事前認定（要旨））

甲の、頸部痛、両手部から指尖へのしびれ、両踵から趾尖への足底のしびれ、腰痛、判断力の低下と物忘れ、日中の眠気が強い、夜間寝付きが悪い等の自覚症状の訴えについては、画像上器質的損傷は認め難く、後遺障害診断書上症状を裏付ける医学的所見に乏しく、受傷直後から症状固定日に至るまでの間の治療内容等も勘案すれば、将来においても回復が困難と見込まれる障害とは捉え難いことから、自賠責保険の後遺障害には該当しないものと判断する。

5	裁判所の判断

「甲は、本件事故時は、M高校の入学式の写真撮影の仕事に向かう途中であったことから、事故現場で警察官に事故状況についての説明をした後、電車で同校に向かい、仕事を終えた後、W整形外科に行って、診察を受け、頸椎捻挫、左肋骨部挫傷、腰部捻挫、尾骨挫傷、胸部挫傷と診断された。

そして、甲は、同日から平成16年9月30日までの間（実治療日数180日）、W整形外科に通院した。

H医師作成の平成17年3月2日付けの平成16年9月30日を診断日とする自賠責保険用の診断書には、治療の経過や自覚症状の記載がされた後に、平成16年9月30日現在の所見として、『ジャクソンテスト陰性、スパーリングテスト陰性であり、明らかな脊柱可動域制限を認めなかった。他に傍脊柱筋群の圧痛を認めない。他に明らかな神経学的異常は認めない。』と記載されている。また、『閉所恐怖症ということでMRI検査は拒否された。』と記載されている。

H医師は、平成16年5月28日、X病院宛の紹介状を発行した。

甲は、その紹介状を持参し、同病院で1回受診したが、レントゲン撮影では異常は認められず、同病院の医師からは、ただの肩こりだから、運動すれば治るといったことを言われ、甲も、そのときは、『じゃ、そうなのかな』と思った。

甲は、乙が契約している任意保険会社から、治療費の支払を平成16年9月で打ち切る旨通告されたことから、同年10月以降は、病院への通院はせず、整体院での施術を受けるなどした。

甲は、自賠責保険用の後遺障害診断書を作成してもらうために、平成20年10月17日にW整形外科に行った。

甲は、H医師から、『あなたは裁判をやっても、100％勝てない』と言われた。

H医師は、当初は、『うちでは書けません』と言って、後遺障害診断書の作成を拒んだが、甲代理人弁護士からも依頼されるなどして、同年10月26日に後遺障害診断書を発行した。

H医師作成の同年10月17日を診断日とするその自動車損害賠償責任保険後遺障害診断書には、自覚症状として、頸部痛、両手部から指尖へのしびれ、両踵から趾尖への足底のしびれ、腰痛、判断力の低下と物忘れ、日中の眠気が強い、夜間寝付きが悪いといったことが記載されているが、『精神・神経の障害 他覚症状および検査結果』の欄には、『頸椎右屈制限、右僧帽筋圧痛あり』の他は、神経学的異常所見がないことなどの他覚的所見がないことが記載されており、X線撮影で『腰椎・頸椎ともに軽度加齢性変化を認めた。』と記載されている。また、今後の見通しについては、『現時点で増悪の可能性は認められない。』と記載されている。」

［自賠責保険の判断］（前記「4　自賠責保険の判断」（事前認定）参照）

「甲は、本訴において、本件事故後に現れたとするさまざまな自覚症状を訴えているが、上記認定事実によれば、他覚的所見はなく、1年半近く通院したW整形外科で最後に診察を受けた平成16年9月30日の時点においても、自覚症状を裏付ける医学的所見は

特になく、1度受診したX病院でも『ただの肩こり』と言われたというのであって、甲の自覚症状の訴えと上記のような医学的所見が乖離しているといえる。

そうすると、甲の症状については、医学的な説明が困難であると認められるのであって、甲の症状が、後遺障害別等級表の第9級の『神経系統の機能又は精神に障害を残し、服することができる労務が相当な程度に制限されるもの』に該当すると認定することはできないし、第14級の『局部に神経症状を残すもの』に該当すると認めることも困難である。」

■解　説■

はじめに

本件は、後遺障害について、①頸部痛、②両手部から指尖へのしびれ、③両踵から趾尖への足底のしびれ、④腰痛（その他、判断力の低下と物忘れ、日中の眠気が強い、夜間寝付きが悪い等の自覚症状）の認否が争われ、自賠責の認定は非該当で、裁判所も同様に非該当と判断したものである。

本事例から、後遺障害の認定要件、非該当判断理由などを考えることができる。

(1) 事故発生状況

甲は、普通乗用自動車を運転して事故現場の信号機のある交差点で信号待ち停車中に追突された。加害の乙車両は自動二輪車である。

甲車両の損害について、乙は、甲車が四輪駆動車であって、「（甲車両は）ボディの主要部分には何らの損傷が生じておらず、わずかに車両下部の燃料タンクとリアアクスルハウジングが変形しているのみ」と主張している。

また、「自動車に対して軽量の二輪車が追突したのであるから、衝突エネルギーは小さい」、「乙車両はごく低速で追突したものである」として、「このような衝突状態からみても、甲が主張するような後遺障害が本件事故によって引き起こされたとみることは到底できない」と主張している。

単車（自動二輪車・原動機付自転車）は、一部例外車両を除き四輪自動車（以下「自動車」という）よりも軽量であるため、単車の受ける衝撃に比べて自動車が受ける衝撃は小さいことが多いとはいえる。しかし、単車、自動車の速度や大きさによっては自動車にも相応の衝撃が加わる。したがって、事故車両の車種、諸元の情報は欠かせないものである。

本件の場合は、乙車、甲車とも情報が乏しく、乙車はごく低速度で追突したと主張しているが、乙車の損傷状態は示されていない。

単車が衝突した場合は、前部（フロントフォーク）の後退具合で衝突速度がある程度推定できる。フロントフォークが曲がり切った状態であれば、その損傷状態によっ

て推定は難しさを増すだろうが、本件のように低速度での追突であるとする場合は可能であろう。

乙が、乙車は軽量で低速度での追突であるから衝突エネルギーは小さいというのであれば、具体的情報や資料に基づき、自動車工学の観点から主張を展開するのが適策である。

この点、第3章Ⅱ1(1)①の「宇都宮地判平成27年4月28日」が参考になると思われる。

事故発生状況の確認においては、初動の調査が重要である。乙車両の衝突時の速度、ブレーキ操作の有無、甲車の前方への移動の有無・距離などの確認は得たいところである。

(2) 治療経過

甲は、事故当日の平成15年4月8日にW整形外科を受診し、平成16年9月30日まで通院治療を受けた（治療実日数180日）。治療期間は、約1年5か月半余である。W整形外科で治療中に、W整形外科の紹介によりX病院で1日診療を受けている。

W整形外科は、平成20年10月26日に、診断日平成20年10月17日、症状固定日平成16年9月30日とする後遺障害診断書を発行した。

(3) 傷病名

甲は、事故当日にW整形外科で、頸椎捻挫、左肋骨部挫傷、腰部捻挫、尾骨挫傷、胸部挫傷と診断されたとある。

各傷病名は、甲の訴える症状に基づき付せられたものであろうが、受傷機転と傷病の整合性の確認は重要である。

たとえば、頸椎捻挫、腰部捻挫が生じる事故形態であったのか、左肋骨部挫傷、胸部挫傷の診断理由は何か、シートベルトによる圧迫という主張か（シートベルトによる圧迫は生じ得るのか）、尾骨挫傷等の診断理由は何か、の確認と検討である。

(4) 診断書の内容

下記診断書（表2・表3）において、神経学的異常所見は認められていない。

甲は、①の診断日の約4年後に②の診断を受けたが、下記2つの診断書を見ると、①においてはジャクソンテスト、スパーリングテストが陰性で圧痛もないところ、②においては頸椎右屈制限、右僧帽筋圧痛ありの記載がある。

自覚症状は多様であるが、神経学的異常所見を含め他覚所見は認められていない。

Ⅱ　自動二輪車が追突、9級主張：自覚症状と医学的所見の乖離、後遺障害否認

【表2】①W整形外科の平成17年3月2日付診断書（診断日：平成16年9月30日（後遺障害診断書の症状固定日に同じ））の記載内容

所　見	ジャクソンテスト陰性、スパーリングテスト陰性であり、明らかな脊柱可動域制限を認めなかった。他に傍脊柱筋群[8]の圧痛を認めない。他に明らかな神経学的異常は認めない。 閉所恐怖症ということでMRI検査は拒否された。

【表3】②W整形外科の平成20年10月26日付後遺障害診断書（診断日：平成20年10月17日）の記載内容（傷病名については当初の診断名）

症状固定日	平成16年9月30日
傷病名	頸椎捻挫、左肋骨部挫傷、腰部捻挫、尾骨挫傷、胸部挫傷
自覚症状	頸部痛、両手部から指尖へのしびれ、両踵から趾尖への足底のしびれ、腰痛、判断力の低下と物忘れ、日中の眠気が強い、夜間寝付きが悪い。
精神・神経の障害、他覚症状および検査結果	頸椎右屈制限、右僧帽筋圧痛あり。 神経学的異常所見はない。 X線撮影で、腰椎・頸椎ともに軽度加齢変性を認めた。
今後の見通し	現時点で増悪の可能性は認められない。

(5)　精神症状

　本件の特徴の一つに、甲が自覚症状として訴える、「判断力の低下、物忘れ、日中の眠気が強い、夜間寝付きが悪い（後遺障害診断書）」の多様な精神症状がある。

　また、甲は、本件事故後に、「抑うつ、意欲低下、不眠及び物忘れ症状、身辺整理ができない、物事に対する感動がなくなり、何事にも無関心である、対人関係において突然相手を怒鳴ってしまう、家の中を落ち着きなく歩き回る、（児童や教諭と）円滑にコミュニケーションをとることができなくなり、視界が狭くなり、動体視力が下がっているように感じられ、ボールを目で追うことができなくなってしまった」などの症状が出現したと主張している。

　事故直後の甲の状態は、「（本件事故時は、M高校の入学式の写真撮影の仕事に向かう途中であったことから、）事故現場で警察官に事故状況についての説明をした後、電車で同校に向かい、仕事を終えた後、W整形外科に行って、診察を受け」である。異状を呈した様子や身体変調はうかがえない。

　事故後の精神症状の発現（精神障害）については、脳の器質的損傷を伴うものと脳

---

(8)　脊柱周囲を取り巻く筋肉群。脊柱の支持性と可動性に付与する。

の器質的損傷を伴わない非器質性精神障害がある[9]。

非器質性精神障害は、その発症および症状の残存が、事故に直接関連する身体的損傷や精神的衝撃等の要因、環境的要因および個体的要因などが複雑に関連するものであって、本質的には多因性の障害であるとされ、事故と発症との因果関係については、事故の状況、受傷内容、精神医学上の診断内容を総合的に検討して判断することが重要であるとされている。

本件において、頭部外傷の診断はなく、治療もない。精神科の診断、治療もない。

甲は、「頸椎捻挫」によって、症状が発症したと主張しているように思われるが、何ら医証は示されていない。

判例を見ると、脳震盪、左鎖骨骨折、左膝挫創と診断された被害者（原告）が訴える多様な精神症状について、治療状況、就労実態などから精神障害の後遺障害は認められないとした事例がある。

【東京地判平成21年9月10日交通民集42巻5号1163頁】

> 「原告が訴えた不眠、不安、抑うつ等の精神症状は本来精神神経科的な治療の対象となるところ、事故から約3年経って初めて精神科を受診し、その後も治療は比較的軽い眠剤のみの処方という時期が続き、通院も不定期であったなどという事実からは、原告の精神症状は治療を要するほどではない比較的軽微なものであったと考えるのが自然である。
> 痛みに伴い、二次的に原告の精神症状が生じた可能性は否定できないが、本件事故が原告の精神症状に与えた影響は、たかだか間接的なものである。
> 原告の精神障害は、本件事故との直接的な関連性が乏しく、本件事故の後遺症であるとの確実な証拠に乏しい。また、原告が訴える不眠や抑うつなどが本件事故から二次的に生じたことを認めたとしても、精神症状は軽微であり、就労の実績もあること、医師から身体面に配慮を行えば通常勤務可能であるという診断書を出されていること、さらには、これらの症状が本来適切な精神科的加療により十分治癒しうる病態であること等の理由から、後遺障害とはいえない。」

(6) 症状の推移

本件において、甲の症状の推移は明らかではない。確認できる事実は、事故当日に症状の訴えがあり、約1年5か月半余の治療を経ても、なお、多様な症状の残存を訴えているが、その症状の残存を裏付ける他覚所見、神経学的所見はないというものである。

外傷に起因する捻挫や打撲等による症状については、衝突や転倒等の事故による衝

---

(9) 必携150頁。

撃により筋肉や靱帯等の軟部組織を損傷した際に発症し、受傷後早期から損傷を受けた部位の疼痛や関節可動域の低下等がみられ、時間の経過に伴い損傷を受けた部位の修復が得られることにより、症状は徐々に軽快を示すことが一般的である。

本件の場合、治療によっても改善が見られない医学的説明はない。

(7) 症状固定後

甲は、「乙が契約している任意保険会社から、治療費の支払を平成16年9月で打ち切る旨通告されたことから、同年10月以降は、病院への通院はせず、整体院での施術を受けるなどした。」とある。

保険会社の対応に関する問題点については後述するが、甲が平成16年10月以降は病院へ通院せず、整体院での施術を受けたとする点については、疑問を感じる。

甲が、残存症状についての治療を受けるのであれば、症状が改善せず、かつ、多様なのであるから、病院等での総合的な診療を考えるものであろう。

なにゆえ、整体院での施術を受けることになるのか。施術の理由、目的、必要性、が不明である。

(8) 後遺障害の評価

甲は、単純な労務を除いては就労できないとして9級該当を主張し、予備的に、症状の残存があるとして14級該当を主張している。根拠として、診断書に後遺障害ありとされているとしている。診断書に自覚症状の記載はあるが、自覚症状を裏付ける医学的所見は特にない。

この点、自賠責保険と裁判所は同様の見解であり、後遺障害に該当しないと判断した。

(9) その他（保険会社の対応）

乙が契約している任意保険会社は、事故日から1年5か月経過後の平成16年9月に、甲に対して治療費支払いの打切りを通告した。

乙は、本訴において、乙車は自動二輪車で衝突エネルギーは小さいこと等を主張しているが、初動調査における必要な情報の収集と確認作業およびその後の対応について、十分ではなかった感がある。

本件は、後遺障害の認否が争点であるが、保険会社としては、初動調査における確認作業（特に事故状況、受傷態様など）や経過の把握に検討すべき点のある事例であると思われる。

III 頸髄損傷の疑い等で7級の主張：労災保険10級認定、後遺障害否認

> 被害者（男、年齢不明、会社員、原告、以下「甲」という）の症状につき、甲は頸髄損傷の疑い等で7級に相当するとし、労災保険にて10級認定（自賠責は非該当判断）を受けるが、甲には外傷性の骨折や脱臼等がない上、椎間板の変性が認められるにしても、脊髄や神経根への右優位の圧迫所見を認めるような資料もなく、右上肢筋力低下、右下肢のつっぱり感等の症状が本件事故によるものであると認めるには十分ではない等から、後遺障害が残ったことを認めるに足りる証拠はないとして、後遺障害を否定した事例

■後遺障害の争点■

1	右肩関節の可動域制限 自賠責の認定：非該当、労災保険の認定：10級9号 →裁判所の判断：非該当（認定不変）
2	右上肢から下肢にかけての神経症状 自賠責の認定：非該当、労災保険の認定：12級12号 →裁判所の判断：非該当（認定不変）

【東京地判平成24年8月28日自保ジャ1885号92頁】

1	事案の概要

被害者　　：甲（原告）
加害者　　：乙（被告）
事故年月日：平成21年7月23日午後6時45分ころ
事故場所　：東京都板橋区地内路上
事故の態様：甲は、道路の左側路側帯の内側を歩行中に、甲の後方から走行してきた乙運転の普通乗用自動車に衝突された。その後、乙車は一度停止したものの発進したため、甲は付近の駐車場まで乙車を追いかけた。
傷害　　　：頸髄損傷の疑い、右肘部打撲傷、右膝部打撲傷（X整形外科）、頸椎脊柱管狭窄症状、右下腿打撲（Y病院）
治療状況　：平成21年7月27日～平成21年11月7日（症状固定）
　　　　　　症状固定後も診療を受けたとあるが、詳細不明
症状固定日：平成21年11月7日（Y病院）

| 2 | 甲の主張 |

「甲は、本件事故により、C4／5、5／6、6／7を損傷し、外傷性頸椎椎間板ヘルニアを発症し、頸椎脊柱管狭窄症等になり、『神経系統の機能又は精神に障害を残し、軽易な労務以外の労務に服することができない』状態にあるから、甲の後遺障害は、後遺障害等級7級に相当する。」

| 3 | 乙の主張 |

「甲が主張する右上肢筋力低下等、頸椎部の機能障害、右下肢のつっぱり及び肩関節の機能障害は、いずれも本件事故による後遺障害とはいえない。」

| 4 | 自賠責保険および労災保険の判断 |

（判決文に引用された自賠責保険および労災保険の判断）

(1) 自賠責保険の判断

「損害保険料率算出機構は、平成23年5月2日付けで、甲が主張する後遺障害は、自賠責保険における後遺障害には該当しない旨の判断をした。甲は、これに対し、異議申立てをしたが、同機構は、同年10月12日付けで、同様に、甲が主張する後遺障害は、自賠責保険における後遺障害には該当しない旨の判断をした」（理由等の詳細は不明である）。

(2) 労災保険の判断

「労働基準監督署長は、平成22年7月23日付けで、甲の後遺障害について後遺障害等級10級に該当すると認定し、甲に対し、障害（補償）給付一時金等を支給した。」

| 5 | 裁判所の判断 |

「甲は、本件事故により、C4／5、5／6、6／7を損傷し、外傷性椎間板ヘルニア（原文ママ）を発症し、頸椎脊柱管狭窄症等となり、右上肢筋力低下、めまい、立ちくらみ、右肩運動制限、頸椎運動制限、頸部痛、右下肢のつっぱり感の症状があり、後遺障害等級7級に相当する後遺障害が残った旨を主張する。

証拠（略）によれば、甲は、本件事故日である平成21年7月23日には、特段、医療機関の診察を受けることはなく、その後も通常通り稼動していたが、同月27日になって、X整形外科を受診し、頸椎、右膝関節及び右肘関節の各レントゲン撮影の結果、明らかな骨折はなく、頸髄損傷の疑い、右肘部打撲傷、右膝部打撲傷と診断され、Y病院を紹介されたこと、同病院においては、同年8月11日に頸髄損傷と診断されたが、頸椎MRIが撮影され、その画像上、C4／5、5／6、6／7に椎間板の膨隆とこれによる脊髄の圧迫所見があるとして、頸部脊柱管狭窄症及び右下腿打撲と診断され、投薬治療を受けながら、経過観察とされ、同年11月7日には、症状固定の診断を受けたこと、X整形外科及びY病院において撮影したレントゲン及びMRI画像では、骨折や脱臼等の外傷性の異常所見はなかったこと、甲には、同病院の初診時から一貫して、項頸部痛はなく、腱反射は正常であり、筋萎縮もなかったこと、初めて右下肢のしびれを訴えたのは同年8月1日に至ってからであり、初めてめまいを訴えたのは同年9月12日に至ってからであり、頸椎運動制限を訴えたのも症状固定時であること、さらに症状固定後の平成22年1

月ころになって全身が痛いと訴え、同年4月ころには、左上肢のしびれを訴え、同年6月ころからはタイに渡航して治療を受けたことなどが認められる。

甲は、椎間板の膨隆による神経圧迫の所見があるというが、上記のとおり、甲には、外傷性の骨折や脱臼等がない上、椎間板の変性が認められるとしても、脊髄や神経根への右優位の圧迫所見を認めるような資料もないから、右上肢筋力低下、右下肢のつっぱり感等の症状が本件事故によるものであると認めるには十分ではない。甲は、E銀行に採用される際の健康診断において、糖尿病で要治療とされた以外、頸椎症、頸椎椎間板ヘルニアを発症している旨の指摘はなかったというが、その検査項目から見て、上記の健康診断が頸椎等に係る疾病を対象としたものとは考えられない。

また、甲は、右肩運動制限、頸椎運動制限及び頸部痛があるというが、右肩関節は、受傷部位ではないこと、右肩及び頸部には、骨折や脱臼等の外傷性の異常所見を示す画像がない上、当初からそれらの運動制限や痛みを訴えていたわけではないという経過があるから、本件事故によるものとは認め難い。めまい、立ちくらみも、当初から訴えていたものではないから、同様に、本件事故によるものとは認め難い。

労働基準監督署長は、右肩関節可動域が左肩関節可動域の1／2以下に制限されていることから10級9号の後遺障害が、右上肢から下肢にかけて頑固な神経症状の残存があることから12級12号の後遺障害がそれぞれ認められ、これらは通常派生する関係にあることから、後遺障害等級10級に該当すると認定しているようであるが、その認定資料は明らかではない上、右肩関節は、受傷部位ではなく、当初から運動制限を訴えていたわけではないという経過や、右肩部分、右上下肢には、骨折や脱臼等の外傷性の異常所見を示す画像がなく、椎間板の変性が右優位の圧迫所見を認めるような画像等もなく、上記右関節の機能制限及び右上下肢の神経症状については、本件事故との因果関係が認め難いことなどから、労働基準監督署長の上記認定は採用できない。

なお、甲は、S病院の診断書に基づき、眩暈症が存続しているというが、上記の治療経過等に照らし、同様に採用できない。

したがって、本件事故により、後遺障害が残ったと認めるには十分ではなく、他に本件事故により後遺障害が残ったことを認めるに足りる証拠はない。」

■解　説■

はじめに

本件は、後遺障害について、①右肩関節の可動域制限、②右上肢から下肢にかけての神経症状の認否が争われ、自賠責保険の認定は①②とも非該当判断であるが、労災保険は、①右肩関節の可動域制限について、右肩関節可動域が左肩関節可動域（健側）の1／2以下に制限されていることから、10級9号の後遺障害（1上肢の3大関節中の1関節の機能に著しい障害を残すもの）と認定し、②右上肢から下肢にかけての神経症状については、右上肢から下肢にかけて頑固な神経症状の残存があることから、12級12号（局部に頑固な神経症状を残すもの）に認定し、①と②は通常派生する関係に

あることから、後遺障害等級10級に該当すると認定したが、裁判所は、①②とも後遺障害に該当しないと判断したものである。

本事例から、後遺障害の認定要件、非該当判断理由などを考えることができる。

(1) 事故発生状況

甲は、歩行中に後方から走行してきた乙運転の普通乗用自動車に衝突された。衝突後に甲は乙車を「追いかけた」とある。

乙車がボンネット（フード）のある乗用車である場合とワンボックスタイプの乗用車では、衝突箇所が異なる可能性があるが、乙車の形状は記載がない。衝突後に甲が転倒したのかどうかの詳細も不明である。

どのような形状の車両がどの程度の速度で衝突したか、衝突後の転倒の有無、身体のどの部位がどのように損傷を受けたのか（直撃か転倒によるのか、その両方か）の確認は得たいところである。

(2) 治療経過

甲は、事故当日の平成21年7月23日には受診せず勤務し、事故の4日後の同年7月27日にX整形外科を受診した。

その後にX整形外科からY病院を紹介されて診療を受け、平成21年11月7日にY病院にて症状固定の診断を受けた。

事故日から症状固定診断までは約3か月半であり、比較的短期間での症状固定診断の感がある。

(3) 診断と所見

甲は、事故直後に乙車を追いかけている。頸髄損傷であれば、受傷直後から何らかの症状が現れるのではないかと思うが、この点についての言及はない（表4参照）。

(4) 症状の推移

裁判所において確認された症状、所見に関する事実は表5のとおりである。

甲は、事故発生日から9日後に初めて右下肢のしびれを訴え、事故発生日から20日後に初めてめまいを訴えたとある。

本件に限らず、事故発生日から日数を経過した後に新たな症状の発現を訴える場合がある。

受傷から時期を経て新たな症状が発現した場合には、当該症状が外傷によるものであることを医学的に証明することが求められる。

当該症状が今回の事故を原因として生じたと認められるためには、症状が顕在化す

【表4】 医療機関による診断と所見

医療機関名	傷病名	診断・所見
X整形外科	頸髄損傷の疑い、右肘部打撲傷、右膝部打撲傷	（平成21年7月27日）頸椎、右膝関節および右肘関節の各レントゲン撮影の結果、明らかな骨折はない。
Y病院	頸髄損傷、頸部脊柱管狭窄症、右下腿打撲	（平成21年8月11日）頸椎MRI画像上、C4／5、5／6、6／7に椎間板の膨隆とこれによる脊髄の圧迫所見がある。

【表5】 裁判所において確認された症状および所見に関する事実

ア．Y病院の初診時から一貫して項頸部痛はない。腱反射は正常、筋萎縮もない。
イ．平成21年8月1日に初めて右下肢のしびれを訴えた。
ウ．平成21年9月12日に初めてめまいを訴えた。
エ．平成21年11月7日（症状固定時）頸椎運動制限を訴えた。
オ．平成22年1月ころに全身が痛いと訴えた。
カ．平成22年4月ころに左上肢のしびれを訴えた。
キ．平成22年6月ころにタイに渡航して治療を受けた。

るまでの時間的経過や、遅発的に顕在化した理由について、今回事故による傷害が原因であることを証明する医学的証拠が必要であるが、医学的証明が示された形跡は見当たらない。

事故発生日から3か月半後の平成21年11月7日（症状固定時）に頸椎運動制限を訴えたとある。それまでは頸椎の運動制限を訴えていなかったものである。

(5) 後遺障害の評価

甲は、「本件事故により、C4／5、5／6、6／7を損傷し、外傷性椎間板ヘルニア（原文ママ）を発症し、頸椎脊柱管狭窄症等となり」と主張して、7級相当の後遺障害認定を求めている。

裁判所は、Y病院における診断においては、「頸椎MRIが撮影され、その画像上、C4／5、5／6、6／7に椎間板の膨隆とこれによる脊髄の圧迫所見がある」とされているが、画像上の所見と症状の整合性について圧迫所見を認めるような資料はないとし、自覚症状が本件事故によるものと認めるには十分ではないと判断した。

残存症状が後遺障害として認められるためには、当該症状の残存が医学的に説明可能であり、医証上、当該傷病の初診時から終診時までの一貫性が認められることが必

要である。

　本件の場合は、一貫しての項頸部痛はなく、新たな症状の発現についての医学的説明もない。

　自賠責保険は、本件の残存症状について医学上合理的に推測できる症状と捉えることはできず、障害の存在が医学的に説明・推定できるものと評価することは困難と判断したものであろう。

　労災保険は、右肩関節可動域が左肩関節可動域の1／2以下に制限されていることから10級9号に認定し、神経症状についても12級12号に認定した。

　労災保険は、右肩関節可動域の機能障害を認定しているが、裁判所の認定にあるとおり、甲に右肩関節可動域制限が生じるような傷害はない。

　労災保険における関節機能障害の認定については、「関節の機能障害は、関節そのものの器質的損傷によるほか、各種の原因で起こり得るから、その原因を無視して機械的に角度を測定しても、労働能力の低下の程度を判定する資料とすることはできない。したがって、測定を行う前にその障害の原因を明らかにしておく必要がある。」[10] とされている。

　労災保険の認定理由は不明である。

---

(10) 必携288頁。

第2章　判例紹介

Ⅳ　右肩関節の可動域制限で12級主張：可動域制限否認、神経症状14級認定

被害者（男、症状固定時38歳、航空機組立・修理の期間従業員、原告、以下「甲」という）の後遺障害（12級主張）の程度につき、症状の推移、検査結果等より、症状固定後に何らかの原因により生じている右肩関節の可動域制限については、当該症状が事故によって生じたと認めるに足る証拠が存在しないとして後遺障害とは認めず、右肩から手にかけてのしびれ・痛み・動作時痛の症状につき、事故後初期より訴えが継続していることから、画像所見は認められないが、局部に神経症状を残す後遺障害等級14級9号に該当するとした事例

■後遺障害の争点■

1	右肩関節の可動域制限 自賠責の認定：非該当→裁判所の判断：非該当（認定不変）
2	右肩から右手にかけてのしびれ、痛み 自賠責の認定：非該当→裁判所の判断：14級9号（認定変更）

【名古屋地判平成23年8月19日交通民集44巻4号1086頁】

1	事案の概要

被害者　　：甲（原告）
加害者　　：乙（被告）
事故年月日：平成18年9月14日午後7時ころ
事故場所　：愛知県春日井市内
事故の態様：乙は、普通乗用自動車を運転して本件事故現場の交差点を東方から西方へ通過しようとしたところ、南方から北方へ普通乗用自動車を運転して走行してきた甲と接触衝突した。
　　　　　　南北道路には黄色実線の中央線が交差点内にも引かれており、南北道路が東西道路に対して優先道路になっていた。
　　　　　　（本件事故当時、南北道路の南行き車線は渋滞しており、甲車から本件交差点の東側の見通しは非常に悪かった。）
傷害　　　：頸椎捻挫、神経根損傷、右腕神経叢不全損傷
治療状況　：S病院
　　　　　　平成18年9月14日～平成19年3月19日　通院実日数13日

Ⅳ　右肩関節の可動域制限で12級主張：可動域制限否認、神経症状14級認定

　　　　　　　　甲は、平成18年10月にE接骨院で施術を受けたと主張したが、費用の主張がないことから、裁判所は認めなかった。
症状固定日：平成19年3月19日（裁判所の認定）
物損　　　：甲車は修理見積60万3,610円の損害を受けた。

2	甲の主張

「本件事故により右腕神経叢損傷を負い、治療を受けたが、右肩から手にかけてのしびれ、痛み、動作時痛の症状が残って症状固定した。これらの後遺障害は、『局部に頑固な神経症状を残すもの』であり、神経系統の障害が他覚的に証明されるものであって、後遺障害等級12級13号に該当する。また、甲は、本件事故により右肩腱板損傷の傷害を負い、これを原因として右肩関節の可動域が四分の三以下に制限される症状が残り、……これは、本件事故による右肩腱板損傷を原因とする右肩の可動域制限であり、後遺障害等級12級6号（関節機能障害）に該当する。そして、以上の後遺障害は、それぞれ異なる傷害（右腕神経叢損傷、右肩腱板損傷）を原因とするから、一方が他方の派生症状というものではない。したがって、甲の後遺障害は併合11級相当である。」

3	乙の主張

「甲の後遺障害は否認する。甲の症状は、事故発生から後遺障害診断書作成日である平成19年3月19日までは徐々に回復する傾向にあり、診療録を見る限り、甲の主張するような後遺障害の症状は具体的に記載されていない。しかし、その8ヶ月後の診断内容では、右手の握力や右肩の可動域が大きく悪化している。一般的に外傷による症状は受傷直後が重篤であり、その後徐々に回復していくものであることからして、甲の症状の推移は考えがたい。甲の主張する各後遺障害と本件事故との因果関係は不明であり、本件事故により発生したものということはできない。

　甲の主張する右肩腱板損傷による右肩関節の可動域制限については、本件事故直後において、右肩腱板損傷をうかがわせる診断はなされていない。甲が根拠としているN病院の所見は本件事故から1年以上が経過した後に作成されたものであり、事故発生から長期間が経過しているため、かかる症状が本件事故によるものであるということはできない。そもそも、判断内容は『右肩腱板損傷の疑い』であり、確定的な判断はなされていない。」

4	自賠責保険の判断

（判決文に引用された自賠責調査事務所の判断）
「頸椎捻挫後の『作業時右肩〜腕にかけて痛い』との症状については、平成18年11月24日発行のS病院経過診断書上『MRI施行するもヘルニア等認めず』との記載があり、提出の頸部画像上も特段異常所見は認められず、右肩・右前腕については画像撮影もみられないこと、後遺障害診断書上『MMT左右差なし　知覚障害なし』と有意な神経学的異常所見も乏しいなど、自覚症状を裏付ける客観的な医学的所見はみられず、かつ、『作業時……痛い』とのことで、ほとんど常時疼痛を残すものにも至らないことから、自賠

責保険の後遺障害に該当しないものと判断する。
　右肩関節の可動域制限については、医証上、同部にその原因となる骨折、脱臼等の器質的損傷は認められないことから、可動域障害の原因となる客観的所見に乏しく、かつ、他動値の運動可能領域も健側（左側）の３／４以下に制限されていないことから、自賠責保険の後遺障害に該当しないものと判断する。」

5　裁判所の判断

「⑴　ア　甲は、本件事故当日である平成18年9月14日にS病院を受診した。
　S病院にて認められた甲の症状は次のとおりである。
　㈠　初診時頸部痛の訴えがあっただけである。
　同日行われた腕神経叢・右肩関節MRI（単純のみ）の結果については、放射線科診断報告書に『両側腕神経叢付近に明らかな左右差や異常信号を認めない。スキャン範囲に明らかな腫瘤性病変を認めない。右肩献上筋腱に軽度内部信号上昇が見られる。上腕骨頭背外側に嚢胞性病変が見られる。肩関節に少量の液体貯留が見られる』と記載され、『右肩腱板損傷疑い。上腕骨頭背外側に嚢胞性病変が見られます』としている。
　㈡　平成18年9月23日から同月30日。
　右肩から右手にかけてのしびれ、痛み。握力は右29.6kg、左51.8kg
　同期間の通院治療についての平成18年10月23日付けの診断書には、同年9月14日治療開始の傷病として、頸椎捻挫、神経根損傷、症状の経過・治療の内容および今後の見通しとして、頸部痛、右手指のしびれ等の訴えあり、対症療法にて経過観察中と記載されている。
　平成18年9月は初診日を含めて通院日数は3日である。
　㈢　平成18年10月（通院日数2日）
　症状は少し軽快。MRI頸椎ヘルニアなし。握力は右35.2kg、左46.6kg
　同期間の通院治療についての平成18年11月24日付けの診断書には、症状の経過・治療の内容および今後の見通しとして、頸部痛、右手指のしびれ感続き、MRI施行するもヘルニア等は認めず、シップ、内服にて経過観察と記載されている。
　㈣　平成18年11月（通院日数3日）。
　握力は右32.7kg、左42.9kg
　同期間の通院治療についての平成18年12月19日付けの診断書には、症状の経過・治療の内容および今後の見通しとして、頸部痛、右手指のしびれ感続き、対症療法にて経過観察と記載されている。
　㈤　平成18年12月（通院日数2日）
　握力は右41.5kg、左41.0kg
　同期間の通院治療についての平成19年1月17日付けの診断書には、症状の経過・治療の内容および今後の見通しとして、頸部痛、右手指のしびれ感続き、保存的療法にて経過観察と記載されている。
　㈥　平成19年1月（通院日数1日）

バーベルトレーニングして症状悪化。

同期間の通院治療についての平成 19 年 2 月 20 日付けの診断書には、症状の経過・治療の内容および今後の見通しとして、頸部痛、右手指のしびれ感続き、対症療法にて経過観察と記載されている。

(キ) 平成 19 年 2 月（通院日数 1 日）

同期間の通院治療についての平成 19 年 3 月 19 日付けの診断書には、症状の経過・治療の内容および今後の見通しとして、頸部痛、右手指しびれ感続き、対症療法にて経過観察と記載されている。

(ク) 平成 19 年 3 月 1 日から同月 19 日（通院日数 1 日）

同期間の通院治療についての平成 19 年 4 月 21 日付けの診断書には、症状の経過・治療の内容および今後の見通しとして、『右肩〜腕にかけての痛みあるも症状固定。H19.3.19 後遺症診断とした』と記載されている。

イ　S 病院の平成 19 年 3 月 19 日付けの自動車損害賠償責任保険後遺障害診断書には、『症状固定日欄』に『平成 19 年 3 月 19 日』、『傷病名欄』に『右腕神経叢不全損傷』、『自覚症状欄』に『作業時右肩〜腕にかけて痛い』、『精神・神経の障害、他覚症状および検査結果欄』に『MMT 左右差なし、知覚障害なし』、『上肢・下肢および手指・足指の障害の関節機能障害欄』に『肩の外転が右 150 度、左 165 度（右が左の約 90.9％）、屈曲が右 135 度、左 165 度（右が左の約 81.8％）、伸展が右 50 度、左 50 度（いずれも他動）』との記載がある。

ウ　自賠責保険の判断（上記 4 参照）

エ　甲は、平成 19 年 9 月 5 日、S 病院の紹介で N 病院整形外科を受診した。甲には、項頸部痛、右側肩甲部痛、右側上腕から手指（全指にわたるが、特に尺側から環指・小指に強い）のしびれ、知覚鈍麻、痛み、握力低下（右 16.5kg、左 48kg）などの症状が認められた。理学所見として、頸椎棘突起・傍脊柱筋・肩甲帯にわたる広範な圧痛、morley-test 右側陽性、上肢深部腱反射軽度低下、両側前腕以下知覚鈍麻（C6、C7、C8、Th1）、右上肢筋力低下（三角筋以下 MMT3−〜4）が認められ、ピンチ力は低下し、右母指と小指のつまみ動作は不可能であった。X 線写真では頸椎に骨折・脱臼は認められず、骨棘・椎間板腔狭小化・椎間孔狭小化などの明らかな頸椎症性変化はなかった。頸肋・上位肋骨・鎖骨にも異常は認められなかった。頸椎 MRI では、椎間板の変性、突出はなく、頸髄・腕神経叢には明らかな異常信号や圧迫性病変は認められなかった。右肩腱板（棘上筋）損傷の疑いがあった。電気生理検査（神経伝導速度検査、筋電図、SEP、平成 19 年 9 月 14 日、同年 10 月 15 日施行）では、定量的筋電図の結果より右 C8・Th1 髄節の軸索変性型障害が認められた。SEP では、右尺骨神経刺激 N9—N13 頂点間で潜時が軽度延長していた。以上から、同整形外科の T 医師は、上記の右上肢の症状の主たる原因は腕神経叢損傷であると考えている。

オ　(ア) S 病院の平成 19 年 11 月 19 日付け診断書には、肩の関節運動範囲について、左が外転 175 度、屈曲 180 度、伸展 50 度、外旋 60 度、内旋 90 度に対し、右が外転 90 度、屈曲 100 度、伸展 30 度、外旋 35 度、内旋 90 度と記載されている。

(ｲ) 同診断書には、傷病名欄に『右腕神経叢損傷、右肩腱板損傷』、障害の部位欄に『右肩～上肢にかけて』、治ゆ年月日欄に『19年11月19日』、療養の内容及び経過欄に『……頸椎MRIでは異常なく、……将に積極的な治療法はないので経過観察。H19年3月19日治癒としたが、作業復帰するも徐々に悪化。9月にN病院で精査し、腕神経叢損傷と確定。MRI上腱板損傷も確認された』、障害の状態の詳細欄に『右肩～手にかけてのしびれ、痛み。動作時痛。右手は常に発汗している状態（自律神経障害）。……小指自動屈曲障害。対立運動不能』と記載されている。

カ　S病院院長のH医師は、平成20年10月20日付けの照会・回答書において、甲の右腕神経叢障害の受傷機転、発症（原文ママ）機序等について、本件事故で頸椎が側屈したことなどを挙げている。また、同医師は、甲の右肩腱板損傷の受傷機転、発生機序等について、交通事故でおこった可能性もあるが、作業も原因かもしれないとしている。

(2)　以上の事実を前提に、本件事故による甲の後遺障害について検討する。

ア　甲は、本件事故により右腕神経叢損傷、右肩腱板損傷の傷害を負ったとし、治療を受けたが、右肩から手にかけてのしびれ、痛み、動作時痛の症状が残って症状固定し、これらの後遺障害は、『局部に頑固な神経症状を残すもの』であり、神経系統の障害が他覚的に証明されるものであり、後遺障害等級12級13号に該当すると主張する。また、甲には、上記傷害を原因として右肩関節の可動域が四分の三以下に制限される症状が残り、これは後遺障害等級12級6号（関節機能障害）に該当すると主張し、以上により、甲の後遺障害は併合11級相当であると主張する。

イ　まず、右肩関節の可動域制限については、前記(1)オ(ｱ)のとおり、S病院平成19年11月19日付け診断書に記載された検査結果では、右肩の可動域は、左肩に比べて四分の三以下に制限されている。しかし、前記(1)イのとおり、それより前である平成19年3月19日付けのS病院自賠責後遺障害診断書に記載の検査結果では、右肩の可動域は左肩の可動域の四分の三以下に制限されていない。右肩の各可動域をみても、S病院自賠責後遺障害診断書に記載された検査結果が、外転150度、屈曲135度、伸展50度であるのに対し、S病院平成19年11月19日付け診断書に記載された検査結果は、外転90度（上記後遺障害診断書上の結果の60％）、屈曲100度（同じく約74％）、伸展30度（同じく60％）と大幅に悪化している。

外傷による関節機能障害は、通常の場合、受傷直後が最も重篤で、徐々に回復して、症状固定になるという経過をたどるものである。本件でも、本件事故日（平成18年9月14日）の約6か月後の症状固定日である平成19年3月19日時点で、右肩の可動域が左肩の四分の三以下に制限されない程度に回復していたのであるから、特段の事情がない限りは、本件事故によっては右肩の可動域が四分の三以下に制限されることはなく、その後に現れた右肩の大きな可動域制限は、本件事故と因果関係のないものと認めるのが相当である（本件事故により不可避的に生じた可動域制限であるとすれば、特段の事情がない限り、いったんはS病院自賠責後遺障害診断書に記載されたような可動域制限の小

さい状態が生じるということはないはずである。）。前記認定のとおり、乙は、本件事故による受傷後、右手の握力の低下が見られたが、その後徐々に右手の握力が回復し、平成18年12月には、右手の握力が41.5kg、左手の握力が41.0kgと、右手の握力が左手の握力を超え、完全に回復したことが認められるにもかかわらず、その後、右手の握力が16.5kgと大幅に低下しているのも経過として同様であり、これらのことからは、症状固定後に何らかの原因により右肩の可動域や右手の握力が低下したことがうかがわれる。

そして、本件において、上記のような経過にもかかわらず、S病院平成19年11月19日付け診断書の甲の右肩の可動域制限が本件事故によって生じたものであると認めるに足りる証拠は存在しない。この点、甲は、S病院自賠責後遺障害診断書に記載された検査の際は、一人の看護婦（＝師、原文ママ。以下同）が甲の体を後ろから支え、もう一人の看護婦が甲の右腕を持って思い切り上に引っ張って右肩の可動域が測定され、激痛を感じた旨供述し、他方、S病院平成19年11月19日付け診断書の可動域については、甲が自分で腕を上げるところまで上げて、それを医師が分度器で測るという方法で測定した旨供述する。しかし、前者の測定方法に関しては、可動域の測定をするのに思い切り持ち上げて激痛を起こさせるような方法を医師や看護婦が行うとは考えにくいこと、後者の測定方法については、可動域制限は通常他動値で判断するにもかかわらず、自動による測定をしていることになる上、前者では他動で、後者では自動で測定しておきながら、後者の診断書では特段自動値である旨の記載がしていないのは不自然である。したがって、いずれの測定方法についても、甲本人の上記供述は採用し難いものである。

したがって、右肩の可動域制限を本件事故による後遺障害と認めることはできない。

ウ　次に右肩から手にかけてのしびれ、痛み、動作時痛の症状であるが、前記(1)アのとおり、画像上特に異常所見は認められないが、事故直後は頸部痛のみの訴えであったものの、遅くとも本件事故の9日後である平成18年9月23日以降は一貫して頸部痛に加え、右手指のしびれ等を訴えていること、右手の握力が回復した平成18年12月においても、右手指のしびれ感が続いている旨訴え、その後もその訴えは継続していることからすれば、局部に神経症状を残すものとして14級9号の後遺障害に該当するものと認めるのが相当である。

エ　以上によれば、甲は平成19年3月19日に症状固定となり、本件事故による甲の後遺障害として、右肩から右手にかけてのしびれがあり、後遺障害等級14級9号に該当すると認められる。」

■解　説■

はじめに

本件は、後遺障害について、①右肩関節の可動域制限と②右肩から右手にかけてのしびれ、痛みの認否が争われ、①右肩関節の可動域制限については、自賠責の認定は非該当で、判決も同様に非該当と判断したが、②右肩から右手にかけてのしびれ、痛みについては、自賠責の認定が非該当であったものを裁判所は14級9号に認定した

ものである。

本事例から、可動域制限が非該当と判断された理由およびしびれ、痛みが認定された理由を考えることができる。

(1) 事故発生状況

甲は、普通乗用自動車を運転して事故現場の交差点を南方から北方へ通過しようとしたところ、同交差点を東方から西方へ通過しようとした乙運転の普通乗用車と接触衝突した（南北道路の南行き車線は渋滞していた）。

甲の走行する南北道路には黄色実線が交差点内にも引かれており、乙の走行する東西道路に対して優先道路になっている。

速度や運転操作、視認状況等の記載はない。甲車の物損は、修理見積60万3,610円である。車両の損害については、修理見積金額だけではなく、双方車両の見積内容、損害程度（写真）の確認は得たいところである。

甲は、右側から進行して来た乙に衝突されている。乙が通過して来た南北道路の南行き車線は渋滞していたとあり、乙は渋滞車列の間を抜けてくる進路をとって進行して来たことから、高速での衝突は考えにくく、比較的低速度での衝突であったと思われる。衝突速度を想定するための重要な要素は、停止位置と停止位置に至るまでの車体の姿勢である（衝突速度が低ければ衝突時の姿勢変化はなく（あるいは少なく）、衝突地点のすぐ近くで停止する）。

甲車の損害は右側面部であろうが、具体的に甲車のどの部分に乙車のどこが衝突したのか、衝突後に甲車はどのように移動したのかの情報は重要である。

甲車が右ハンドルか左ハンドルかによっても、身体への影響は異なる可能性はある。

(2) 治療経過

甲は、事故当日（平成18年9月14日）にS病院を受診し、継続して治療を受け、平成19年3月19日付で症状固定となり、同病院から後遺障害診断書を受けた。

初診時から症状固定までの症状の概要は表6のとおりである。

(3) 後遺障害診断書の内容

S病院の平成19年3月19日付後遺障害診断書の記載内容は表7のとおりである。

(4) 症状固定時の症状と自賠責保険の評価

初診から症状固定までの症状の推移を見ると、初診時に頸部痛の訴えがあり、両側腕神経叢付近に明らかな左右差や異常信号は認められず、MRI頸椎ヘルニアなしである。

Ⅳ 右肩関節の可動域制限で12級主張：可動域制限否認、神経症状14級認定

【表6】初診時から症状固定までの概要 (年号：平成)

治療期間 治療実日数	症状の経過・治療の内容・今後の見通し
18.9.14 初診時	傷病名：頸椎捻挫、神経根損傷 頸部痛の訴えがあった。 ［腕神経叢・右肩関節MRI（単純のみ）の結果］ 両側腕神経叢付近に明らかな左右差や異常信号を認めない。スキャン範囲に明らかな腫瘤性（しゅりゅうせい）病変を認めない。右肩献上筋腱に軽度内部信号上昇が見られる。上腕骨頭背外側に囊胞性（のうほうせい）病変が見られる。肩関節に少量の液体貯留が見られる。右肩腱板損傷疑い。上腕骨頭背外側に囊胞性病変が見られる。
18.9.23～ 18.9.30 通院3日	右肩から右手にかけてのしびれ、痛み。握力は右29.6キログラム、左51.8キログラム。 頸部痛、右手指のしびれ等の訴えあり、対症療法にて経過観察中
18.10.1～ 18.10.31 通院2日	症状は少し軽快。MRI頸椎ヘルニアなし。握力は右35.2キログラム、左46.6キログラム。 頸部痛、右手指のしびれ感続き、MRI施行するもヘルニア等は認めず、シップ、内服にて経過観察
18.11.1～ 18.11.30 通院3日	握力は右32.7キログラム、左42.9キログラム。頸部痛、右手指のしびれ感続き、対症療法にて経過観察
18.12.1～ 18.12.31 通院2日	握力は右41.5キログラム、左41.0キログラム。頸部痛、右手指のしびれ感続き、保存的療法にて経過観察
19.1.1～ 19.1.31 通院1日	バーベルトレーニングして症状悪化。頸部痛、右手指のしびれ感続き、対症療法にて経過観察
19.2.1～ 19.2.28 通院1日	頸部痛、右手指のしびれ感続き、対症療法にて経過観察
19.3.1～ 19.3.19 通院1日	右肩～腕にかけての痛みあるも症状固定。平成19年3月19日後遺症診断とした。

【表7】S病院の後遺障害診断書（平成19年3月19日付）

症状固定日	平成19年3月19日
傷病名	右腕神経叢不全損傷
自覚症状	作業時右肩〜腕にかけて痛い。
精神・神経の障害、他覚症状および検査結果	MMT左右差なし、知覚障害なし。
上肢・下肢および手指・足指の障害の関節機能障害	肩の外転が右150度、左165度（右が左の約90.9％）、屈曲が右135度、左165度（右が左の約81.8％）、伸展が右50度、左50度（いずれも他動）

　頸部痛、右手指のしびれ感、右肩〜腕にかけての痛みの残存がある。診断書の記載上は一貫して痛みの訴えがある。ただし、痛みについては、後遺障害診断書では、「作業時右肩〜腕にかけて痛い」とあって、平常で痛みがあるのか、作業時に特に（強く）痛みを覚えるのか定かでない。

　他覚所見については、「MMT[11]左右差なし、知覚障害なし」とあるから、他覚所見は認められない。

(5)　疼痛等感覚障害

　他覚所見が乏しく、自覚症状が主体であるものであっても、症状の残存が医学的に説明可能であれば、14級に認定される場合がある。

　「痛み」が疼痛等感覚障害に該当する後遺障害として認められるための要件は、「(b)『通常の労務に服することはできるが、受傷部位にほとんど常時疼痛を残すもの』第14級の9」[12]である。

　痛みの存在は、「ほとんど常時」が要件であって、常に痛みがある絶対的常時性が要件とはなっていないことに留意する必要がある。

　後遺障害診断書では、「作業時右肩〜腕にかけて痛い」とあることから、自賠責保険は、作業時痛であってほとんど常時に当たらないと判断したものと考える。

---

(11)　「徒手筋力テスト　筋力の減弱の程度や、筋力回復の状況を知るための筋力評価を行う徒手検査法 manual muscle testing　MMTである。表示法は次の通りである。(a) 筋力5（normal）：強い抵抗を加えても運動が全運動域にわたって完全にできるもの。つまり正常……(b) 筋力4（good）：弱い抵抗を加えても全運動域にわたって完全に運動できるもの。(c) 筋力3（fair）：重力に抗して完全に運動できるが、それ以上の抵抗を加えると、できないもの。……(d) 筋力2（poor）：重力を除けば、運動できるもの。……(e) 筋力1（trace）：筋肉の収縮はみられるが、関節を動かすにはいたらないもの。(f) 筋力0（zero）：筋肉の収縮がまったくみられないもの」泉田重雄ほか編著『必修整形外科学』（南江堂、1985）61頁。

(12)　必携161頁。

Ⅳ　右肩関節の可動域制限で 12 級主張：可動域制限否認、神経症状 14 級認定

(6)　関節可動域の制限

　労災保険の障害認定においては、関節の機能障害は、関節そのものの器質的損傷によるほか、各種の原因で起こり得るから、その原因を無視して機械的に角度を測定しても、労働能力の低下の程度を測定する資料とすることはできない。したがって、測定を行う前にその障害の原因を明らかにしておく必要がある[13]。

　労災保険においては、器質的変化によるものと機能的変化によるものに区分して説明している[14]が、関節可動域の制限が当該事故に原因するものか、他の原因（たとえば、加齢変性など）によるものかの検討は重要である。

　自賠責の認定実務においては、肩関節の可動域制限について、原則として関節部の器質的損傷（たとえば、骨折・脱臼、腱板損傷など）や関節を支配する神経麻痺等のあることが認定の要件とされている[15]。

　関節の機能障害は、関節の可動域の制限の程度に応じて評価するものである[16]。

　関節の機能障害の認定に際しては、障害を残す関節の可動域を測定し、原則として健側の可動域角度と比較することにより、関節可動域の制限の程度を評価する[17]。

　関節可動域の測定値については、日本整形外科学会および日本リハビリテーション医学会により決定された「関節可動域表示ならびに測定法」に従い、原則として他動運動による測定値によることとする[18]。

　各関節の運動には、主要運動、参考運動およびその他の運動がある[19]。

　肩関節における主要運動は、屈曲[20]、外転・内転[21]の２つで、参考運動は、伸展[22]、外旋・内旋[23]である[24]。

　関節の機能障害は、原則として主要運動の可動域制限の程度によって評価され

---

(13)　必携 288 頁。
(14)　必携 288 頁。
(15)　前掲注(6)・(7)参照。
(16)　必携 283 頁。
(17)　必携 283 頁。
(18)　必携 288 頁。
(19)　必携 283 頁。
(20)　「自然立位での前方挙上。自然に立った状態で腕を下ろし（0 度）、前へ挙げていく。真上まで挙がれば 180 度。参考可動域角度 180 度。」必携 299 頁・300 頁参照。
(21)　「外転：自然立位での側方挙上。自然に立った状態で腕を下ろし（0 度）、横へ挙げていく。真上まで挙がれば 180 度。参考可動域角度 180 度。内転：参考可動域角度 0 度。」必携 299 頁・300 頁参照。
(22)　「自然立位での後方挙上。自然に立った状態で腕を下ろし（0 度）、後へ挙げていく。参考可動域角度 50 度。」必携 299 頁・300 頁参照。
(23)　「上腕を体幹に接して、肘関節を前方 90 度に屈曲した肢位で行う。前腕は中間位とする。参考可動域角度外旋 60 度。参考可動域角度内旋 80 度。」必携 299 頁・300 頁参照。
(24)　必携 284 頁。

る(25)。肩関節は、2つの主要運動のいずれか1つが健側の可動域角度の1／2以下に制限されているときは、「関節の機能に著しい障害を残すもの」として10級に認定され、2つの主要運動のいずれか1つが健側の可動域角度の3／4以下に制限されているときは、「関節の機能に障害を残すもの」として12級に認定される(26)。

(7) 甲の関節可動域制限

甲は、右肩関節の可動域制限を訴えている。

右肩関節の可動域数値は、外転：150度（左165度（右が左の約90.9％））、屈曲：右135度（左165度（右が左の約81.8％））、伸展：50度である。

主要運動である屈曲、外転・内転はいずれも3／4以下に制限されておらず、障害認定の対象にはならない。

以上から、痛みの症状および関節可動域制限の症状が自賠責保険の認定で非該当となったものと考える。

(8) 握力の推移

事故発生当月から3か月余の握力の数値は表8のとおりである。

甲は、男・症状固定時38歳である。文部科学省の平成18年度体力・運動能力調査によれば、35〜39歳男子の握力平均数値は49.29キログラムである。

数値の推移は、障害を負ったという側の「右」が29.6キログラム→35.2キログラム→32.7キログラム→41.5キログラムである。事故当月が29.6キログラムで、これは男子12歳（25.39キログラム）と男子13歳（31.07キログラム）に近く、左の51.8キログラムの57.1％に当たる。その後12月には41.5キログラムとなっている。41.5キログラムは、男子15歳（39.65キログラム）と男子16歳（42.18キログラム）に近い。

障害のない左は、事故発生当月が51.8キログラムで12月には41.0キログラムになっているが、低下の理由は不明である。

(9) 症状固定後の症状悪化

甲は、症状固定日（平成19年3月19日）後もS病院で診断検査を受けている。

S病院平成19年11月19日付診断書（症状固定日から8か月後。事故日から1年2か月後）記載の検査結果は、外転90度（後遺障害診断書数値の60％）、屈曲100度（同じく約74％）、伸展30度（同じく60％）で症状固定時から大幅に悪化している。

裁判所は、「外傷による関節機能障害は、通常の場合、受傷直後が最も重篤で、徐々

---

(25) 必携285頁。
(26) 必携286頁。

【表8】握力の推移　　　　　　　　　　　　　　　　　　　　　　　　（年号：平成）

期　　間	左	右
18. 9.23～18. 9.30	51.8キログラム	29.6キログラム
18.10. 1～18.10.31	46.6キログラム	35.2キログラム
18.11. 1～18.11.30	42.9キログラム	32.7キログラム
18.12. 1～18.12.31	41.0キログラム	41.5キログラム

に回復して、症状固定になるという経過をたどるものである。」として、症状固定時点で障害認定に該当しない程度に回復していたものが、その後に悪化した場合は、特段の事情がない限り、本件事故と因果関係のないものと認めるのが相当であると判断した。

　症状が事故後に悪化する例はないではない。無症候性のヘルニアを有していた者が事故によって顕在化することはあり得ることであろうし、腱板損傷において、関節の拘縮に伴い可動域の低下が起こることがあるとされている。

　しかしながら、甲の症状悪化の診断は、症状固定日から8か月後に行われたもので、症状固定日までの検査では異常所見は認められておらず、その後に変化した原因が本件事故によるものであることを証明する医証が示されていないことからすると、この検査結果について、本件事故に起因する検査値として採用することはできないと考える。

　外傷に起因する捻挫や打撲等による症状については、衝突や転倒等の事故による衝撃により筋肉や靭帯等の軟部組織を損傷した際に発症し、受傷後早期から損傷を受けた部位の疼痛や関節可動域の低下等がみられ、時間の経過に伴い損傷を受けた部位の修復が得られることにより、症状は徐々に軽快を示すことが一般的である。

　これに対して、受傷から時期を経て新たな症状が発現したり、異常な検査値等が出現した場合には、変化した原因が外傷によるものであることを医学的に証明することが求められるものであるが、本件はこれについての証明はない。

⑽　測定方法

　裁判所は、関節可動域の測定について、「甲は、S病院自賠責後遺障害診断書に記載された検査の際は、一人の看護婦（＝師、原文ママ。以下同）が甲の体を後ろから支え、もう一人の看護婦が甲の右腕を持って思い切り上に引っ張って右肩の可動域が測定され、激痛を感じた旨供述し、他方、S病院平成19年11月19日付け診断書の可動域については、甲が自分で腕を上げるところまで上げて、それを医師が分度器で測るという方法で測定した旨供述する。しかし、前者の測定方法に関しては、可動域の測定をするのに思い切り持ち上げて激痛を起こさせるような方法を医師や看護婦が行うと

は考えにくいこと、後者の測定方法については、可動域制限は通常他動値で判断するにもかかわらず、自動による測定をしていることになる上、前者では他動で、後者では自動で測定しておきながら、後者の診断書では特段自動値である旨の記載がしていないのは不自然である」と疑問を呈し、「したがって、いずれの測定方法についても、甲本人の上記供述は採用し難いものである」と断じた。

実際の測定がどのように行われたのかを確認したものであろうが、事実認定について参考になる指摘である。

(11) 疼痛等感覚障害の認定

自賠責は「作業時痛」をもって、ほとんど常時に当たらないとして神経症状の後遺障害を認定しなかったが、裁判所は、残存症状について14級9号を認定した。

裁判所の、作業時痛に関する評価は不明であるが、痛み、しびれ等の症状は事故当初から一貫して存在し、症状の残存は証明までは至らないが医学的に説明可能であると判断されたことにより、認定されたものと考える。

V 頭部瘢痕醜状障害、神経症状残存、12級主張：醜状は慰謝料で考慮し神経症状14級認定

被害者（女、事故時52歳、主婦、原告、以下「甲」という）の後遺障害—①頭部瘢痕脱毛による醜状障害、②頭部外傷後の頭痛等の神経症状（12級主張）—の程度につき、自賠責保険の認定はいずれも非該当であるが、①については、頭頂部に瘢痕（脱毛）の後遺障害が残っている以上、その内容程度を踏まえて慰謝料等で考慮するのが相当であるとして認定し、②の頭部外傷後頭痛等の症状は、本件事故後から一貫して残存しているものと認めるのが相当であり、後遺障害等級14級に該当するものと認めるのが相当であるとした事例

■後遺障害の争点■

1	頭部瘢痕脱毛による醜状障害 自賠責の認定：非該当→裁判所の判断：認定—慰謝料で考慮（認定変更）
2	頭部痛等の神経症状 自賠責の認定：非該当→裁判所の判断：14級（認定変更）

【大阪地判平成24年6月27日自保ジャ1893号97頁】

1	事案の概要

被害者　　：甲（原告）
加害者　　：乙（被告）
事故年月日：平成20年6月6日午後10時45分ころ
事故場所　：大阪府大阪市阿倍野区地内交差点
事故の態様：乙は、普通乗用自動車を運転して東方から西方へ走行し青信号で交差点に進入したところ、北方から南方へ自転車を運転して赤信号で交差点に進入した甲に衝突した。
　　　　　　裁判所は、本件事故の過失割合について、甲85％対乙15％（発見遅れの過失を認定）と判断した。
傷害　　　：頭部打撲後皮膚欠損、同部位瘢痕、頭部打撲傷兼皮下血腫、全身多発性打撲兼皮下血腫、左第4趾基節骨骨折、左脛骨上端骨折
治療状況　：① A医療センター
　　　　　　　平成20年6月6日〜同年6月7日（入院2日）
　　　　　　　同年7月9日〜同年12月10日（実通院4日）

②B医院
　平成20年6月9日〜同年8月9日（実通院34日）
③C病院
　平成20年11月6日（実通院1日）
①〜③の通算
　平成20年6月6日〜平成20年12月10日（A医療センター終診）入院2日、実通院39日
④A医療センター
　平成21年7月1日　後遺障害診断（頭部瘢痕脱毛）
⑤D病院
　平成21年10月5日〜

症状固定日：記載なし

2	甲の主張

「甲には、頭部瘢痕脱毛及び頭部外傷後の頸部障害の後遺障害が残ったところ、この後遺障害は、自賠責保険では非該当とされたが、実質的には『女子の外貌に醜状を残すもの』及び『局部に頑固な神経症状を残すもの』であり、後遺障害等級12級に相当するものである。」

3	乙の主張

「甲の後遺障害は否認する。」

4	自賠責保険の判断

（判決文に引用された自賠責保険の判断）

（醜状障害─頭部瘢痕脱毛について）「その大きさが鶏卵大面以上ではないことを理由として、認定基準上、後遺障害には該当しないと判断された。」

「A医療センター、B医院、C病院の診断書や後遺障害診断書上、頭部外傷後の頸部障害やその症状は見られず、事故から16ヶ月経過した後のD病院の診断書上でその傷病名が見られるのみであることや、画像上、骨折脱臼や軟部組織の外傷性の異常所見は認められないことを理由として、本件事故との相当因果関係を認め難いから後遺障害には該当しないと判断された。」

5	裁判所の判断

「証拠（略）によれば、甲は、上記治療後も、本件事故による頭頂部外傷後の頭部瘢痕脱毛（3×3センチメートル程度の脱毛）の後遺障害が残ったこと、平成21年9月30日に自賠責保険により、その大きさが鶏卵大面以上ではないことを理由として、認定基準上、後遺障害には該当しないと判断されたことが認められる。

　この点については、一定の基準に基づいて定型的に認定判断が行われる自賠責保険においては、後遺障害等級非該当と判断されるとしても、実際に頭頂部に3×3センチメートル程度の瘢痕（脱毛）の後遺障害が残っている以上、その内容程度を踏まえて慰謝料

V 頭部瘢痕醜状障害、神経症状残存、12 級主張：醜状は慰謝料で考慮し神経症状 14 級認定

等で考慮するのが相当である。

　次に、甲は、本件事故による頭部外傷後の頸部障害の後遺障害が残った旨主張し、甲本人も、本件事故直後から頭部痛や頸部痛もあり、現在も頭部痛などがあると述べるところ、証拠（略）によれば、甲の本件事故による受傷の治療は平成 20 年 12 月 10 日で一旦終了しているものの、その時点で治癒と診断されたのではなく、経過良好で A 医療センターは終診とするが、甲の近医で外来フォローを受けることが前提とされていたこと、平成 21 年 7 月 1 日に A 医療センターで頭部瘢痕脱毛の後遺障害診断を受けた際にも、時に頭痛を認めると診断されていたこと、自賠責保険から頭部瘢痕脱毛について後遺障害等級非該当との判断を受けた後の平成 21 年 10 月 5 日から、D 病院に通院して、頭部外傷後の頸部障害があると診断されたこと、平成 22 年 3 月 3 日に自賠責保険により、A 医療センター、B 医院、C 病院の診断書や後遺障害診断書上、頭部外傷後の頸部障害やその症状は見られず、事故から 16 ヶ月経過した後の D 病院の診断書上でその傷病名が見られるのみであることや、画像上、骨折脱臼や軟部組織の外傷性の異常所見は認められないことを理由として、本件事故との相当因果関係を認め難いから後遺障害には該当しないと判断されたことが認められる。

　本件事故による甲の受傷内容からすれば、甲には当初から頭部打撲傷による頭部痛等もあったものと推認できること、平成 20 年 12 月 10 日に A 医療センターが終診となった際にも、治癒していたわけではなく、症状が無くなっていたわけではないと考えられること、本件証拠上、その後、甲が実際に近医を受診して継続して治療を受けていた様子は窺われないものの、平成 21 年 7 月時点においても頭痛があると診断されていたことなどに照らせば、本件事故による頭部外傷後の頭部痛等の症状は、本件事故から一貫して残存しているものと認めるのが相当であり、後遺障害等級 14 級に該当するものと認めるのが相当である。

　自賠責保険は後遺障害非該当と判断しているが、その判断は、本件事故による甲の受傷内容からして頭部痛等もあったであろうことは容易に推認できることや、A 医療センターの後遺障害診断書上も頭痛があるとされていることを見落としている点で、不合理なものといわざるを得ないし、画像上、外傷性の異常所見がないことは、他覚所見がなく後遺障害等級 12 級には該当しないことを意味するに止まり、14 級にも該当しないことを意味するものではないから、自賠責保険の後遺障害非該当との判断は採用できない。

　なお、本件証拠上、本件事故により、甲の頸椎部に運動障害を来すような器質的変化が生じたことを窺わせる証拠はなく、仮に甲の頸椎部に何らかの運動障害があるとしても、それは、頭部外傷後の頭部痛や頸部痛に由来するものと認めるのが相当であり、この点を別個の後遺障害と認めることはできない。

　したがって、甲には、本件事故により、自賠責保険の後遺障害等級 14 級に該当する頭部外傷後の頭部痛等の後遺障害が残り、自賠責保険の後遺障害等級には該当しない頭部瘢痕脱毛の後遺障害が残ったものと認められる。……。

　甲の後遺障害の内容程度（後遺障害等級非該当であるものの頭部瘢痕脱毛もあること

を含む。）などに照らせば、甲の後遺障害慰謝料は140万円と認めるのが相当である。」

■解　説■
はじめに
　本件は、後遺障害について、①頭部瘢痕脱毛による醜状障害、②頭部痛等の神経症状の認否が争われ、自賠責の認定は①②とも非該当であるが、裁判所は、①頭部瘢痕脱毛による醜状障害については、頭頂部に3×3センチメートル程度の瘢痕（脱毛）が残存している以上、後遺障害であるとして、慰謝料で考慮すべきであるとし、②頭部痛等の神経症状については、本件事故から一貫して残存しているものと認めるのが相当であり、後遺障害等級14級に該当するものと認めるのが相当であるとしたものである。
　しかし、頭部痛等の神経症状を後遺障害等級14級に該当するとした裁判所の判断には疑問がある。

⑴　事故発生状況
　甲は、北方から南方へ自転車で走行し、本件事故現場である交差点に赤信号で進入して、東方から西方へ走行し同交差点に青信号で進入した乙車と衝突した。裁判所は、乙にも発見遅れがあったと認定して、過失割合を甲：85％対乙：15％と判断した。
　傷病名から、甲は衝突によって頭部を含む全身を打撲し、特に頭部は「皮膚欠損、同部位瘢痕」とあるから、相当程度の打撃を受けたものと推測される。

⑵　治療経過
　甲は、事故当日の平成20年6月6日にA医療センターに入院し、2日間入院の後に6月9日にB医院に転院して同年8月9日まで通院し、同年12月10日にA医療センターにて一旦終診となっている。事故日から（一旦）終診までは約6か月である。同年12月10日までの間にC病院で1日通院受診がある。
　平成20年12月10日時点の甲の状態については、「（A医療センターにおいて）平成20年12月10日で一旦終了しているものの、その時点で治癒と診断されたのではなく、経過良好でA医療センターは終診とするが、甲の近医で外来フォローを受けることが前提とされていた」とされている。
　平成20年12月10日以降に受診はなく、同日から約10か月経過後の平成21年10月5日に、D病院に通院して、頭部外傷後頸部障害があると診断された。
　症状固定日について記載はないが、「平成21年7月1日にA医療センターで頭部瘢痕脱毛の後遺障害診断を受けた際に」とあることから、頭部瘢痕脱毛による醜状障害

Ⅴ 頭部瘢痕醜状障害、神経症状残存、12級主張：醜状は慰謝料で考慮し神経症状14級認定

については、平成21年7月1日固定診断と考えられ、神経症状については、治療を一旦終了したとされるA医療センターの終診日である平成20年12月10日と考えられる。

(3) 後遺障害の評価

① 頭部瘢痕脱毛による醜状障害

甲には、頭部に瘢痕脱毛による醜状障害が残った。

事故により、身体に醜状を残すことがある。醜状障害には、外貌の醜状、上肢・下肢の露出面の醜状、その他の部位の醜状がある。

外貌とは、頭部、顔面部、頸部のごとく、上肢および下肢以外の日常露出する部分をいう[27]。

外貌の醜状障害について、以前は男女の性別によって障害等級に差異があったが、平成23年5月2日、施行令の一部を改正する政令（平成23年政令116号）が公布されて、施行令別表第二（後遺障害等級表）の外貌醜状障害の取扱いが改正され、平成22年6月10日以後に発生した事故について遡及的に適用されることとなった。

改正の契機となったのは、著しい外貌醜状について男女に差を設けていた労災則別表第一に定める障害等級表の合憲性（憲法14条1項）が争われた、京都地裁平成22年5月27日障害補償給付支給処分取消請求事件判決（以下参照）において、男女の差別的取扱いが違憲と判断されたことにある（平成22年6月10日確定）[28]。

【京都地判平成22年5月27日判時2093号72頁】

> 労災法に基づく障害補償給付の基準を定める障害等級表のうち外貌の著しい醜状障害の等級について、男女間で大きな差が設けられていることに合理的理由はなく、性別による差別的取扱いをするものとして憲法14条1項（法の下の平等）に違反するとされた事例
>
> 「本件では、本件差別的取扱いの合憲性、すなわち、差別的取扱いの程度の合理性、厚生労働大臣の裁量権行使の合理性は、立証されていないから、……裁量権の範囲が比較的広範であることを前提としても、なお、障害等級表の本件差別的取扱いを定める部分は、合理的理由なく性別による差別的取扱いをするものとして、憲法14条1項に違反するものと判断せざるを得ない。」

上記判決の後、平成23年2月1日労災保険の障害等級表が改正された。自賠責制度は、労災保険制度に準拠しているところから、同様の改正が行われた。

施行令別表第二（後遺障害等級表）の改正内容は、表9のとおりである。

---

(27) 必携184頁
(28) 赤い本91頁。

【表9】施行令別表第二（後遺障害等級表）

等　　級	改正前（旧）	改正後（現行）	保険金額	喪失率
第7級	12号　女子の外貌に著しい醜状を残すもの	12号　外貌に著しい醜状を残すもの	1,051万円	56/100
第9級	（規定なし）	16号　外貌に相当程度の醜状を残すもの	616万円	35/100
第12級	14号　男子の外貌に著しい醜状を残すもの 15号　女子の外貌に醜状を残すもの	14号　外貌に醜状を残すもの	224万円	14/100
第14級	10号　男子の外貌に醜状を残すもの	（規定なし）	75万円	5/100

　改正の要点としては、男女の性差をなくし、新たに7級と12級の間に9級を設けたことである。
　「第12級14号　外貌に醜状を残すもの」の認定要件である、単なる「醜状」とは、次のとおりである。

> 「原則として、次のいずれかに該当する場合で、人目につく程度以上のものをいう。
> 　㋐　頭部にあっては、鶏卵大面以上の瘢痕又は頭蓋骨の鶏卵大面以上の欠損
> 　㋑　顔面部にあっては、10円銅貨大以上の瘢痕又は長さ3センチメートル以上の線状痕
> 　㋒　頸部にあっては、鶏卵大面以上の瘢痕[29]」

　2個以上の瘢痕また線状痕が相隣接し、または相まって1個の瘢痕または線状痕と同程度以上の醜状を呈する場合は、それらの面積、長さ等を合算して等級を認定する[30]ことになるから、醜状障害が複数存在する場合は、合算しての認定可能性に留意する必要がある。
　本件の場合、乙の醜状障害は、頭頂部に3×3センチメートル程度の瘢痕（脱毛）であって、鶏卵大面以上の瘢痕とは考えられないから、自賠責の後遺障害には該当しないことになるが、裁判所は、「瘢痕（脱毛）の後遺障害が残っている以上、その内容程度を踏まえて慰謝料等で考慮するのが相当である。」と認定したものである。ただし、どの程度を考慮したのかは明示がない。
　なお、上肢および下肢の露出面の醜状については、それぞれ1等級のみが定められ

---

(29)　必携186頁。
(30)　必携189頁。

Ⅴ　頭部瘢痕醜状障害、神経症状残存、12級主張：醜状は慰謝料で考慮し神経症状14級認定

ている(31)。

また、外貌および露出面以外の部分の醜状障害については、障害等級表上定めがないので、相当する等級を定めることとなる(32)。

②　頭部痛等の神経症状

甲が主として訴える神経症状は頸部障害であるが、裁判所は、頭部痛等についての神経症状を後遺障害と認定した。

裁判所の認定理由については、以下のように整理できる。

> ア　本件事故直後から頭部痛や頸部痛もあり、現在も頭部痛などがあると述べる。
> イ　本件事故による甲の受傷内容からすれば、甲には当初から頭部打撲傷による頭部痛等もあったものと推認できる。
> ウ　甲の本件事故による受傷の治療は平成20年12月10日で一旦終了しているものの、その時点で治癒と診断されたのではなく、経過良好でＡ医療センターは終診とするが、甲の近医で外来フォローを受けることが前提とされていた。
> エ　平成21年7月1日にＡ医療センターで頭部瘢痕脱毛の後遺障害診断を受けた際にも、時に頭痛を認めると診断されていた。

結論として、「本件事故による頭部外傷後の頭部痛等の症状は、本件事故から一貫して残存しているものと認めるのが相当であり、後遺障害等級14級に該当するものと認めるのが相当である。」とした。

自賠責保険の非該当判断に対しては、「自賠責保険は後遺障害非該当と判断しているが、その判断は、本件事故による甲の受傷内容からして頭部痛等もあったであろうことは容易に推認できることや、Ａ医療センターの後遺障害診断書上も頭痛があるとされていることを見落としている点で、不合理なものといわざるを得ない」と批判的に見解を示し、後遺障害等級については、「画像上、外傷性の異常所見がないことは、他覚所見がなく後遺障害等級12級には該当しないことを意味するに止まり、14級にも該当しないことを意味するものではない」として、14級に認定した。

甲の治療経過と症状の推移を見ると、事故から約6か月経過後の平成20年12月10日にＡ医療センターにおいて、一旦ではあるが終診とされている。同日時点の状態は、「経過良好」である。同日時点以降は近医で外来フォローを受けることが前提となっていたとあるが、実際に近医で診療を受けた事実は認められていない。同日時点の約7か月後の平成21年7月1日にＡ医療センターにおいて時に頭痛を認めると

---

(31)　上肢：第14級4号　上肢の露出面にてのひらの大きさの醜いあとを残すもの。
　　　下肢：第14級5号　下肢の露出面にてのひらの大きさの醜いあとを残すもの。
(32)　施行令別表第二備考6。

診断されている。

つまり、甲は、事故日から約6か月経過後に経過良好の状態で一旦終診となり、その後は近医で外来フォローを受けることが前提となっていたが診療を受けず、一旦終診の約7か月後に時に頭痛を認めると診断されているものである。

経過良好の内容が不明であるものの、一旦経過良好で終診となったものが、約7か月治療中断後の診断で頭痛を認めたことにより、障害として認定される理由は何であろうか。一旦終診の診断と頭痛の診断の間に相当因果関係を認める理由が示されていない。

残存症状を後遺障害と認定するには、症状に一貫性のあることが必要である。この点は、裁判所が、「本件事故から一貫して残存しているものと認めるのが相当であり」として、認定の理由を示すことに同じである。本件において、症状の一貫性が認められるのであろうか。

神経症状を疼痛等感覚障害として認定する要件は、「(b)『通常の労務に服することはできるが、受傷部位にほとんど常時疼痛を残すもの』第14級の9」[33]である。

頭痛についての14級認定要件は、「通常の労務に服することはできるが、頭痛が頻回に出現しやすくなったもの」[34]である。

甲の症状は、「時に頭痛を認める」と診断されているものであり、認定要件の「ほとんど常時疼痛を残すもの」または「頻回に出現しやすくなったもの」に当たるとは思えない。

裁判所は、自賠責の非該当判断について、「A医療センターの後遺障害診断書上も頭痛があるとされていることを見落としている点で、不合理なものといわざるを得ない」とするが、見落としているわけではなく、因果関係の判断が困難で、かつ、ほとんど常時にも当たらないとみられることから、非該当の判断となったものと考えられる。

以上から、頭部痛等の神経症状を後遺障害と認めた裁判所の判断に賛成することはできない。

(33) 必携161頁。
(34) 必携160頁。

VI 神経症状 14 級自賠責認定済：事故 2 か月後にゴルフプレイ、後遺障害否認

被害者（男、年齢不明、個人タクシー運転手、原告、以下「甲」という）の後遺障害（14級主張）につき、自賠責保険では14級9号に認定されたが、「事故後2ヶ月程度経過した日にはゴルフコンペに参加し、18ホールにわたってラウンドした」こと、「原告（被害者）の症状は緩解の可能性があると診断されている」等「法的な損害賠償の対象となる後遺障害と評価することは困難である」として後遺障害を否認した事例

■後遺障害の争点■

1	頸部痛、両肩甲骨の圧痛および右肩関節の挙上時痛
	自賠責の認定：14級9号→裁判所の判断：非該当（認定変更）

【大阪地判平成22年4月15日自保ジャ1838号68頁】

1	事案の概要

被害者　　：甲（原告）
加害者　　：乙（被告）
事故年月日：平成19年3月14日午後3時50分ころ
事故場所　：大阪府門真市内
事故の態様：甲は、普通乗用自動車を運転して南北道路を北から南へ向かって走行していたところ、乙車両が路外より停車中の車両の後からセンターラインを越えて反対車線である甲車両走行車線に進入し、両車両が衝突した。
傷害　　　：頸椎捻挫、右肩関節打撲
治療状況　：平成19年3月〜平成19年10月31日　詳細不明
症状固定日：平成19年10月31日
物損　　　：修理費71万9,985円

2	甲の主張

「甲には、本件事故の結果、後遺障害が残遺し、損害保険料率算出機構は、同後遺障害につき、自動車損害賠償保障法施行令別表第二第14級9号に該当すると認定した。
……本件事故の結果甲に残遺した後遺障害の程度に鑑みれば、労働能力喪失率は5％、労働能力喪失期間は5年が相当というべきである。
よって、甲の後遺障害逸失利益は134万35円が認められるべきである。

甲の後遺障害は、14級に相当するものであることからすれば、後遺障害慰謝料は110万円が相当である。」

3	乙の主張

「甲は、本件事故が発生した平成19年3月14日から2ヶ月しか経過していない平成19年5月20日に、ゴルフコンペに参加している。そうすると、平成19年5月20日には、ゴルフコンペに参加できる程度にまで本件事故で負傷した頸部及び肩関節の痛み並びに身体機能が回復していたというべきであり、症状固定日以降、甲の労働能力の低下は存在せず、逸失利益の請求には理由がない。

甲には後遺障害が残遺していないというべきであり、後遺障害慰謝料の請求には理由がない。」

4	自賠責保険の判断

(判決文に引用された自賠責調査事務所の判断（要旨）)

頸部痛、両肩甲骨の圧痛および右肩関節の挙上時痛については、明らかな器質的損傷は認められないものの、甲の初診時からの訴え、症状の一貫性が認められ、治療経過や症状の推移等を勘案して、「局部に神経症状を残すもの」として後遺障害等級14級9号に該当するものと判断する。

5	裁判所の判断

「甲は、損害保険料率算出機構から本件事故による後遺障害が残遺するとして14級の認定を受けている事実が認められる。

(2) しかし、証拠（略）によれば、損害保険料率算出機構の認定は、頸部痛、両肩甲骨の圧痛及び右肩関節の挙上時痛についてのものであり、これらについては明らかな器質的損傷は認められないものの、甲の初診時からの訴え症状の一貫性が認められ、治療経過や症状の推移等を勘案してのものであることが認められるところ、甲本人尋問の結果によれば、甲は、本件事故後2ヶ月程度経過した平成19年5月にはゴルフコンペに参加し、18ホールにわたってラウンドした事実が認められる。また、証拠（略）によれば、平成19年10月31日に症状固定診断を受けているところ、その際、甲の症状は緩解の可能性があるとも診断されている事実が認められる。

そうすると、甲の頸部痛、両肩甲骨の圧痛及び右肩関節の挙上時痛については、症状固定診断以前から、ゴルフコンペに参加できる程度のものであり、将来にわたって後遺障害が残遺するとも認め難いことからすれば、法的な損害賠償の対象となる後遺障害と評価することは困難であるといわざるを得ない。

(3) よって、甲の後遺障害逸失利益の主張には理由がない。……

甲に法的な損害賠償の対象となる後遺障害が存在すると評価することが困難であることからすれば、甲の後遺障害慰謝料の主張には理由はない。」

Ⅵ　神経症状 14 級自賠責認定済：事故 2 か月後にゴルフプレイ、後遺障害否認

■解　　説■
はじめに
　本件は、自賠責保険の認定が 14 級 9 号であったものが、裁判所では後遺障害の認定が否定され、非該当判断となったものである。
　裁判所が自賠責保険の認定と異なる判断を示すことは珍しくないが、その多くは自賠責保険が非該当としたものを該当と認定したり、より上位の等級を認定するもので、本件のように自賠責保険が該当するとして等級認定したものを非該当として後遺障害の認定を否定する事例は少ないといえる。
　自賠責保険が認定した理由は何か、裁判所が非該当とした理由の確認が要点といえる。

(1)　事故発生状況と物損
　甲は、直進走行中に、センターラインを越えて自車線に進入してきた乙車両に衝突された。甲車は普通乗用自動車で修理費は 71 万 9,985 円であるから、衝突形態から考えて一定の衝撃があったことは推測される。

(2)　治療状況
　詳細の記載はないが、事故日（平成 19 年 3 月 14 日）から 7 か月半経過後に症状固定（平成 19 年 10 月 31 日）となっている。入院の記載はない。

(3)　後遺障害否認の理由
　乙は、甲の傷害は否定していないが、甲の日常実態として、本件事故発生の約 2 か月後に甲がゴルフコンペに参加した事実を示し、甲が負傷したと主張する傷害について、ゴルフコンペに参加できる程度に回復していたとして、後遺障害は残遺していない旨を主張した。
　乙は、甲の主張に疑問があることから、甲の日常生活を追跡調査したか、何らかの情報を得て調査確認したものであろう。
　裁判所は、本人尋問を行い、ゴルフコンペに参加し、18 ホールラウンドした事実を確認している。
　また、裁判所は、「（症状固定診断において）甲の症状は緩解の可能性があるとも診断されている事実が認められる」と認定している。
　後遺障害認定要件の一つは、永久残存性であるから、症状固定時の診断書あるいは後遺障害診断書に「緩解の可能性がある」と記載されてあれば、自賠責保険が認定することはないのではないかと思われるため、裁判所の認定根拠（証拠資料）を知りたいところであるが、その点は不明である。

乙において、症状固定時の診断を確認し、「緩解の可能性がある」旨の確認資料を得たのかもしれない。

裁判所は、18ホールラウンドできる身体（回復）状況の事実確認と将来の緩解可能性があると認められることから、後遺障害の残存を否認したものである。

自賠責保険の認定に際し、将来の緩解の可能性については記載がなく、症状の一貫性の存在が認められることにより、等級認定された可能性はある。

後遺障害の認定に当たっては、診断書に記載された障害と異なる実態の存在および医証が確認された場合には、認定が変更され得る事例として参考になると思われる。

VII 症状の増悪、新たな症状の発現、14級主張：14級認定

被害者（男、事故時49歳、症状固定時50歳、銀行支社長、原告、以下「甲」という）が、事故から10日経過した後に頸部痛の増悪と左上肢のしびれの出現を訴え、事故から3週間以上が経過した後に腰痛の出現と増悪を訴えたことに対し、いずれも事故に起因すると認め、残遺した症状（14級主張）の、頸部痛、左上肢しびれ、左肩痛について、後遺障害14級9号に該当するとした事例

■傷害の争点■

1	事故日から10日後に頸部痛の増悪と新たに左上肢のしびれの出現を訴え、その後事故日から3週間以上（25日）経過してから新たに腰痛が出現したと訴えたことについての、症状の増悪と新たな症状の発現に関する事故との相当因果関係の認否 裁判所の判断：相当因果関係を認める。

■後遺障害の争点■

1	頸部痛、左上肢しびれ、左肩痛 自賠責の認定：14級9号→裁判所の判断：14級9号（認定不変）

【東京地判平成25年8月6日交通民集46巻4号1031頁】

1	事案の概要

被害者　　：甲（原告）
加害者　　：乙（被告）
事故年月日：平成22年5月21日午後3時30分ころ
事故場所　：東京都中央区浜離宮庭園1番首都高速都心環状線外回り道路
事故の態様：丙は、普通乗用自動車を運転し、首都高速都心環状線外回り道路の第1車線（第1通行帯、いわゆる外側車線）を直進走行していたところ、第2車線（第2通行帯、いわゆる内側車線）を走行していた乙運転の事業用大型貨物車が、丙車両にまったく気付かないまま、第1車線に車線変更しようとして、乙車両の左前部を丙車両の右後部に接触させた。
　　　　　　甲は、本件事故の際、丙車両の後部座席に乗車していた。
傷害　　　：頸椎捻挫、左下腿打撲

治療状況　：平成22年5月21日～平成22年12月29日　通院実日数123日
症状固定日：平成22年12月31日
物損　　　：丙車修理費用34万4,558円

2　甲の主張

「甲の後遺障害は後遺障害等級表第14級に相当するから、後遺障害慰謝料は110万円が相当である。

　甲の平成22年の給与収入は1,938万9,927円、甲の後遺障害による労働能力喪失率は5パーセント、労働能力喪失期間は5年（年5分の場合のライプニッツ係数は4.3295）であるから、後遺障害逸失利益は、次の計算式のとおり、419万7,434円となる。

（計算式）　19,389,927円 × 0.05 × 4.3295 ＝ 4,197,434円」

3　乙の主張

「本件事故は、乙車が第2車線から第1車線に車線変更する際、乙車の左側面前部を丙車の右側面後部に接触させたものにすぎず、追突事故ではなく、また、丙車の修理費も34万円程度にとどまっており、その損傷の程度も軽微なものであった。そうすると、本件事故の態様には、追突事故が作り出すような車両の移動や動揺により発生する加速度が搭乗者の身体を震盪させるといった頚椎捻挫の受傷機転を見出すことはできず、また、その衝撃も極めて小さなものであったと推認される。実際、受傷直後の急性期における甲の通院頻度は少なかった。

　また、甲の骨棘の椎間孔への突出（椎間孔狭窄）は、左ではなく、右の可能性もあるから、甲の訴える左上肢のしびれや左肩痛を説明し得る所見とはなり得ず、また、甲には、骨折や椎間板ヘルニアもなく、椎骨や椎間板、脊髄や脊髄神経根などの神経系統にも損傷がない。

　したがって、本件事故による受傷そのものに疑義があるが、仮に甲が本件事故により傷害を負ったとしても、ごく軽い頚椎捻挫と左下腿打撲であったというべきである。このうち、左下腿打撲にかかる疼痛の申告は、平成22年5月21日の診療録にしか認められないことから、本件事故による甲の傷害について必要かつ妥当な治療期間は、頚椎捻挫について検討すれば足りるところ、甲の治療を担当していた医師自身、受傷から3か月を一つの目安としていた。

　次に、甲の治療経過をみても、甲は、本件事故の発生から10日後に頚部痛の増悪や左上肢のしびれという新たな症状を訴え、また、平成22年7月11日には既に一進一退の状況となり、症状の増悪又は緩解についての甲の申告にかかわらず、理学療法・マッサージ・鍼といった治療内容等に変化もないというものであった。

　さらに、甲は、本件事故から3週間以上が経過した同年6月15日に至り、新たに腰痛を訴えているが、受傷機転となるべき本件事故との時間的な乖離に照らし、腰痛が本件事故により発症したものといえないことは明らかであり、それが本件事故による傷害の治療の長期化を正当化する理由とはならない。

　したがって、本件事故による甲の傷害は、遅くとも、平成22年8月末日には症状固定

に至っていたことが明らかである。」
［後遺障害］
「否認する。本件事故による甲の傷害は、椎骨や椎間板、脊髄神経根などの神経系統に損傷が発生したものではなく、頚椎捻挫・左下腿打撲という外傷以上のものではなかったこと、甲の神経症状については、知覚は正常で、筋萎縮もなく自覚症状（頚部痛、左上肢しびれ、左肩痛）を裏付ける他覚的所見がないだけでなく、左側の腕橈骨筋反射と上腕三頭筋反射が亢進するという神経学的に矛盾した所見が得られていることなどから、甲に将来において回復困難と見込まれる程度の神経症状が残存したとはいえない。」

4	自賠責保険の判断

判決文中に、損害保険料率算出機構の後遺障害等級認定について、甲は、自動車損害賠償保障法施行令別表第二第14級9号に該当すると判断されたとあるが、認定内容の記載はなく、認定根拠は不明である。

5	裁判所の判断

「事業用大型貨物自動車（乙車）を運転して第2車線を走行していた乙が、丙車の存在に気づかないまま第1車線に車線変更しようとして、乙車の左側面前部を丙車の右側面後部に接触させた（筆者：甲は、丙車両の後部座席に乗車していた）。

丙車は、乙車との接触の衝撃によりその後部が大きく左に流れ、接触地点の約21メートル先で停止するまでの間、丙は大きく取られたハンドルを左右に転把することにより何とか走行体勢を維持することを余儀なくされ、その結果、丙車の車体が左右に振られるという状況であった。本件事故により丙車の右側面後部が損傷し、その修理費用は34万4,558円であった。

甲は、本件事故の日である平成22年5月21日、Yクリニックを受診し、同日午後3時ころ、首都高速走行中に車の右後部をトラックに追突された、左肩から首にかけてが痛い、左下腿にも痛みがあると訴えた。A医師は、甲を診察し、レントゲン検査の結果、明らかな骨傷も認められなかったことから、全治2週間の頚椎捻挫、左下腿打撲と診断し、内服薬、外用剤の処方と、マッサージ療法等の理学療法を中心とした治療を開始した。

甲は、5月31日、再びYクリニックを受診し、同月30日から頚部痛が増悪するとともに、左上肢にしびれが出現したと訴えた。……。

甲は、同（6）月15日、Yクリニックを受診し、新たに腰痛が出現し、ひどくなったと訴えた。下肢のしびれ・脱力や神経学的異常所見は見られず、レントゲン検査の結果、明らかな異常所見が認められなかったことから、A医師は、上半身の筋肉の緊張が強くなっているので、全身のバランスが崩れていたのではないか、精神的なストレスもあるかもしれないと判断して、本件事故に起因する腰椎捻挫であると診断し、疼痛が自制内を超えていることから、腰部硬膜外ブロック注射を施行した。……。

甲が受傷するに至った本件事故の態様は、認定事実のとおりであり、丙車が普通乗用自動車であるのに対し、丙車に右後方から接触した乙車は事業用大型貨物車であっただけでなく、乙は、接触の際、丙車の存在に気がついておらず、特に減速措置を講じてい

たとも認められない上、接触後、丙車は、その後部が大きく左に流れ、接触地点の約21メートル先で停車するまでの間、左右に振られる状態にあったというのであるから、本件事故が高速道路上で発生した事故であることも併せ考慮すると、乙車による接触の衝撃はそれなりに大きなものであったと認められ、本件事故の態様は、甲が一定の程度の頚椎捻挫を負うに至る受傷機転として十分なものということができる。

……甲は、本件事故から約10日が経過した平成22年5月30日に頚部痛の増悪と左上肢のしびれの出現を訴え、また……、本件事故から3週間以上が経過した同年6月15日に腰痛の出現と増悪を訴えるに至ったことが認められる。

しかし、甲の受傷内容が頚椎捻挫である以上、これによる症状の出現の仕方等に個人差が生じることは、希なことではないし、甲は、平成22年5月、6月当時、勤務先が金融庁の検査を受け、その準備に追われる状況にあったというのであるから、頚部痛を抱え、頚部又はその周囲の筋肉が緊張している状況の中、業務に従事し続けることにより、頚部痛の増悪、左上肢のしびれや腰痛が出現するに至るということも、これを了解することが可能である。そして、これらの症状の発現等について、本件事故による受傷以外の他の原因の存在はうかがわれないから、本件事故後に甲に出現した各症状については、いずれも本件事故に起因するものと認めるのが相当である。

……甲は、平成22年5月と6月は、頚部痛及び左上肢のしびれ並びに腰痛を訴え、その疼痛の程度も相当な程度に及んでおり、……肩甲上神経ブロック注射と腰部硬膜外ブロック注射を受ける状況にあったが、同月末以降、疼痛の緩和がみられるようになり、改善に向かっていったことから、……Yクリニックにおける治療は有効であったということができる。また、甲は、症状の改善傾向が続く中、乙が症状固定日であると主張する同年8月末日が経過した後、気温の低下等とともに、再び疼痛がぶり返したと訴えるようになり、その症状が悪化するに至ったが、……マッサージ療法と針療法の併用が継続された結果、再びその疼痛が緩和するようになり、同年12月を迎え、症状固定の診断に至っているのである。このような症状固定の診断に至るまでの甲の訴えの推移は、不自然なものということはできないし、甲の症状は、同年8月末日の前後を問わず、一進一退を繰り返しつつも、Yクリニックにおける治療の効果が現れたことにより、徐々に改善していくという経過をたどったものと評価することができる。

以上に加えて、甲の傷害の治療期間（約7か月となる。）が、頚椎捻挫の治療期間として長期であるともいえないことを考慮すると、主治医であるA医師の診断のとおり、本件事故による甲の傷害は、平成22年12月31日をもって症状固定に至ったと認めるのが相当である。」

［後遺障害］

「甲は、……平成22年12月31日をもって症状固定したとの診断を受けているところ、……同日の時点でなお、頚部痛、左上肢しびれ、左肩痛といった局部の神経症状が残存したことが認められる。もっともこれを裏付けるいわゆる他覚所見は乏しいが、……本件事故の態様並びに甲の傷害の症状の推移及び治療の経過に照らすと、このような局部

の神経症状が残存することが不自然であるとすることもできない。したがって、甲には、本件事故による後遺障害として、上記のような局部の神経症状が残存したと認めることができ、また、その後遺障害の内容及び程度に照らすと、甲が本件事故により後遺障害を負ったことに対する慰謝料として、110万円を認めるのが相当である。

　甲の後遺障害の内容及び程度からすると、甲の労働能力喪失率は5パーセント、労働能力喪失期間は5年と認めるのが相当である。

　……甲の後遺障害逸失利益を算定する上での基礎収入は、平成22年の給与支払総額である1,938万9,927円とするのが相当である。

　したがって、甲の本件事故による後遺障害逸失利益は、次の計算式のとおり、419万7,434円であると認められる。

　（計算式）19,389,927円×0.05×4.3295（5年に相当するライプニッツ係数）＝4,197,434円」

■解　説■

はじめに

　本判決は、事故当初は頸部痛と左下腿痛を訴えた甲が、事故日から10日後に頸部痛の増悪と新たに左上肢のしびれの出現を訴え、その後事故日から3週間以上（25日）経過してから新たに腰痛が出現したと訴えたことに関し、症状の増悪と新たな症状の発現について事故との相当因果関係を認め、残存する症状については、局部に神経症状を残すもの（14級9号）に該当すると認定したものである。

　しかし、傷害の争点である、症状の増悪と新たな症状の発現について、裁判所が事故との相当因果関係を認めた判断には疑問がある。

(1) 事故発生状況

　事故形態は、並走車両（被害の丙車両は進行方向に向かって左側から数えて第1通行帯のいわゆる外側車線を走行、加害の乙車両は同第2通行帯のいわゆる内側車線を走行）による相互接触で、乙車両の左前部が丙車両（甲搭乗）の右後部に接触したものである。

　裁判所は、事故によって丙車両が左右に振られる状態にあったとし、接触の衝撃はそれなりに大きなものであったと認めて、頸椎捻挫を負うには十分であると認定した。

　丙車両の損害額は、34万4,558円である。具体的な損害状態は不明であるが、右後部の損傷に対しては、ある程度広範囲な修復が必要であるため、一定金額の修理費用を要することになる。

　裁判所は、「本件事故が高速道路上で発生した事故であることも併せ考慮すると、乙車による接触の衝撃はそれなりに大きなものであったと認められ」としている。

　裁判所は、高速道路上での事故であることを判断の重要な要素と考えている感がある。しかし、この判断は正しいといえるのであろうか。

　本件事故発生場所である首都高速都心環状線は、首都高速道路の一部で、「（首都）

高速」の名は付いているが、東名高速道路や名神高速道路のような高速走行が認められている道路ではない。

道路法は、道路を高速自動車国道、一般国道、都道府県道、市町村道の4種に区分している（道路法3条）。

首都高速道路は、都市高速道路であるが、道路法の区分では都道府県道に区分される「都道」であり、本件事故が発生した首都高速都心環状線（通称。正式名称は都道首都高速1号線）の最高速度は、場所により時速40～60キロメートルに制限されている。本件事故現場の制限速度は不明であるものの、制限速度が時速60キロメートルを超えることはない。

接触事故後の停止状況をみると、丙車両は、接触地点の約21メートル先で停車したとされている。

停止距離は、「空走距離＋制動距離」である。停止距離の長さから速度の推測は一定可能である。停止距離が約21メートルであることは、速度は41～42キロメートル前後であったと推定される[35]。

裁判所は、事故発生場所が高速道路上であることで、衝撃はそれなりに大きなものであったと認定しているが、推定される速度が時速41～42キロメートルほどであるとすれば、一般道路での接触、衝突と何ら変わるところはない。したがって、本件事故を一概に「高速道路上の事故」と捉えるのは正しくないのではないか。

本件事故現場の道路は、道路構造令上の道路種別が2種2級であるから、1車線の幅員は3.25メートルと考えられる。丙が走行していた第1車線の外側には路肩がある。路肩は規定上1.0メートルである（ただし、事故現場が出入口付近であれば幅員が広くなっている可能性はある）。路肩の外側には側壁がある。

丙車は接触後に側壁には衝突せず、右側を並進の乙車とも接触していない。このことから、丙車は、接触後に左側の路肩方向へ移動しつつ走行し、約21メートル先の路肩上か第1車線上あるいはその中間的位置で停止したことになる。

時速42キロメートルの秒速は11.67メートルであるから、21メートル走行の所要時間は、約1.8秒である。

あくまで、仮定に基づく推測ではあるが、丙車の車幅を1.8メートル（例：トヨタクラウン車幅）とし、第1車線の中央を走行している時に接触し（この時点で車線上、丙車の左側の余地は0.725メートルである（(3.25 － 1.8) ÷ 2)）、路肩の最大左側に寄った

---

[35] 一般財団法人全日本交通安全協会発行「交通の教則」には、時速40キロメートルでは停止距離は約22メートルと記載されている。警察庁ウェブサイトの資料では、時速40キロメートルで停止距離20メートル、時速50キロメートルで停止距離27～28メートルと記載されている。

場合（側壁に10センチメートルまで近接したとして、90センチメートルの移動）、(0.725 + 0.9 =) 1.625メートル移動、押し出されたことになる。

接触後に第1車線に戻ったとした場合における丙車の動きは、最大にみても1.625メートルほどではないかと想定される。

つまり、時速42キロメートルで走行する車両が、左へハンドルをきって1.625メートル移動し、再び走行車線に戻って停止した（この間約21メートル、約1.8秒走行）状況と考えられる。

2車線道路の内側車線を走行していた車両が、外側車線に車線変更し、再び内側車線に戻る走行形態がある。いわゆる蛇行運転であるが、それと近似すると考える。幅員を本件道路と同じく3.25メートルとした場合、内側車線→外側車線→内側車線の移動は、左3.25メートル→右3.25メートルである。本件事故は、（前記の前提と想定に立った場合であるが）その約半分ほどの蛇行であったと考えられるのではないか。

裁判所は、「丙車は、乙車との接触の衝撃によりその後部が大きく左に流れ、接触地点の約21メートル先で停止するまでの間、丙は大きく取られたハンドルを左右に転把することにより何とか走行体勢を維持することを余儀なくされ、その結果、丙車の車体が左右に振られるという状況であった。」として、接触により丙車に大きな振れが生じたと認定したが、1.625メートルほどの左方への移動とその後の右方への移動走行が、裁判所認定どおりの状況と考えるには、やや違和感を覚える。

事故形態は並進接触であるから、搭乗者に対する衝撃力は、追突や側突と比して強くはないと想定される。

速度が打撃力に及ぼす影響は、追突や側突は妥当するであろうが（特に被害車両が停止状態である場合）、並進接触の場合は、加えられた力が斜め前方に向かうことになるであろうから、接触の形態からいって、「接触の衝撃はそれなりに大きなもの」といえるものであろうか。

衝撃の大きさを考える上で重視すべき要素は、衝突エネルギーが具体化する車体変形であると思うが、本件においては、丙車の修理費用34万4,558円とあるのみで、具体的損害状況や車体の変形、波及は示されていない。

(2) 体動と傷病名

本件事故状況下で、丙車内に搭乗中の甲の身体はどのようになるかという問題である。

甲は、左肩から首にかけての痛みと左下腿の痛みを訴え、頸椎捻挫、左下腿打撲と診断されている。

甲が、後部座席のどこに座っていたかは記載がなく、シートベルトを装着していたかどうかも不明である。

シートベルトを装着していた場合は、身体は座席に固定されるから、左下腿を打撲する発生機転は考えにくいが、シートベルトの固定がゆるい場合やシートベルトを装着していない場合は、事態が異なってくる。

甲がシートベルトを装着していない場合、接触後の車体の振れに対して甲の身体は相当に不安定な状態になると考えられる。

甲の体格については情報がないが、甲が大柄な場合は、脚の前部と前方座席後面の間隔が狭くなるため、接触の可能性はより高くなるといえる。

丙車は、接触後にブレーキをかけ、21メートル走行して停止した。その間に、丙車には左右への振れと停止の制動が働いたものである。

左下腿のどこに痛みを訴えたのかについては記載がないが、左右への振れによる下腿側面部の接触か、あるいは捻り、停止制動時の前方への身体移動による座席後面と膝部の接触が考えられる。

裁判所は、左肩から首にかけての痛みの発生起因について、接触時から停止までの間の左右への振れと停止制動時における頸椎部への運動強制（いわゆるむち打ち損傷）があったためと判断したと考えられる。

ただし、接触してから停止するまでの間は、短いながらも時間があるから、一定の防御姿勢はとり得るであろう。

したがって、頸椎捻挫が生じるとしても、重篤な傷害に至る可能性は低いと思われる。

(3) 頸部痛の増悪と左上肢のしびれの出現および腰痛の出現と増悪

甲は、本件事故から約10日が経過した平成22年5月30日に頸部痛の増悪と左上肢のしびれの出現を訴え、本件事故から3週間以上（25日）が経過した同年6月15日に腰痛の出現と増悪を訴えている。

裁判所は、「甲の受傷内容が頸椎捻挫である以上、これによる症状の出現の仕方等に個人差が生じることは、希なことではないし、甲は、平成22年5月、6月当時、勤務先が金融庁の検査を受け、その準備に追われる状況にあったというのであるから、頸部痛を抱え、頸部又はその周囲の筋肉が緊張している状況の中、業務に従事し続けることにより、頸部痛の増悪、左上肢のしびれや腰痛が出現するに至るということも、これを了解することが可能である。」としている。

医師は、甲の「左肩から首にかけてが痛い」訴えに基づき、全治2週間の頸椎捻挫と診断したものである。

「交通事故の一形式として、追突されたときの頸椎の外傷である whiplash injury

は鞭うち損傷ともいわれるが、その本態は頚椎の捻挫と理解すればよい」[36]。

「頚椎捻挫 sprain of the cervical spine　頚部に加わった外力により、各頚椎椎体間の配列に異常がなく、靱帯の過伸展あるいは部分的断裂により起こる障害と考えてよい。頚部の自発痛、運動痛、筋緊張、神経根部に浮腫、出血が起こると前腕、手、指に放散する疼痛となって現れる」[37]。

「損傷は頚部軟部組織にとどまり、靱帯、椎間板、椎間関節、頚部の筋群および後根神経節など様々な障害部位が提唱されているが、画像診断にて客観的な所見を得ることは一般的に困難である」[38]。

「理学所見としては、受傷後数時間では頚部の圧痛、運動制限が主体であるが、数日後には前頚部の圧痛・腫脹はピークに達し、頚部運動制限を伴う僧帽筋部の筋攣縮などを認める。多くの場合、数週間の頚部硬直と運動制限を経て、症状は回復へと向かい、この型の予後は比較的良好である」[39]。

裁判所は、頚椎捻挫であるから症状の出現の仕方等に個人差が生じることは希なことではないとするが、頚椎捻挫は、損傷が頚部軟部組織にとどまる「捻挫」であるから、回復の状況は、一般の捻挫と基本的には同様であると考える。

なにゆえ、事故から約10日が経過して増悪した頚部痛と左上肢のしびれの出現が稀ではなく、妥当なものと認められるのであろうか。

頚椎捻挫と他部位の捻挫を一概に同視するつもりはないが、たとえば足関節（足首）を捻挫し、10日経過後（この間に相当程度は回復するであろう）に前日と異なる痛みを覚えた場合には、さらに捻ったか、無理に運動したのではないか、荷重をかけたか等の要因を考えるものであろう。疾病ではないから、経過としての悪化は想定しないのではないか。

「左上肢のしびれの出現」とある。当初なかった感覚異常が10日経過後に発症した場合に、当該発症が10日前の事故であるとする根拠は何であろうか。

甲は、事故日（5月21日）から25日経過後の6月15日に腰痛の出現を訴えている。

腰痛について裁判所は、「平成22年5月、6月当時、勤務先が金融庁の検査を受け、その準備に追われる状況にあったというのであるから、頚部痛を抱え、頚部またはその周囲の筋肉が緊張している状況の中、業務に従事し続けることにより、頚部痛の増悪、左上肢のしびれや腰痛が出現するに至るということも、これを了解することが可能である。」としている。

---

(36) 河井弘次ほか編『整形外科学・外傷学〔改訂第4版〕』（文光堂、1985）506頁。
(37) 河井弘次ほか編『整形外科学・外傷学〔改訂第5版〕』（文光堂、1990）525頁。
(38) 松野丈夫＝中村利孝総編集『標準整形外科学〔第12版〕』（医学書院、2014）859頁。
(39) 酒匂崇編『頚椎外科』（金原出版、1989）86頁。

事故当初に腰部痛の症状は認められていない。事故から25日後に新たに生じた症状がなにゆえ「（頚部痛と関連するものとして）了解することが可能」なのであろうか。

金融庁検査対応が腰痛発症の要因とする判断のようである。

「腰痛症とは、……原因のわかるものを除外した場合に残る腰痛のみを訴え他覚的所見に乏しいものを称するのであるが、この疾患の本態は未だ解明されていない」[40]。

「原因がはっきりしないものを「非特異性腰痛」といいます。非特異性腰痛は、腰痛全体の約85％を占めるといわれています」[41]。

「非特異性腰痛の多くは、精神的なストレスと関係することが分かっています。……腰痛もストレスで起こることがあるのです」[42]。

以上の推定を重ねれば、甲の腰痛は、あるいは金融庁検査対応によるストレスが要因であるのかもしれない。しかし、仮にストレスが要因であるとしても日常にはさまざまなストレスがあるから、金融庁検査対応に特定することも困難であり、結局のところは「わからない」のではないか。

裁判所は、「頚部痛を抱え、頚部又はその周囲の筋肉が緊張している状況の中、業務に従事し続けることにより、頚部痛の増悪、左上肢のしびれや腰痛が出現するに至るということも」として、頚部痛と腰痛に関連性があるような判断を示しているが、頚部と腰部は部位も異なり、発症の関連性があるとは思えない。頚部痛の存続が腰痛を発症させる医学的知見があるのだろうか。事故から25日後に発症した腰痛に本件事故との因果関係を認めることは疑問である。

甲は、事故から約10日後に頚部痛の増悪と左上肢のしびれの出現を訴え、事故から25日後に腰痛の出現を訴えている。

受傷から時期を経て新たな症状が発現した場合や症状が悪化した場合には、それらの変化した原因が外傷によるものであることを医学的に証明することが求められるものであると考えるが、裁判所の検討内容は不明である。

当該症状が本件事故を原因として生じたと認められるためには、症状が顕在化するまでの時間的経過や、発症あるいは悪化した理由について、本件事故による傷害が原因であることを証明する医学的証拠が必要であると思うが、本件において明示があるようには思えない。

以上から、症状の増悪と新たな症状の発現について、本件事故との相当因果関係を認める裁判所の判断に賛成することはできない。

---

(40) 河井ほか編・前掲注(36) 321頁。
(41) 川口善治「腰痛」別冊NHKきょうの健康2012年6月号32頁。
(42) 川口・前掲注(41) 33頁。

(4) 乙の主張（反射の亢進）

乙は、「（甲の）左側の腕橈骨筋反射と上腕三頭筋反射が亢進するという神経学的に矛盾した所見が得られていることなどから」として、甲の症状に疑問を呈する主張をしている。

この点について、裁判所は論及していない。反射が亢進するには脊髄障害があることが前提であるが、甲は、もしあるとしても神経根障害であり（あるいは明らかな神経根障害もない可能性がある）、反射は逆に低下すると思われるところから、乙の主張は妥当であると考える。

(5) 症状の推移

症状の推移について裁判所は、「甲は、平成22年5月と6月は、頚部痛及び左上肢のしびれ並びに腰痛を訴え、……同月（6月）末以降、疼痛の緩和がみられるにようになり、改善に向かっていったことから、……症状の改善傾向が続く中、乙が症状固定日であると主張する同年8月末日が経過した後、気温の低下等とともに、再び疼痛がぶり返したと訴えるようになり、その症状が悪化するに至ったが、……再びその疼痛が緩和するようになり、同年12月を迎え、症状固定の診断に至っているのである。」とし、「甲の訴えの推移は、不自然なものということはできない」とした。

症状推移の概要は、

　　平成22年5月、6月頚部痛、左上肢のしびれ、腰痛
　　→6月末以降、疼痛緩和、改善傾向
　　→8月末日以降、疼痛ぶり返し、症状悪化
　　→疼痛緩和
　　→12月症状固定、

となっている。

5月、6月から疼痛緩和、改善傾向となるのは、外傷の一般的治癒過程に合致するといえるが、8月末日以降疼痛ぶり返し、症状悪化となり、それが疼痛緩和を経て症状固定に至っているのは、症状の変遷ではないのか。

8月末日以降の症状悪化の事情について裁判所は、「同年8月末日が経過した後、気温の低下等とともに、再び疼痛がぶり返したと訴えるようになり」として、特段の疑問は示さず、甲の主張を認容している感がある。

気温の低下で疼痛がぶり返すものであろうか。気象庁のデータによれば、平成22年の東京都の月別平均気温は、8月29.6度、9月25.1度、10月18.9度である（ちなみに平成22年の夏は近年にない猛暑であった）。

9月は残暑であり、10月でようやく清涼を感じるようになったと思われ、身体的には、夏場よりむしろ良好な状態を保てると考えられる。

甲は銀行員である。外出があり得るとしても、日中は一定の温度環境が維持された建物内での勤務が大半であろうから、外の「気温の低下」が影響するとは思えない。勤務を終える夕方以降の気温が影響するという主張であろうか（夏に比してより過ごしやすいと思うが）。

そもそも、気温の低下等によるとする身体変調の主張を、外傷治癒過程に整合すると考えるのは無理であろう。

裁判所は、症状の推移について、不自然なものということはできないとしたが、症状振幅の範囲内と考えたものであろうか。

(6) 後遺障害の評価
① 症状固定日

本件は、症状固定日が争われている。乙は、甲の傷害は遅くとも平成22年8月末日には症状固定に至っていたと主張した。裁判所も、8月末日が経過した後に再び疼痛がぶり返したと訴えるようになり、としていることから、8月末日には一定の改善が認められたものと考えられ、乙の主張は、その改善状況を根拠としたものと思われる。

8月末日経過後に症状が悪化し、その後に疼痛が緩和して12月31日をもって症状固定に至ったとある。

裁判所は、8月末日経過後に症状が悪化したことについても不自然ではないとして、後遺障害診断書のとおり12月31日を症状固定日と認定した。

8月末日時点での症状改善状況とその後の症状悪化について、症状の変遷と見て合理性に欠けると考えるか、症状振幅の範囲内と見て合理性を否定しないとするかは難しい問題である。

関節機能障害における関節可動域制限のように、測定数値が確認できる場合には、測定値の改善が一定に至った時点で症状固定と判断するであろうから、その後に数値が悪化した場合であっても、悪化の理由が医学的に証明される場合を除き、数値の悪化を合理性があるとは考えないだろうが、神経症状、特に本件のような他覚所見が乏しく自覚症状を主体とする神経症状の場合は、患者の主訴が中心になるため、症状の客観的評価は難しいところである。

乙が主張した8月末日は、事故発生から3か月余であり、その後も治療が継続している実態があって、後遺障害診断書の症状固定日が事故から7か月という、それほど長期の治療期間といえない点を考慮して、裁判所は、後遺障害診断書症状固定日の12月31日を症状固定日と認定したと考える。

② 等級認定

乙は、甲の受傷に疑義を示し、仮に傷害を負ったとしても軽い傷害であったという

べきである旨を主張した。確かに、事故形態、当初の症状から重篤な傷害の発生は考えにくいが、傷害の発生を否定するか、障害が残遺していない根拠を示し得ない以上、傷害の発生を認めた上での認定になったものである。

障害程度の評価（後遺障害の評価時期）は、原則として療養効果が期待し得ない状態となり、症状が固定したときに行う[43]ことになるから、平成22年12月31日時点での残存症状について、検討されたものである。

裁判所は、症状固定時で、「頸部痛、左上肢しびれ、左肩痛といった局部の神経症状が残存したことが認められる。もっともこれを裏付けるいわゆる他覚所見は乏しいが、本件事故の態様並びに甲の傷害の症状の推移及び治療の経過に照らすと、このような局部の神経症状が残存することが不自然であるとすることもできない。」として、自賠責保険の認定同様に14級9号に該当するとした。

本件において残遺した症状は、頸部痛、左上肢しびれ、左肩痛、腰痛（腰部の症状残存は症状経緯に記載がある）であるが、自賠責保険については、複数部位が認定された場合の併合等級との記載がないことから、頸部痛以外の後発、遅発の症状は後遺障害評価の対象とはされなかったものと思われる。

14級9号に該当する要件は、医学上合理的に推測できる症状と捉えることができ、障害の存在が医学的に説明・推定できるものであり、12級13号に該当するためには、神経系統の障害の存在が他覚所見によって証明されることが必要である。

自賠責保険は、傷害の発生が推認でき、症状の推移に合理性と一貫性が認められ、将来の回復が困難と評価できるが、神経学的異常所見は見られず、画像診断においても異常所見が認められていないことから、14級9号に該当するとしたものと考える。

---

(43) 必携70頁。

Ⅷ 頸髄損傷で12級の主張：頸髄損傷否認、神経症状残存として14級認定

被害者（男、事故時42歳、工業デザイナー、原告、以下「甲」という）の後遺障害につき、甲は中心性頸髄損傷により12級の後遺障害が残ったと主張するが、頭部等を打ったとは認められず、本件事故による衝撃が大きいとは認められないことからすれば、中心性頸髄損傷となるような衝撃であったとは考え難いとして、中心性頸髄損傷を否認し、頸部痛等の症状について自賠責と同様に14級を認定した事例

■後遺障害の争点■

1	中心性頸髄損傷による残存症状（後頸部の疼痛、運動時痛、背部疼痛、左手のしびれ等） 自賠責の認定：14級9号→裁判所の判断：14級9号（認定不変）

【東京地判平成27年9月28日自保ジャ1960号52頁】

1	事案の概要

被害者	：甲（原告）
加害者	：乙（被告）
事故年月日	：平成22年3月12日午後8時10分ころ
事故場所	：東京都町田市内
事故の態様	：乙は、乙車（普通貨物自動車）を運転していたところ、渋滞の最後尾で停車している甲車（普通乗用自動車、甲運転）を前方に発見し、ブレーキをかけたが間に合わず、乙車を甲車に追突させた。甲車は停止していた位置から約1メートル進んだ地点で停止した。
傷害	：頸椎捻挫（C整形外科ほか）、中心性頸髄損傷（G病院整形外科）
治療状況	：①C整形外科　（診断名、以下同）頸椎捻挫、頸部湿疹 　　　　平成22年3月13日〜同年10月2日（症状固定診断）　実日数60日 ②D医院　頸性めまい、頸椎捻挫 　　　　平成22年4月9日〜同年5月14日　実日数5日 ③E病院　MRI検査 　　　　平成22年4月30日 ④F大学病院　頸椎捻挫後後遺症 　　　　平成22年5月17日

　　　　　①〜④（初診〜症状固定診断）の通算
　　　　　　平成22年3月13日〜同年10月2日　実日数67日
　　　　⑤G病院整形外科　頸椎捻挫、頸椎症、中心性頸髄損傷
　　　　　　平成24年2月14日
症状固定日：平成22年10月2日（C整形外科）
物損　　　：甲車の修理費用232万9,977円、乙車の修理費用10万2,848円。

2	甲の主張

「甲は、本件事故により、頸椎捻挫、変形性頸椎症に伴う中心性頸髄損傷の傷害を負った。
　甲には、後頸部の疼痛、運動時痛、背部疼痛、左手のしびれ等について、少なくとも障害等級第12級13号の後遺障害が残った。」

3	乙の主張

「甲が、本件事故によって頸椎捻挫の傷害を負ったこと、甲が、障害等級第14級9号の認定を受けたことは認めるが、その余は否認ないし争う。
　甲には、本件事故前から変形性頸椎症の既往症があり、また、甲は、通常人より神経質であり、これらの既往症や心因的素因が甲の訴える症状に強く影響しているから、甲の訴える症状と本件事故との間に相当因果関係が認められない。」

4	自賠責保険の判断

（判決文にある自賠責保険における後遺障害等級認定）
「甲は、C整形外科において、平成22年10月2日に症状が固定したとの診断を受け、同年12月27日、自動車損害賠償責任保険（以下「自賠責保険」という。）の後遺障害等級認定手続において、①頸椎捻挫後の後頸部の疼痛・運動時痛、背中の疼痛、左手しびれ感等の症状について、頸椎に変性所見が認められるものの、本件事故による骨折等の明らかな外傷性変化や脊髄への圧迫所見は認められず、また症状の裏付けとなる神経学的異常所見には乏しいことから、他覚的に神経系統の障害が証明されるものとは捉えられないが、治療状況、症状経過などから、将来においても回復が困難と見込まれる障害と捉えられることから、『局部に神経症状を残すもの』として自賠法施行令別表第2（以下「障害等級」という。）第14級9号に該当する、②頸椎部の運動障害について、頸椎にその原因となる骨折・脱臼等は認められないことから、自賠責保険における後遺障害には該当しないと判断された。
　甲は、上記認定に対して異議を申し立てたところ、平成23年11月14日、①頸椎捻挫後の後頸部の疼痛・運動時痛、背中の疼痛について、他覚的に神経系統の障害が証明されるものとは捉えられないから、障害等級第12級13号を認定することは困難であり、『局部に神経症状を残すもの』として障害等級第14級9号に該当する、②左手のしびれ感について、本件事故との相当因果関係が認め難く、自賠責保険における後遺障害に該当しない、③頸椎部の運動障害について、前回同様、自賠責保険における後遺障害に該当しないと判断された。甲は、平成24年7月12日頃及び平成27年3月18日頃に異議を

申し立てたが、いずれも、上記各症状について、前回（平成23年11月14日の判断）と同様の判断がされた。」

5　裁判所の判断

「(1)　認定事実
　……弁論の全趣旨を総合すれば、次の事実が認められる。
ア　本件事故の状況
　平成22年3月12日午後8時10分頃、乙が渋滞の最後尾で停車している甲車を前方に発見し、ブレーキをかけたが間に合わず、乙車を甲車に追突させてしまい、これにより甲車は停止していた位置から約1メートル進んだ地点で停止した。
イ　治療経過等
　(ア)　本件事故後、救急車が到着したが、甲は、特に症状がなかったため、救急車には乗らず、病院には行かなかった。その翌日である平成22年3月13日、甲は、C整形外科を受診し、頸部痛、嘔気、頭痛、肩凝り等を訴えたが、初診時には上肢のしびれ感はなかった。
　同月16日、甲は、丁医師に、めまいが生じ、また上肢のしびれが断続的に生じていると訴えたが、受診時には、上肢のしびれはなかった。
　なお、甲は、同月16日から同月19日まで欠勤し、その後、同年4月6日までは定休日を除き勤務したが、同月7日から同年7月末までは欠勤した。
　(イ)　平成22年4月8日頃から、めまいが強くなり、甲は、同月9日、D医院を受診し、めまいのほかに、本件事故の約1週間後から左手指にしびれが生じたと訴え、頸椎の疼痛による軽度な運動制限、左手握力の低下（18キログラム）が認められたが、徒手筋力検査では上腕二頭筋、上腕三頭筋、手首伸筋、手首屈筋はいずれも左右ともほぼ正常であり、筋萎縮も見られなかった。なお、本件事故前の握力は、右49キログラム、左43.5キログラムであった。
　同月30日にE病院で行われたMRI検査により、①C4／5椎間板の変性と右傍正中型ヘルニアの合併が疑われ、辺縁骨棘も認められ、これらが硬膜嚢を圧排しているが、頸髄の信号に変化は認められないこと、②C2／3、C3／4、C5／6、C6／7にも変形性変化が見られ、これらも硬膜嚢を軽度圧排しているが、脊柱管及び椎間孔は保たれているとされ、変形性頸椎症とC4／5椎間板ヘルニア疑いと診断された。
　同年5月11日、甲は、C整形外科で行われた握力検査では、右が25.6キログラム、左が26.9キログラムであり、両手の握力低下が見られた。同月12日、甲は、丁山医師の紹介で、F大学病院を受診した。同院では、甲は、本件事故の4日後頃に症状が悪化し、4日間欠勤し、その後順調に回復しているように思えたが、同年4月7日頃より、手足のしびれ、頭痛、嘔気、全身倦怠感等の症状が突如現れた。現在は症状が落ち着いてきたが、日によって異なると訴えていた。同院で行われた徒手筋力検査では、上腕三頭筋、手首伸筋・屈筋等ではいずれも正常とされ、深部反射も正常、ジャクソンテストとスパーリングテストでは、異常所見は見られなかったが、首の疼痛を訴えていた。

同年7月中旬頃までには、嘔気、めまい、頭痛、全身倦怠感等の自覚症状は消失し、丁山医師から、ストレッチ体操などをして体を動かすよう指示を受けたが、ストレッチ体操などはしていない。同年10月になっても、後頸部、背部の疼痛・違和感、左手全体と左手中指のしびれ（1日に数回ある）等を訴えていた。

　㈦　平成22年10月21日付けのC整形外科の丁山医師作成の後遺障害診断書では、他覚的所見・検査結果については、『時に左手にしびれ感みられるが、持続的ではない（中指左手全体）。』、『握力10月2日現在　右44.5キログラム　左27.0キログラムと左はやや減弱する。』、『頸椎可動域は前屈30度　後屈40度　回旋は左右ともに70度位でほぼOKです。』、『病的反射（上肢）は認めない。』、『当初腰背部、両側大腿部、めまい、頭痛、嘔気など多彩な自律神経症状がみられ、他院にてMRI等（頸椎）施行　一応所見的には変形性頸椎症が認められていました。』、『このような症状、7月中旬にほぼおさまりました。』、障害内容の増悪・緩解の見通しなどについては、『現在、投薬で（ロキソニン・ミオナール）湿布等で集中力の持続困難、判断力の欠如を伴うのを防いでいる』、『少しずつ抵抗力をつけていって、これらの自覚症状改善されるとは予想します』とされている。

　㈡　甲は、症状固定の診断後も、約1年間にわたり月1、2回C整形外科に通院し、ロキソニンの処方を受けていた。

エ　事実認定の補足説明

　……甲は、乙車に追突されて甲車が約5ないし8メートル移動したと供述する。

　しかし、実況見分における甲の指示説明に照らし信用できない（なお、甲は、同指示説明をしていないとも供述するが、不自然である。）。

　なお、甲は、甲車の修理費が232万9,977円であったことから、本件事故による衝撃が相当大きかったと主張し、追突の衝撃で眼鏡や毛糸の帽子が飛ばされたなどとも供述する。

　しかし、甲車の修理費が高額となっているのは、甲車の設計が、車体全体で衝撃を吸収し、追突により1か所が大きく損傷を受けるのではなく、複数の部分が少しずつ損傷を受ける構造であることが原因であって、甲車が受けた衝撃の大きさを直ちに推認させるものとはいえず、他方で、乙車の修理費は10万2,848円であり、甲車の外観上大きな損傷は見られないことに照らせば、本件事故による衝撃が大きかったとは認められない。

⑵　甲の受傷内容について

　本件事故により、甲が頸椎捻挫の傷害を負ったことは、当事者間に争いがないが、甲は、この他に、変形性頸椎症に伴う中心性頸髄損傷の傷害を負ったと主張するので、以下検討する。

　平成24年2月17日及び平成26年8月8日付けの診断書は、中心性頸髄損傷と診断し、同診断書は、その根拠として、①本件事故後、甲の訴えにより頸部痛、左上肢痛、しびれが出現していること、②平成24年2月14日の診察時に、左C6領域の軽度の筋力低下、感覚障害があり、左上肢、下肢の深部腱反射亢進が認められたこと、③頸部MRI検査によりC4／5、5／6、6／7に椎間板の軽度突出と同部の脊髄輝度変化が軽度認められたことを挙げている。

しかし、C整形外科の丁山医師は、脊髄性の症状が顕著に出現する場合は、日常生活でもかなり制限を受けるもので、歩行の不安定性による転倒のおそれ、ふらつき、手指のこわばりなどが見られ、軽い症状ではないはずであり、甲には、顕著とまではいえない程度の症状さえ出現していなかったと認識していると述べており、前記(1)イの症状経過に整合する。実際、本件事故の数ヶ月後には、握力の低下が認められたものの、F大学病院で行われた徒手筋力検査においてはほぼ正常とされており、深部反射も正常とされていたことなど、上記②の事実が存在するかどうかにも疑問がある。また、MRI読影報告書によれば、C4／5では硬膜嚢の圧排が認められるものの、頸髄の信号に変化が認められず、C5／6、6／7にも硬膜嚢の軽度圧排が認められるものの、脊柱管及び椎間孔は保たれていることからすれば、上記③により中心性頸髄損傷であるとは認め難い。

　加えて、本件事故により頭部等を打ったとは認められず、本件事故直後は特に症状もなく、前記(1)エのとおり、本件事故による衝撃が大きいとは認められないことからすれば、中心性頸髄損傷となるような衝撃であったとは考え難い。

　以上によれば、甲が、本件事故により、変形性頸椎症に伴う中心性頸髄損傷の傷害を負ったとは認められない。

(3) 甲の後遺障害の内容・程度について
ア　頸椎捻挫後の後頸部の疼痛・運動時痛、頸椎部の運動障害、背中の疼痛について

　前記(1)の認定事実によれば、甲は、本件事故後、一貫して頸部痛、背部痛等を訴えており、頸椎可動域にも前屈、後屈で一定の制限が見られること、治療経過、症状の推移等に照らし、甲には、上記につき後遺障害が残ったものと認めるのが相当である。

　なお、甲は、MRI検査により、変形性頸椎症とC4／5椎間板ヘルニア疑いと診断されており、本件事故前には何の症状もなかったから、本件事故後の症状は変形性頸椎症に本件事故が加わって生じたものであるとして、当該症状は他覚所見により裏付けられていると主張する。

　頸椎の変形は、加齢によりほぼ全ての人に見られるが、大半の人は症状を訴えることはなく、神経根等が圧迫されると疼痛が生じうるものである。甲には、頸部MRI画像でC4／5、5／6、6／7に軽度な脊髄輝度変化が認められ、同部分には硬膜嚢の圧排は認められるものの、C4／5では頸髄の信号に変化は見られず、C5／6、6／7では脊柱管および椎間孔が保たれているから、疼痛を生じうるような頸椎の変形であるかはなお疑問の余地があり、本件事故により症状が生じたことを他覚的に証明するものとも認められない。F大学病院の丙川医師も、頸椎捻挫に伴う頸部痛、頭痛のほか様々な症状を訴えているものの、いずれも画像上、神経学的な所見では説明がつかないことから、MRI検査上の頸椎椎間板の変性と膨隆はあるが、現在の症状とは直接関連性が低いと判断しているのであって、症状を裏付ける他覚所見があるとは認め難い。

イ　左手のしびれ等について

　後遺障害診断書においては、『時に左手にシビレ感みられるが、持続的ではない』とされている。しかし、本件事故の約1週間後には甲が左手のしびれを訴え始めており、

長期的にみれば一貫して左手のしびれを訴え続けており、本件事故前にはしびれがなかったから、甲には、左手のしびれに関する後遺障害が残ったと認められる（なお、丁山医師の作成した『頸椎捻挫の症状の推移について』と題する書面等では、左手のしびれは、平成22年9月頃から生じたとされているが、D医院では初診時から既に左手のしびれを訴えていたことからみても、直ちには採用できない。）。
ウ　以上のとおりであるから、本件事故による後遺障害は、頸部痛等、背部痛及び左手のしびれであると認められるところ、その程度はいずれも症状を裏付ける他覚所見がないことから、障害等級第14級9号と認めるのが相当である。
　なお、乙は、変形性頸椎症の既往症や心因的素因が甲の訴える症状に強く影響しているから、本件事故との間に相当因果関係は認められないと主張する。しかし、本件事故前から変形性頸椎症が生じ、家庭や仕事のストレスがあったが、その頃には甲が頸部痛、背部痛等を訴えておらず、本件事故後に頸部痛、背部痛等を訴え始めたのであるから、本件事故との間に相当因果関係は認められる。」

■解　説■

はじめに

　本件は、後遺障害について、中心性頸髄損傷による残存症状としての認定請求に対して、症状の残存は認められるが、その症状は、中心性頸髄損傷ではなく頸椎捻挫によるものであるとし、他覚所見はないが症状の一貫性が認められるとして、自賠責の認定と同様に14級9号に認定したものである。

　本事例から、頸髄損傷が不認とされた理由および後頸部の疼痛、運動時痛、背部疼痛、左手のしびれ等が後遺障害として認定された理由を考えることができる。

(1)　事故発生状況と物損程度

　甲は、普通乗用自動車を運転し、事故現場において渋滞のため停車中のところ追突された。甲は、「追突されて約5ないし8メートル移動したと供述」したが、裁判所は、甲車の前方への移動距離は、約1メートルと認定した。

　裁判所の事実認定については、出典文中に認定の根拠、検討内容が記載されておらず、詳細は不明である。

　甲の、「追突されて約5ないし8メートル移動した」との供述について裁判所は、「実況見分における甲の指示説明に照らし信用できない」とした。甲車と前車との車間距離は不明だが、5メートルないし8メートルも移動したのであれば、渋滞停車中の被追突であるから、玉突き追突になると思われるが、そのような記述はない。甲は、追突の衝撃で眼鏡や毛糸の帽子が飛ばされたなどとも供述し、甲車の修理費が232万9,977円であったことから、本件事故による衝撃が相当大きかったと主張した。しかし、この点について裁判所は、「甲車の修理費が高額となっているのは、甲車の設計が、

車体全体で衝撃を吸収し、追突により1か所が大きく損傷を受けるのではなく、複数の部分が少しずつ損傷を受ける構造であることが原因であって、甲車が受けた衝撃の大きさを直ちに推認させるものとはいえず」とし、「乙車の修理費は10万2,848円であり、甲車の外観上大きな損傷は見られないことに照らせば、本件事故による衝撃が大きかったとは認められない。」とした。

自動車事故の人身損害について、物損の程度や衝撃が問題とされることがある。

本件において裁判所は、単に修理費用金額ではなく、甲車の設計・構造と損傷外観および乙車の修理費用（おそらく損害実態を含めて）も考慮して、判断を示したものであるが、示唆に富む指摘であり、実務上、参考になると思われる。

(2) 治療経過の概要
① 症状の推移と神経症状の発現

甲は、事故当日には症状を訴えず、事故翌日の平成22年3月13日にC整形外科を受診し、その際は頸部痛などの訴えはあるものの上肢のしびれはなかった。

3日後の3月16日（事故の4日後）の診察時は、しびれが断続的に生じていると訴えているが、受診時に確認されていない。

4月8日ころ（事故から27日後）からめまいが強くなり、D医院での受診時（4月9日）において、事故の約1週間後から左手指にしびれが生じたと訴えている。

平成22年5月17日のF大学病院での受診時では、事故の4日後ころに症状が悪化し、その後は順調に回復しているように思えたが、同年4月7日ころ（事故日から26日後にあたる）より、手足のしびれ、頭痛、嘔気、全身倦怠感等の症状が突如現れたと訴えている。

C整形外科の診療では、平成22年7月中旬ころまでには、嘔気、めまい、頭痛、全身倦怠感等の自覚症状は消失したが、同年10月になっても、後頸部、背部の疼痛・違和感、左手全体と左手中指のしびれ（1日に数回ある）等を訴えている。

上記各医療機関における検査所見は、D医院が「徒手筋力検査では上腕二頭筋、上腕三頭筋、手首伸筋、手首屈筋はいずれも左右ともにほぼ正常であり、筋萎縮も見られなかった。」、F大学病院が「徒手筋力検査ではいずれも正常とされ、深部反射も正常」、C整形外科が「病的反射（上肢）は認めない。」である。

外傷に起因する捻挫や打撲等による症状については、衝突や転倒等の事故による衝撃により筋肉や靭帯等の軟部組織を損傷した際に発症し、受傷後早期から損傷を受けた部位の疼痛や関節可動域の低下等がみられ、時間の経過に伴い損傷を受けた部位の修復が得られることにより、症状は徐々に軽快を示すことが一般的である。

甲は、事故の翌日に症状を訴え、1週間後にしびれが生じ、その後も症状の増悪や新たな症状の発現を訴えた等があり、一般的治癒過程と異なる経過の感がある。

Ⅷ 頸髄損傷で12級の主張：頸髄損傷否認、神経症状残存として14級認定

各医療機関の検査所見は、甲の神経症状に客観的裏付けが認められない旨を示している（表10参照）。

【表10】治療経過　　　　　　　　　　　　　　　　　　　　　　　　　　（年号：平成）

	医療機関 治療状況	診断名	診断所見、症状の経過
①	C整形外科 22.3.13～22.10.2 （症状固定診断） 実日数60日	頸椎捻挫、頸部湿疹	22.3.13：頸部痛、嘔気、頭痛、肩凝り等を訴えたが、上肢のしびれ感はなかった。 22.3.16：めまいが生じ、上肢のしびれが断続的に生じていると訴えたが、受診時には、上肢のしびれはなかった。
②	D医院 22.4.9～22.5.14 実日数5日	頸性めまい、頸椎捻挫	22.4.9：めまいと事故の1週間後から左手指にしびれが生じたと訴えた。 頸椎の疼痛による軽度な運動制限、左手握力の低下（18キログラム）が認められたが、徒手筋力検査では上腕二頭筋、上腕三頭筋、手首伸筋、手首屈筋はいずれも左右ともほぼ正常であり、筋萎縮も見られなかった。
③	E病院 22.4.30 実日数1日	MRI検査	①C4／5椎間板の変性と右傍正中型ヘルニアの合併が疑われ、辺縁骨棘も認められ、これらが硬膜嚢（こうまくのう）を圧排しているが、頸髄の信号に変化は認められないこと、②C2／3、C3／4、C5／6、C6／7にも変形性変化が見られ、これらも硬膜嚢を軽度圧排しているが、脊柱管および椎間孔は保たれているとされ、変形性頸椎症とC4／5椎間板ヘルニア疑いと診断された。
④	F大学病院 22.5.17 実日数1日	頸椎捻挫後後遺症	徒手筋力検査では、上腕三頭筋、手首伸筋・屈筋等ではいずれも正常とされ、深部反射も正常、ジャクソンテストとスパーリングテストでは、異常所見は見られなかったが、首の疼痛を訴えていた。
⑤	G病院整形外科 24.2.14 実日数1日	頸椎捻挫、頸椎症、中心性頸髄損傷	左C6領域の軽度の筋力低下、感覚障害があり、左上肢、下肢の深部腱反射亢進が認められた。頸部MRI検査によりC4／5、5／6、6／7に椎間板の軽度突出と同部の脊髄輝度変化が軽度認められた。

【表11】握力の推移

年月日	左	右	備考
事故前	43.5キログラム	49キログラム	
平成22年4月9日	18キログラム	―	（事故の28日後）
同年5月11日	26.9キログラム	25.6キログラム	両手の握力が低下
同年10月2日	27.0キログラム	44.5キログラム	（症状固定時）

② 握力の推移

甲の握力については、表11のように所見されている。

男子40～44歳の握力平均値は48.33キログラムである[44]から、甲（42歳）の事故前の握力（左右平均46.25キログラム）は、ほぼ平均的であるといえる。

事故の28日後である4月9日が左18キログラムである。この数値は、10歳男子（17.19キログラム）と11歳男子（20.30キログラム）の間に当たる[45]。

5月11日は、左26.9キログラム、右25.6キログラムで、左右とも事故前より低下している。この数値は、男子12歳（24.69キログラム）と男子13歳（31.04キログラム）の間に当たる[46]。

10月2日には、右は事故前に近い数値になっているが、左は5月11日時点とほぼ同じで低下傾向が続いている。

甲は、D医院の受診時（4月9日）に事故の約1週間後に左手指にしびれが生じたと訴えているが、右手に関しては何らの訴えもないところ、事故の約2か月後の5月11日には、（右）25.6キログラムと大きく減弱している。

握力の低下が事故によるものであるとする場合には、低下の理由が医学的に説明される必要があるが、本件においては何らの説明もない。

症状として訴えのない右手の握力が従前より低下し、その後症状固定時点では改善している理由も定かでない。

(3) 後遺障害診断書の内容

後遺障害診断書（C整形外科平成22年10月21日付）の記載内容は表12のとおりである。

---

(44) 平成22年度文部科学省体力・運動能力調査結果の概要及び報告書。
(45) 前掲注(44)。
(46) 前掲注(44)。

【表12】後遺障害診断書

症状固定日	平成22年10月2日
傷病名	頸椎捻挫
他覚的所見・検査結果	時に左手にしびれ感みられるが、持続的ではない（中指左手全体）。 握力10月2日現在　右44.5キログラム　左27.0キログラムと左はやや減弱する。 頸椎可動域は前屈30度　後屈40度　回旋は左右ともに70度位でほぼOKです。 病的反射（上肢）は認めない。 当初腰背部、両側大腿部、めまい、頭痛、嘔気など多彩な自律神経症状がみられ、他院にてMRI等（頸椎）施行 一応所見的には変形性頸椎症が認められていました。このような症状、7月中旬にほぼおさまりました。
障害内容の増悪・緩解の見通し	現在、投薬で（ロキソニン・ミオナール）湿布等で集中力の持続困難、判断力の欠如を伴うのを防いでいる。少しずつ抵抗力をつけていって、これらの自覚症状改善されるとは予想します。

① 他覚所見

自覚症状についての記載はあるが、自覚症状を裏付ける他覚所見の記載はない。

② 頸椎の運動制限

脊柱（頸椎および胸腰椎）の運動制限障害については、「エックス線写真等では、せき椎圧迫骨折等又はせき椎固定術が認められず、また、項背腰部軟部組織の器質的変化も認められず、単に、疼痛のために運動障害を残すものは、局部の神経症状として等級を認定する。」[47]ことになるため、本件では疼痛感覚障害の認否が問題となるが、運動制限の測定値を見ると、甲の可動域は、前屈（屈曲、首を前に曲げる）30度、後屈（伸展、首を後ろに曲げる）40度、回旋（顔を正面に向けてから、顔を左右に回す。「側屈」は顔を正面に向けて首を左右に傾ける）は左右ともに70度位とある。

---

(47) 必携239頁。

頸部の参考可動域角度[48]は、屈曲60度、伸展50度、回旋は左右とも各60度である[49]。

運動制限は、原則として、屈曲と伸展のように同一面にある運動については、両者の可動域角度を合計した値をもって関節可動域の程度を評価することになっており[50]、頸部の参考可動域角度は、屈曲・伸展110度、回旋120度である。

甲の数値を見ると、屈曲30度で参考可動域角度60度の1／2、伸展40度で参考可動域角度50度の4／5、回旋左右各70度で参考可動域角度60度の7／6、屈曲・伸展70度は参考可動域角度110度の7／11（63.6％）である。

数値上、屈曲・伸展（特に屈曲）は制限があるが、回旋は制限されていない。この点の検討については後述する（後記(6)「頸部の可動域（運動制限）」参照）。

③　回復困難性

後遺障害の認定要件の一つは、「将来においても回復が困難と見込まれる精神的又は身体的なき損状態」[51]である。

後遺障害診断書の記載は、「これらの自覚症状改善されるとは予想します。」であって、回復が困難ではないとの意味にも捉え得る感がある。

(4)　「中心性頸髄損傷」に対する検討と評価

①　甲の主張根拠と裁判所の判断

甲の主張根拠は、「診断書：平成24年2月17日付および同年8月8日付。①本件事故後、頸部痛、左上肢痛、しびれが出現している。②平成24年2月14日の診断時に、左C6領域の軽度の筋力低下、感覚障害があり、左上肢、下肢の深部腱反射亢進が認められた。③頸部MRI検査によりC4／5、5／6、6／7に椎間板の軽度突出と同部の脊髄輝度変化が軽度認められた。」である。

---

(48) ・各関節での諸運動における生理的な運動範囲の角度。以前は正常可動域としていたが、参考可動域にあらためた。「可動範囲は年齢、性別、固体により変動が大きく、正常値ではなく参考可動域角度として定められている」（千野直一＝安藤徳彦編集主幹『リハビリテーション診断・評価』（金原出版、2000）37頁）。
　・社団法人日本リハビリテーション医学会会告（平成7年2月9日付）理事長米本恭三「今回の改訂の骨子は、関節可動域の測定を原則的に他動可動域に変更し、軸心を削除したことであろう。正常可動域を参考可動域に改め、一部に角度の改訂も行った。……平成7年2月に両学会の理事会の承認を得て、両学会公認の関節可動域表示ならびに測定法と決定したものである」。
(49) 必携295頁。
(50) 必携284頁。
(51) 必携69頁。

しかしながら、C整形外科丁山医師は、「脊髄性の症状が顕著に出現する場合は、日常生活でもかなり制限を受けるもので、歩行の不安定性による転倒のおそれ、ふらつき、手指のこわばりなどが見られ、軽い症状ではないはずであり、甲には、顕著とまではいえない程度の症状さえ出現していなかったと認識している。」と否定的見解を述べた。また裁判所も、症状経過との整合性について、「本件事故の数ヶ月後には、握力の低下が認められたものの、F大学病院で行われた徒手筋力検査においては、ほぼ正常とされており、深部反射も正常とされていたことなど、上記②の事実が存在するかどうかにも疑問がある。また、MRI読影報告書によれば、C4／5では硬膜嚢の圧排が認められるものの、頸髄の信号に変化が認められず、C5／6、6／7にも硬膜嚢の軽度圧排が認められるものの、脊柱管及び椎間孔は保たれていることからすれば、上記③により中心性頸髄損傷であるとは認め難い。」とし、傷害の事実認定については、「本件事故により頭部等を打ったとは認められず、本件事故直後は特に症状もなく、本件事故による衝撃が大きいとは認められないことからすれば、中心性頸髄損傷となるような衝撃であったとは考え難い。」として、「甲が、本件事故により、変形性頸椎症に伴う中心性頸髄損傷の傷害を負ったとは認められない。」との判断を示した。

② 中心性頸髄損傷の症状

中心性頸髄損傷は、頸椎に伸展外力が加わり頸髄の中心部灰白質を損傷した際に発症し、臨床症状として急性期に上・下肢に麻痺や知覚障害などの重篤な症状がみられるとともに、その後下肢の麻痺症状は次第に回復してくるのが一般的な特徴とされている。

甲には、本件事故後の経過において、中心性頸髄損傷の特徴的な臨床所見は確認されておらず、中心性頸髄損傷を認めることは困難である。

裁判所は、頭部外傷の所見がないことと、推定される衝撃の大きさから、中心性頸髄損傷は認められないとしたが、この見解、特に衝撃の大きさを判断の要素とする見解は、特筆的である。

(5) 後遺障害の評価

裁判所は、「本件事故後、一貫して頸部痛、背部痛等を訴えており、頸椎可動域にも前屈、後屈で一定の制限が見られること、治療経過、症状の推移等に照らし、甲には、上記につき後遺障害が残ったものと認めるのが相当である。」として、14級9号に認定した。

① 12級・14級の認定要件

残存する神経症状が12級に該当する要件は、神経系統の障害の存在が他覚所見に

よって証明されることである。具体的には、神経学的検査あるいは X-P・MRI の画像検査などにより異常所見が認められることである。

そして、これらの所見と事故に起因すると認められる症状との間に医学的整合性が認められ、障害が他覚的異常所見による神経症状として証明し得る場合に、12 級に該当すると評価されることになる。

14 級に該当する要件は、医学上合理的に推測できる症状と捉えることができ、障害の存在が医学的に説明・推定できるものである（第 1 章Ⅷ「神経症状 12 級・14 級の認定基準」参照）。

② 裁判所の認定根拠

裁判所は、他覚所見の存否について以下のように検討した。

> 「なお、甲は、MRI 検査により、変形性頸椎症と C4／5 椎間板ヘルニア疑いと診断されており、本件事故前には何の症状もなかったから、本件事故後の症状は変形性頸椎症に本件事故が加わって生じたものであるとして、当該症状は他覚所見により裏付けられていると主張する。
>
> 頸椎の変形は、加齢によりほぼ全ての人に見られるが、大半の人は症状を訴えることはなく、神経根等が圧迫されると疼痛が生じうるものである。甲には、頸部 MRI 画像で C4／5、5／6、6／7 に軽度な脊髄輝度変化が認められ、同部分には硬膜嚢の圧排は認められるものの、C4／5 では頸髄の信号に変化は見られず、C5／6、6／7 では脊柱管および椎間孔が保たれているから、疼痛を生じうるような頸椎の変形であるかはなお疑問の余地があり、本件事故により症状が生じたことを他覚的に証明するものとも認められない。F 大学病院の丙川医師も、頸椎捻挫に伴う頸部痛、頭痛のほか様々な症状を訴えているものの、いずれも画像上、神経学的な所見では説明がつかないことから、MRI 検査上の頸椎椎間板の変性と膨隆はあるが、現在の症状とは直接関連性が低いと判断しているのであって、症状を裏付ける他覚所見があるとは認め難い。」

MRI で椎間板の突出や脊柱管の狭窄などの所見が確認できるにもかかわらず、症状を呈さない無症候性のケースが少なからず存在していることは広く知られているところである。

MRI で何らかの所見が認められても、脊髄や脊髄神経根の圧排による運動や知覚などの神経症状と、その神経症状に整合する腱反射や知覚、筋力などの神経学的異常所見が認められない場合は、他覚所見としての有意な MRI 所見と評価することはできないことになる。

裁判所は、画像診断所見と症状の整合性を検討して、他覚所見は認められないと判断し、本件事故による頸髄損傷やその他神経系統の障害を証明する整合性のある神経学的異常所見は認められないため、12 級に認定することは困難であるが、障害の存

Ⅷ 頸髄損傷で12級の主張：頸髄損傷否認、神経症状残存として14級認定

在は医学的に推認可能として14級に認定したものと考えられる。

③ 14級認定の評価

裁判所は、「一貫して頸部痛、背部痛等を訴えており」として症状の一貫性を認め、頸椎可動域についても、「前屈、後屈で一定の制限が見られる」として、残存症状に合理性があると認めたものである。

しかしながら、症状の一貫性については、症状の推移をみると、事故の翌日に症状を訴え、1週間後にしびれが生じ、その後も症状の増悪や新たな症状の発現を訴えた等があることから、一貫性を認めることにはやや違和感を覚える。症状の変化を含む推移は、症状振幅の範囲内と考えられたものなのであろうか。

(6) 頸部の可動域（運動制限）

頸部の可動域についてみると、確かに屈曲（前屈、首を前に曲げる）と伸展（後屈、首を後に曲げる）で一定の制限がある。

屈曲30度、伸展40度であるから、屈曲は参考可動域角度60度の1／2、伸展は参考可動域角度50度の4／5、屈曲・伸展70度は参考可動域角度110度の7／11(63.6%)である。伸展の制限は1／5（20%）と比較的小さいが、屈曲の制限は1／2（50%）とかなり大きい。

一方、回旋の可動域は、左右ともに70度である。回旋の参考可動域角度は各60度であるから、左右計140度／120度で、参考可動域角度を16.7%上回る運動性があることになる。

つまり、甲の頸部可動域は、回旋は参考可動域角度を上回る良好な運動性を有し、伸展はやや制限があり、屈曲は大きな制限があることになる。

甲の屈曲30度は、参考可動域角度60度の1／2という相当に大きな制限であり、一般的にはあまりない状態といえる。

頸部に加齢変性がある場合は、制限が生じることはあり得るが、甲は症状固定時42歳ないし43歳であるから加齢変性の要素は考えにくく、また、加齢変性の場合は屈曲よりも伸展（後屈）に制限が生じることが多いから、この点からも加齢変性による屈曲制限の理由は考えにくい。

後頸部に痛みがある場合には、屈曲は制限されると思われるが、その場合には伸展にも制限があると思われるところ、伸展の制限は1／5と比較的小さい。

頸部を前後に曲げること（本件の場合は特に前に曲げること）が障害される何らかの原因があるとしたら、左右にも影響が及ぶはずであって、回旋も制限を受けると考えるが、回旋の数値はむしろ良好である。

頸部に障害がある場合は、各運動方向の可動域が全体として低下するのが自然であ

るが、本件の場合、各可動域の数値にはかなりの差異があり、また、差異が生じる医学的説明は示されていない。

可動域は、測り方がなかなかに難しいとされている。本件の場合は、正確に計測が行われなかった可能性も考えられる。

裁判所は、「頸椎可動域にも前屈、後屈で一定の制限が見られる」として、「後遺障害が残ったものと認めるのが相当である」と肯定的に評価したが、頸部の可動域制限に基づく障害の検討と評価に当たっては、運動機能の総体的な整合性と障害の要因に留意する必要があると考える。

IX 膝部損傷等で併合12級の主張：頸部と腰部の神経症状残存として併合14級認定

被害者（男、事故時37歳、会社員、原告、以下「甲」という）の後遺障害（併合12級主張）につき、右膝半月板損傷は事故6日後に初めて痛みを訴えた等から本件追突事故との因果関係を否認し、頸部痛等について自賠責認定と同様に併合14級と認定した事例

■後遺障害の争点■

1	頸部痛 自賠責の認定：14級→裁判所の判断：14級（認定不変）
2	腰部痛 自賠責の認定：14級、上記1とあわせて併合14級 →裁判所の判断：14級、併合14級（認定不変）
3	右膝痛（右膝内側半月板損傷） 自賠責の認定：非該当→裁判所の判断：非該当（認定不変）

【名古屋地判平成27年8月28日自保ジャ1959号50頁】

1	事案の概要

被害者　　：甲（原告）
加害者　　：乙（被告）
事故年月日：平成23年8月26日午後8時45分ころ
事故場所　：岐阜県美濃加茂市内
事故の態様：乙車両（普通乗用自動車）が甲車両（普通乗用自動車）に追突した。
　　　　　　［甲の主張］
　　　　　　交差点手前で赤信号で信号待ちをしていたところ、乙車両にノーブレーキで追突された。この時、とっさに前方車両への玉突き追突を避けるため、右足で強くブレーキを踏み込み、その勢いのままダッシュボード付近で右膝を強打したため、右膝部の一点に膨大な負荷がかかり、右膝部の内側半月板に損傷が生じた。
傷害　　　：頸部挫傷、左肩関節挫傷（D整形外科）
　　　　　　頸部・腰部挫傷、右膝外傷性内側半月板損傷、右足関節捻挫（E病院）
治療状況　：平成23年8月27日～平成24年12月4日（E病院症状固定診断日）

症状固定日：平成 24 年 3 月 31 日（裁判所の認定）
物損　　　：不明

2	甲の主張

「本件事故による受傷のため、頸部挫傷、左肩関節挫傷、右膝、右足、関節挫傷、腰部挫傷と診断され、……。

甲の右膝の疼痛（筆者：半月板切除術が施行された）の後遺障害は、本件事故直後より症状固定時にいたるまで一貫して愁訴があり、右膝痛の原因及びメカニズムも他覚的に証明されているから、『局部に頑固な神経症状を残すもの』として、自賠法施行令別表第二 12 級 13 号に相当する。そして、この後遺障害と頸部及び腰部に認定されている 14 級 9 号が併合された結果、甲の後遺障害は併合 12 級に相当する。」

3	乙の主張

「（甲の）傷病名も『頸部捻挫、左肩打撲傷』と記載されているに過ぎず、右膝に関する症状（愁訴）や症状名は記載されていない。

……仮に甲が本件事故によって右膝を強打し、同部位にかかる内側半月板を損傷したのであれば、事故直後から右膝痛ないし右膝内側半月板損傷をうかがわせる愁訴に及ぶのが自然である。ところが、本件事故後、しばらくの間、甲は右膝痛や右膝内側半月板損傷をうかがわせる愁訴をしていないが、このような症状（愁訴）推移は、本件事故によって右膝内側半月板が損傷したとする甲の主張と整合しない。

……本件事故によって甲の右膝内側半月板が損傷したと認定することはできず、半月板切除術と本件事故との因果関係も認められない。

甲が訴える右膝痛については、これを裏付ける他覚的所見は認められない以上、当該症状を後遺障害として認定することはできない。」

4	自賠責保険の判断

（判決文に引用された自賠責保険の判断）

「甲の後遺障害は、自動車損害賠償責任保険（以下「自賠責保険」という。）より、頸部挫傷後の頸部痛と腰部挫傷後の腰痛について併合 14 級に該当するが、右膝の痛みは後遺障害に該当しないとの認定を受けた（以下「本件後遺障害認定」という。）。

甲は、本件後遺障害認定に対し、異議を申し立てたが、異議申立手続の結果は、右膝部について後遺障害非該当との結論であった。」

5	裁判所の判断

「1　後遺障害の程度及び症状固定時期
⑴　証拠によれば、甲の診療経過は、次のとおりと認められる。
　ア　D 整形外科

甲は、平成 23 年 8 月 27 日（本件事故の翌日）深夜、時間外に D 整形外科を受診し、担当医に対し、今朝より左肩つけ根が痛む、首が凝った感じがする、手のしびれはないなどと訴えた。甲は、同月 29 日、担当医に対し、左肩から上肢が痛くしびれる、腰も

痛いと訴えた。甲は、同年9月1日、担当医に対し、2日前、右膝から右足関節にかけて痛くなると訴えた。

甲は、同年9月7日、D整形外科において、頸部、左肩関節に疼痛あり、頸椎可動域制限中等度あり、腰部軽度、上下肢神経症状なしとして、頸部挫傷、左肩関節挫傷と診断された。

イ　E病院

甲は、同年9月19日午後4時45分頃、E病院を休日受診し、担当医師に対し、左肩、頸、右足関節等の痛みがあると訴え、頸部捻挫、左肩打撲傷と診断された。

甲は、平成24年2月13日、丙川医師から、同年3月一杯で治療を終了して、その後は後遺症として経過観察をする方針である旨伝えられた。甲は、同月12日、2週間後に後遺症診断がなされる予定であった。甲は、同月28日頃、丙川医師に対し、保険会社から電話があり、『事故で手術が（原文ママ）治る見込みがあればOKと言われた。但し、医師より事故を一旦終了にして手術をと面談で言われたので3月で打ち切ります。』と言われた旨伝えたところ、再度、保険担当者と相談し、事故のまま手術するか保険で手術するか決めることとなった。甲は、同年4月9日、事故継続（後遺症診断は保留）でリハビリを継続し、半月板切除術は経過観察とされた。

甲は、同年6月25日、E病院に入院し、半月板切除術を受けた。

甲は、同年12月4日、丙川医師により、傷病名を頸部・腰部挫傷、右膝外傷性内側半月板損傷、右足関節捻挫として、同日に症状固定と診断された。

(2) 後遺障害の程度

ア　前記認定事実及び証拠によれば、甲は、本件事故の翌日深夜、D整形外科を受診し、担当医に対し、左肩の痛みや首の凝りを訴えたものの、右膝の痛みを訴えた形跡はなく、本件事故の3日後である平成23年8月29日に受診した際も、左肩から上肢の痛みと腰の痛みを訴えたものの、右膝の痛みを訴えた形跡はなく、同年9月1日の受診日に初めて右膝の痛みを訴えたものと認められる。さらに、甲は、同月19日、E病院を受診した際、左肩、頸、腰、右足関節等の痛みを訴えたものの、診療録上、右膝の痛みは明示されておらず、傷病名も『頸部捻挫、左肩打撲傷』と記載されているにすぎないから、E病院の初診時においても、右膝の痛みを訴えていないか、少なくとも強く訴えていなかったものと推認される。そうすると、甲が本件事故によって右膝を強打し、同部位にかかる内側半月板を損傷したのであれば、事故直後から右膝痛ないし右膝内側半月板損傷をうかがわせる愁訴に及ぶのが通常であるところ、本件事故の6日後に初めて右膝の痛みを訴え、本件事故の20日余り後にE病院を受診した際も、右膝の痛みを強く訴えていなかったのであるから、かかる症状推移に照らすと、本件事故によって右膝内側半月板が損傷したと認めるには合理的な疑いが存するというべきである。

イ　これに対し、甲は、前記のとおり主張するので、以下に検討する。

(ｱ)　甲は、本件事故の際、乙車両よりノーブレーキで追突され、とっさに前方車車両への玉突き追突を避けるため、右足で強くブレーキを踏み込み、その勢いのま

まダッシュボード付近で右膝を強打したため、甲の右膝部の一点に膨大な負荷がかかり、甲の右膝部の内側半月板に損傷が生じた旨を主張し、本人尋問において、衝突の瞬間、右足はブレーキにかかっている状態で、ぶつかられて、踏ん張っていた右足もダッシュボードかどこかに膝をぶつけた旨供述する。

　しかし、D整形外科の診療録には、事故状況の説明として、追突されたあと玉突きしないように右足でブレーキを踏んだ旨の記載があるものの、ダッシュボードに膝をぶつけた旨の記載は全くない。また、甲も、ダッシュボードと膝がどれくらい離れていたのか、密接していたのか記憶がなく、どういう状況でダッシュボードか何かに右膝をぶつけたかはよく覚えていないとも供述しており、曖昧である。その他、甲がダッシュボード付近で右膝を強打したことを認めるに足る証拠はない。したがって、甲の前記主張及び供述部分はいずれも採用できない。

　(イ)　甲は、遅くとも平成23年8月30日までにはD整形外科にて、右膝の疼痛を訴え、その後、E病院に転医した後も一貫して右膝痛を訴えていた旨主張し、本人尋問において、D整形外科の丁山医師に対し、首、肩、腰、膝、右足首、全部に痛みがあると言った旨供述する。

　しかし、D整形外科の診療録には、左肩の痛みや頸の凝りなどの甲の訴える具体的症状が記載されており、あえて右膝の疼痛の訴えのみを記載しなかったとは通常考え難い。この点に関し、甲は、診療録に記載がないのは丁山医師が聞き漏らした旨、8月29日にも膝の記載がないのは、1度にリハビリはできないという理由である旨供述するけれども、右膝の痛みのみを聞き漏らしたとは通常考え難いし、1度にリハビリはできないという理由で診療録に記載しないというのも理解困難である。また、甲は、E病院にはあくまでも膝の相談に行った旨供述するが、E病院の初診時の診療録や診断書に明確な記載がないのは、いかにも不自然である。したがって、甲の前記主張及び供述部分はいずれも採用できない。

(ウ)　甲は、右膝内側半月板の損傷は、平成23年10月25日撮影のMRI画像において確認でき、平成24年6月25日に施行された半月板切除術中において、半月板は三日月型の裂傷が生じていることが確認されており、術中写真においても確認できる旨を主張する。

　しかし、平成23年10月25日は、本件事故から約2ヶ月経過しており、前記認定の受傷直後の症状推移等を併せて考慮すると、本件事故との因果関係を認めることは困難である。したがって、甲の前記主張は採用できない。

(エ)　甲は、丙川医師が、半月板切除術の結果として、右膝が内側半月板を失い、クッション機能が低下したため、右大腿骨内顆軟骨損傷が生じていることが右膝痛の原因としており、右膝に残存した疼痛は後遺障害であると判断している旨主張する。

　しかし、証拠(略)によれば、丙川医師は、自賠責保険が丙川医師作成の後遺障害診断書の他覚的症状及び検査結果欄に『右膝Mcmurray test内側関節裂隙に軽度残存するが腫脹、圧痛は認めない。』と記載されていることを理由に甲の右膝部

には後遺障害が残存していないと判断した本件後遺障害認定についての所見を質問された際、カルテ記載上は、右膝関節局所の圧痛を認めず、Mcmurray testで明らかなクリックは触診できず、誘発痛も著明なものではない、但し、自覚症状、右膝可動域制限が残存しており、患者様としては、後遺症と考えて妥当とも考えると回答したことが認められる。以上によれば、丙川医師は、本件後遺障害認定に対し、具体的な異論を差し挟むものではなく、甲に自覚症状、右膝可動域制限が残存していることから、甲の立場としては、後遺症と考えて妥当とも考えるとの見解を示しているにすぎない。したがって、丙川医師の上記判断は、前記認定を左右しない。

ウ　以上によれば、甲の後遺障害は、本件後遺障害認定のとおり、併合14級と認めるのが相当である。

(3)　症状固定時期

前記認定事実によれば、丙川医師は、平成24年3月一杯で治療を終了して、その後は後遺症として経過観察をする方針であり、同月12日、2週間後に後遺症診断をする予定であったところ、同月28日、甲から、保険会社からの電話内容を伝えられるなどして、再度、保険担当者と相談し、事故のまま手術するか保険で手術するか決めることとなったもので、同年4月9日、甲の意向を尊重して、事故継続（後遺症診断は保留）でリハビリを継続し、半月板切除術は経過観察とされたことが認められるところ、同年3月12日以降、甲の症状に格別の変化が生じた形跡はないから、同月31日をもって、甲の症状は固定したものと認められる。」

■解　説■

はじめに

本件は、後遺障害について、甲は、①頸部痛、②腰部痛および③右膝痛（右膝内側半月板損傷）の症状残存を訴え、①と②については、併合14級の自賠責保険認定に特段異議はないが、③右膝痛（右膝内側半月板損傷）について非該当と判断されたことは納得できないとして、③について12級認定が相当である旨を主張したものである。

裁判所は、右膝痛（右膝内側半月板損傷）について、事故状況、症状経過などを検討し、甲の主張は採用できないとして請求を認めなかった。

本事例は、主として膝部損傷の認否が争われていることから、同部位に関する検討の要点を考えることができる。

(1)　事故発生状況

甲は、普通乗用自動車を運転して、交差点手前で信号待ちをしていたところ、乙車両（普通乗用自動車）に追突された。

甲は、「ノーブレーキで追突され」と主張しているが、加害車両である乙車両のブレー

キの有無については確認の記載がない。

　乙車がブレーキをかけた場合は、乙車にノーズダイブ（制動時に車両前部が沈み込む現象）が生じるから、双方車両の接触箇所を検証することによって、ブレーキ操作および制動の有無が確認できると思うが、この点の記載はない。

　甲は、「前方車両への玉突き追突を避けるため、右足で強くブレーキを踏み込み」とあるから、甲車両の前方には車両があり、ハンドル操作の説明がないことから左右への回避操作はなく、衝突後の移動があっても前方への移動であったと思われる。

　甲は、本人尋問において、「衝突の瞬間、右足はブレーキにかかっている状態で」と述べ、「右足で強くブレーキを踏み込み」と主張している。「右足で強くブレーキを踏み込み」は、衝突後の動作であるから、甲は、衝突を受けてから、ブレーキを踏み込んだことになる。甲が、衝突前に乙車両の接近を知っていたか、衝突を予見していたかは記載がない。

　甲車両と前方車両との事故前の車間距離、追突後の移動距離、甲車両と乙車両の物損程度については記載がない。

(2) 治療と症状の経過

　甲の治療経過と症状は表13のとおりである。

　甲は、事故の当初から頸部の症状を訴え、事故の3日後からは腰部にも症状を訴えている。詳細の記載はないが、その後も一貫して症状が残存したことがうかがえる。

(3) 膝の障害（右膝半月板損傷）

　本件の主な争点は、膝の障害（右膝半月板損傷）と本件追突事故との因果関係の認否である。

　甲は、ダッシュボード[52]付近で右膝を強打したために右膝内側半月板に損傷が生じたとして、本件事故との因果関係を主張し、乙は、事故後の症状などから因果関係は認められない旨を主張した。

① 膝部の損傷

　甲は、事故の6日後である平成23年9月1日に初めて右膝の痛みを訴えている（D整形外科）。9月1日の説明は2日前から痛いというもので、そうであれば事故の4日後に痛みが生じたことになる。それ以前に膝部の症状についての訴えはない。

　甲は、膝部に一貫して症状があったと主張し、D整形外科の診療録に膝に関する記

---

[52] 「ダッシュボード　dashbord　運転席の前板。計器板およびそれに取り付けられている小物入れ。」三省堂・前掲注(1) 580頁。

【表13】治療経過と症状 (年号：平成)

受診日	医療機関	診断名（傷病名）、症状
23.8.27	D整形外科	今朝より左肩つけ根が痛む、首が凝った感じがする、手のしびれはない。
23.8.29	D整形外科	左肩から上肢が痛くしびれる、腰も痛い。
23.9.1	D整形外科	2日前、右膝から右足関節にかけて痛くなる。
23.9.7	D整形外科	診断名：頸部挫傷、左肩関節挫傷 頸部、左肩関節に疼痛あり、頸椎可動域制限中等度あり、腰部軽度、上下肢神経症状なし。
23.9.19	E病院	診断名：頸部捻挫、左肩打撲傷 左肩、頸、腰、右足関節等の痛みがある。
24.2.13	E病院（丙川医師）	丙川医師→甲 3月一杯で治療を終了して、その後は後遺症として経過観察をする方針である。
24.4.9	E病院	事故継続（後遺症診断は保留）でリハビリを継続し、半月板切除術は経過観察とされた。
24.6.25	E病院（入院）	半月板切除術施行
24.12.4	E病院（丙川医師）	傷病名：頸部・腰部挫傷、右膝外傷性内側半月板損傷、右足関節捻挫 症状固定と診断された。

載がないことについて、医師が聞き漏らした等が原因であると主張したが、裁判所は、他の具体的症状の記載をみても甲の主張は理解困難であり、E病院の初診時の診療録や診断書に明確な記載がないのも不自然であるとして、甲の主張は採用できないとした。

膝部の画像診断について甲は、「右膝内側半月板の損傷は、平成23年10月25日撮影のMRI画像において確認でき、平成24年6月25日に施行された半月板切除術中において、半月板は三日月型の裂傷が生じていることが確認されており」と主張している。

事故から平成23年10月25日までの約2か月間に画像診断が行われた記載はない。

患者が膝の痛みを訴え、医師が確認すべきと判断すれば画像診断が行われるのが一般的であろうから、画像診断が行われなかったとすれば、医師が症状等からその必要性を認めなかった可能性はある。

裁判所は、診療録記載の事故状況の説明、供述の曖昧性などから、右膝の打撲を否

認し、画像診断が事故から2か月後であり、受傷直後の症状推移等から因果関係を認めることは困難であるとして、甲の主張を認めなかった。

裁判所は、上記のとおり判断しているが、以下に自動車事故における膝部の損傷に対する一般的検討について触れ、併せて本件を考えてみようと思う。

本件のように、事故によって膝部を損傷したとする事案はかなりある。

特に、正面衝突や電柱等への衝突事故の場合には、膝部を損傷すること（いわゆるダッシュボードインジャリー（ダッシュボード損傷））がある。

この場合の損傷は、被害者の体動や、押し込まれた車両のダッシュボード等の部材が膝部に衝突することによって生じることが多い。

② 甲の体動

本件の事故形態は、追突である。乙運転車両が甲運転車両に追突し、甲は前方車両に衝突していないから、衝突の衝撃は後方からのみである。

甲は、「右足で強くブレーキを踏み込み、その勢いのままダッシュボード付近で右膝を強打した」と主張している。この体動は可能であろうか。

甲は、シートベルトを装着しているはずである（断定はできないが）。

後方からの衝突によって、運転者の身体はどのように動くものか。運転者の膝部と膝の前部にあるダッシュボードとの間隔から、膝部を損傷することがあるかという問題である。

確認しておく事項は、事故発生状況（追突車両と被追突車両の車間距離、押し出し移動距離、負傷者の証言）、路面の状況（乾湿、舗装、傾斜）、車両の構造、座席の状況、着座位置、運転姿勢、背もたれシートの角度、シートベルト装着の有無、シートベルト装着時の状況などである。

衝突による衝撃加速度は、情報数値の収集によって鑑定可能である。

運転席に着座してシートベルトを装着している場合は、身体は座席に固定されているから、頸部損傷やシートベルトによる胸腹部への圧迫はあり得ても、膝部が前部に衝突することは基本的に考え難い。

シートベルトを装着していない場合は、若干の体動はあるだろうが、膝部とダッシュボードとの間には間隔があるところから、膝部が前部に衝突することは考えにくい。

膝がダッシュボードに打ちつけられるためには、シートベルトによる固定がないか、固定がないと同様のゆるい状態であって、衝突と同時に身体が前方に滑るか、膝がダッシュボードに近接した状態である必要がある。

甲は、「右足で強くブレーキを踏み込み、その勢いのまま」、「右足はブレーキにかかっている状態で」、「踏ん張っていた右足もダッシュボードかどこかに右膝をぶつけた」と主張している。

右足で強くブレーキを踏み込んでいれば、右足はかなり突っ張った状態になる。その後に膝をぶつけるには、膝を折り曲げ前方に突き入れる状態になる必要があるが、甲は足を踏ん張っていたと主張している。

検討に当たっては、前述の事項に基づき、甲の体動を再現して、衝撃加速度の検証を含めて確認を行うことになるが、本件の場合は、甲の記憶も曖昧で、合理的説明ができないことから整合性を認めることはできない。

③　医学的検討

本件の場合、事故から約2か月後のMRI画像診断で右膝半月板損傷が確認され、半月板切除術が施行されている。

問題は、半月板の損傷が本件事故による外傷性のものか否かの鑑別である。

（i）外力による損傷の原因

外力により半月板が損傷する原因としては、㋐膝部前面に打撃の外力が加わり損傷する場合と㋑捻りの外力が加わって損傷する場合がある。

> ㋐　膝部前面に打撃の外力が加わる場合には、膝部内部の半月板を損傷させるほどの外力であるから、膝部には骨折等の高度の外傷が発生することになる。
> ㋑　捻りの外力が加わって損傷する場合では、許容以上の捻りを加えると、本来は挟まることのない半月板が脛骨と大腿骨に挟まれて切れることになる。

（ii）外傷性半月板損傷の症状

外傷により半月板が損傷すると、関節内に出血や関節液の貯留が生じ、腫れが起こるのが一般的である。当然に相当強い疼痛もある。

本件は、受傷直後に疼痛の訴えがあったとは認められておらず、腫脹の存在も確認されていない。甲は、一貫して右膝痛を訴えていた旨を主張したが、裁判所は認めなかった。

（iii）損傷の形状

半月板損傷の態様は「三日月型の裂傷」とされている。半月板の断裂である場合には、その形状によって外傷性であるか経年性変化、慢性の変化であるかの鑑別ができる可能性がある。

正面衝突などによる前方からの押し込み衝撃があった場合には、膝部は直接的打撃を受けることがあるから、骨折や脱臼を生じることも稀ではない。

外力によって膝部が損傷する場合は、体表面にもその影響が現れるはずであるが、本件の場合、特段の記載はない。

裁判所が、因果関係は認められないとする判断については、相当と考える。

乙は、「甲が訴える右膝痛については、これを裏付ける他覚的所見は認められない以上、当該症状を後遺障害として認定することはできない。」と主張しているが、他

覚的所見の認否は要点ではないから、この主張は無用である。

本件は、乙が「本件事故によって甲の右膝内側半月板が損傷したと認定することはできず」と主張するように、衝突事実および傷害発生事実の認否として検討されるべき問題である。

(4) 後遺障害の評価

後遺障害診断書の内容等の詳細が不明のため詳論は困難であるが、頸部痛と腰部痛は事故当初から一貫して存在していると認められ、症状の残存も医学的に説明可能と判断されたが、他覚所見が乏しいことから各14級認定となり、併合14級と判断されたものと考える。

Ⅹ 被追突、12級主張：他覚所見を認め12級認定

被害者（男、年齢不明、医師、原告、以下「甲」という）の後遺障害（12級主張）の程度につき、自賠責の認定は14級9号であるが、単に自覚症状があるのみならず、画像検査や神経学的検査によって裏付けられているといえるから、局部に頑固な神経症状を残す後遺障害等級12級13号に該当するとした事例

■後遺障害の争点■

| 1 | 頸部痛、右上肢しびれおよび右上肢挙上時鈍痛
自賠責の認定：14級9号 → 裁判所の判断：12級13号（認定変更） |

【横浜地判平成23年7月20日交通民集44巻4号968頁】

1	事案の概要
被害者	：甲（原告）
加害者	：乙（被告）
事故年月日	：平成20年5月28日午前7時10分ころ
事故場所	：神奈川県横浜市青葉区あざみ野地内
事故の態様	：乙は、普通乗用自動車を運転して本件事故現場付近の道路を進行中、前方に停止中の甲車両（普通乗用自動車）と衝突した。
傷害	：頸椎捻挫、外傷性頸椎椎間板ヘルニア、根性末梢神経症
治療状況	：平成20年5月31日～平成20年12月29日　通院実日数94日
症状固定日	：平成21年1月5日
物損	：不明

2	甲の主張

「甲は、本件事故により、頸椎捻挫、外傷性頸椎椎間板ヘルニア及び根性末梢神経症の傷害を負った。

……平成21年1月5日に症状が固定したところ、頸部痛、右上肢しびれ及び右上肢挙上時鈍痛が残存した。この後遺障害は、自賠法施行令別表第二第12級13号「局部に頑固な神経症状を残すもの」に該当する。」

3	乙の主張

「甲が、甲主張のとおり通院したことは認めるが、平成20年7月31日には症状固定の状態に至っていたのであり、同年8月1日から同年12月29日までの通院の必要性はな

かった。

　甲の後遺障害は頸椎捻挫にすぎず、自賠責の認定手続においても、自賠法施行令別表第二第14級9号に該当するとの判断がされており、その判断が正しい。」

| 4 | 自賠責保険の判断 |

（判決文に引用された自賠責の判断）

　「甲は、後遺障害について、平成21年1月27日に、自賠責の認定手続において、自賠法施行令別表第二第14級9号『局部に神経症状を残すもの』に該当すると判断された。

　甲は、上記の自賠責の判断に対して異議を申し立てたが、平成23年1月12日、再度、自賠法施行令別表第二第14級9号『局部に神経症状を残すもの』に該当すると判断がされた。」

| 5 | 裁判所の判断 |

「甲の症状について

(1)　事実関係

ア　甲が平成20年5月31日から同年12月29日まで通院して、治療を受けた事実は、当事者間で争いがない。この争いがない事実に、証拠と弁論の全趣旨を総合すると、次の事実が認められる。

　㋐　甲は、本件事故から3日後の平成20年5月31日が（原文ママ）ら、A病院（丙川医師）において、治療を受けた。甲は、同日には、後頸部痛、及び右上肢しびれの症状を訴えていた。また、同日に行われた甲に対するジャクソンテスト及びスパーリングテストの結果は、いずれも陰性であり、徒手筋力テストにおいても異常は認められなかったが、同日に行われたMRI検査においては、頸椎椎体（以下「C」という。）4とC5の間に存在する椎間板が正中後方へ突出して頸髄を圧排していた。

　㋑　甲は、『頸椎捻挫及び外傷性頸椎椎間板ヘルニア』との傷病名で、平成20年5月31日から同年12月29日まで、A病院に通院して、治療を受けた（実通院日数94日）。治療の内容は、主に、内服薬と湿布によるものである。甲は、その間において、一貫して、頸部痛、右手のしびれの症状を訴えていた。

　平成20年6月7日及び同月14日に行われた甲に対するジャクソンテスト及びスパーリングテストの結果は、いずれも陽性であった。その後、同月21日に行われたジャクソンテスト及びスパーリングテストの結果は、いずれも陰性であったが、同日に行われたMRI検査においては、C4とC5の間に存在する椎間板が正中後方へ突出して頸髄を圧排しており、その程度は、上記の同年5月31日に行われたMRI検査と変わりがなかった。

　平成20年11月15日に行われたMRI検査においても、C4とC5の間に存在する椎間板が正中後方へ突出して頸髄を圧排しており、その程度は、上記の同年6月21日に行われたMRI検査と変わりがなかった。

　なお、A病院における乙の診療録には、平成20年6月30日の欄に『pain＋だが、そろそろ終了にするか？』、同年7月19日の欄に『まだ痛い　但し終了予定　週明け23日

に』、同年7月31日の欄に『終了とOK』との記載がある。

(ウ) 甲に対する平成20年12月29日付け神経学的検査報告書には、右手握力『29kg』、左手握力『34kg』との記載がある。また、右上腕二頭筋の反射『＋＋～＋＋＋』、右上腕三頭筋の反射『＋＋～＋＋＋』、右腕橈骨筋の反射『＋＋～＋＋＋』との記載、右膝蓋腱の反射『＋＋＋』、右アキレス腱の反射『＋＋～＋＋＋』との記載がある。『＋＋』との記載は、反射の亢進、すなわち神経が敏感になっている状態が6段階にして4段階目にあることを示し、『＋＋＋』との記載はそれが5段階目であることを示している。

(エ) 甲は、A病院において、平成21年1月5日に『症状固定』と診断され、自賠責後遺障害診断書が作成された。同診断書には、『傷病名』欄に『頸椎捻挫　頸椎椎間板ヘルニア　根性末梢神経症』、『自覚症状』欄に『頸部痛　右上肢しびれ　右上肢挙上時鈍痛』、『各部位の後遺障害の内容　①他覚症状および検査結果　精神・神経の障害』欄に『右上肢の知覚が低下している。筋力右29kg、左34kgと右優位に低下している。Sparlingtest、Jacksontestで陽性を示す。MRIにてC3／4、4／5で椎体の圧迫があり、症状出現していると考える。』、『障害内容の増悪・緩解の見通しなどについて記入してください』との欄に『局部に神経症状を残しており、今後の仕事に制限を来すと考える。』との記載がある。

(オ) （略）後遺障害に関する自賠責の判断（上記「4　自賠責保険の判断」参照）

イ　なお、乙は、甲のC4とC5の間に存在する椎間板が正中後方へ突出して頸髄を圧排している事実を争うが、①平成20年5月31日、同年6月21日、平成21年11月15日に撮影された甲の頸部のMRI画像について、放射線科の専門医（丁原医師）が、その撮影された当時に、『甲のC4とC5の間に存在する椎間板が正中後方へ突出して頸髄を圧排している』との所見を述べていること、②上記の各日に撮影された乙の頸部のMRI画像及びそれらについて説明した甲本人尋問の結果によると、甲のC4とC5の間に存在する椎間板が正中後方へ突出しており、その部分において明らかな髄液の途切れを確認することができることに照らすと、甲のC4とC5の間に存在する椎間板が正中後方へ突出して頸髄を圧排している事実を認めることができる。これに反する意見書の記載を採用することはできない。

(2)　上記(1)認定の事実に、①甲が本件事故前から椎間板ヘルニアであったことを認める証拠がないこと、及び、②本件事故態様は、……乙車両が前方に停止中であった甲車両と衝突したというものであって、甲車両の破損状況を示す証拠（略）や乙車両の破損状況を示す証拠（略）によっても、本件事故時に甲に加わった衝撃が軽微であったとは必ずしもいえないことに照らすと、甲の椎間板の突出による頸髄の圧排（椎間板ヘルニア）は、本件事故によって生じたものと認めることが相当である。

また、上記(1)認定のとおり、甲は、平成20年5月31日から同年12月29日までのA病院における治療期間中、一貫して、頸部痛、右手のしびれの症状を訴えていたのであり、その後も、これらの症状が残っているが、これらは、上記椎間板ヘルニアによるものと認められる。

さらに、上記(1)認定のとおり、平成20年12月29日付け神経学的検査報告書によると、

甲には、右手握力の低下並びに上腕三頭筋、上腕二頭筋、腕橈骨筋、膝蓋腱及びアキレス腱における反射の亢進が認められており、証拠（甲本人）によると、これらも、上記椎間板ヘルニアによるものと認められる。

(3) 以上の事実に、上記(1)認定のとおり、甲は、A病院において、平成21年1月5日に『症状固定』と診断されていることを総合すると、甲は、同日に症状固定したものと認めることが相当である。

なお、上記(1)認定のとおり、A病院における甲の診療録には、平成20年6月30日の欄に『そろそろ終了にするか？』、同年7月19日の欄に『終了予定　週明け23日に』、同年7月31日の欄に『終了とOK』との記載があるが、証拠によると、これらの記載は、『治療の終了ではなく、事故の保険による診療を終了し、今後は健康保険に切り換えること』を意味しているものと認められ、上記(1)認定のとおり、実際にも、平成20年7月31日以降も治療が行われていることからすると、平成20年7月31日に症状が固定したと認めることは、到底できない。

(4) また、既に認定したところによると、甲には、本件事故による後遺障害があり、しかも、その後遺障害は、単に自覚症状があるのみならず、画像検査や神経学的検査によって裏付けられているということができるから、自賠法施行令別表第二第12級13号『局部に頑固な神経症状を残すもの』に該当するというべきである。

(5) 乙は、甲が、A病院に勤務しており、丙川医師や丁原医師と人的な関係があると主張するが、そのことをもって、以上の認定事実が左右されるものではない。」

■解　説■

はじめに

本件は、後遺障害について、残存する症状（頸部痛、右上肢しびれ、右上肢挙上時鈍痛）の評価が争われ、自賠責が14級の認定であったものを裁判所は12級に認定したものである。

本事例から、14級と12級の差異および裁判所が12級と認定した理由を考えることができる。

(1) 事故発生状況

甲は、普通乗用自動車を運転して事故現場において停止中に、後方から進行してきた乙運転の普通乗用車に衝突された。

甲・乙車両の破損状況、甲車の押し出し移動の有無、距離は不明である。

ただし、裁判所は、衝突について、「甲車両の破損状況を示す証拠や乙車両の破損状況を示す証拠によっても、本件事故時に甲に加わった衝撃が軽微であったとは必ずしもいえない」としている。

(2) 治療経過

甲は、事故の3日後の平成20年5月31日にA病院を受診（初診）し、同年12月29日まで通院治療を受け、平成21年1月5日にA病院で症状固定の診断を受けた。初診が事故の3日後になった理由は記載がない。

① 初診時から終診時までの経過の概要

ジャクソンテストとスパーリングテストの結果は、陰性→陽性→陽性→陰性である。
MRI検査でC4とC5の間に椎間板の正中後方への突出と頸髄への圧排が認められ、その程度は、初診検査時から20年11月15日まで変化がないとされている（表14参照）。

② 平成20年12月29日付神経学的検査報告書の記載内容

裁判所は、神経学的検査の数値（表15参照）から、反射[53]の亢進を認めている。
甲の事故前の握力は不明であるが、事故から7か月目の握力は、右手29キログラム、左手34キログラム（左右平均は31.54キログラム）である。
甲は、右上肢のしびれを訴えているが、左には特段症状の訴えはない。左右の握力にそれほど大きな差はないように思われる。
男子40〜44歳の平均握力は48.01キログラム、男子45〜49歳が47.43キログラムである[54]。甲の数値31.54キログラムは、男子13歳の30.10キログラムと男子14歳の35.46キログラムの間にある[55]。

---

[53] 「反射　診断上もっとも重要なものは、深部反射、表在反射および病的反射の三つである。……反射の異常とは、亢進ないし減弱である。ただし、器質的病変がなくても変化がみられることがあるので、左右の比較が必要である。……反射の亢進は一般に反射中枢より高位の部分の障害を意味し、また反射の減弱、消失は中枢を含めた反射弓における障害を意味する」泉田ほか編著・前掲注(11) 59頁。

[54] 出典文中に甲の逸失利益請求として、甲が45歳から70歳までの25年間を算定していることから、事故当時甲は、44歳ないし45歳と推定される。

[55] 握力の数値は「文部科学省平成20年度体力・運動能力調査結果」による。

【表14】初診時から終診時（平成20年12月29日）までの経過の概要　　　　（年号：平成）

診療日	経過の概要と検査結果
20.5.31	傷病名：頸椎捻挫および外傷性頸椎椎間板ヘルニア 症状：後頸部痛、および右上肢しびれ 検査結果 　ジャクソンテスト：陰性 　スパーリングテスト：陰性 　徒手筋力テスト：異常は認められない。 　MRI検査：C4とC5の間の椎間板が正中後方へ突出して頸髄を圧排している。
20.6.7	ジャクソンテスト：陽性 スパーリングテスト：陽性
20.6.14	ジャクソンテスト：陽性 スパーリングテスト：陽性
20.6.21	ジャクソンテスト：陰性 スパーリングテスト：陰性 MRI検査：C4とC5の間の椎間板が正中後方へ突出して頸髄を圧排している（20年5月31日と同程度）。
20.11.15	MRI検査：C4とC5の間の椎間板が正中後方へ突出して頸髄を圧排している（20年6月21日と同程度）

【表15】神経学的検査報告書

握力	右手：29キログラム 左手：34キログラム
右上腕二頭筋の反射	＋＋～＋＋＋
右上腕三頭筋の反射	＋＋～＋＋＋
右腕橈骨筋の反射	＋＋～＋＋＋
右膝蓋腱の反射	＋＋＋
右アキレス腱の反射	＋＋～＋＋＋

【表16】後遺障害診断書

症状固定日	平成21年1月5日
傷病名	頸椎捻挫、頸椎椎間板ヘルニア、根性末梢神経症
自覚症状	頸部痛、右上肢しびれ、右上肢挙上時鈍痛
各部位の後遺障害の内容 他覚症状および検査結果 精神・神経の障害	右上肢の知覚が低下している。筋力右29キログラム、左34キログラムと右優位に低下している。Sparlingtest、Jacksontestで陽性を示す。 MRIにてC3／4、4／5で椎体の圧迫があり、症状出現していると考える。
障害内容の増悪・緩解の見通し	局部に神経症状を残しており、今後の仕事に制限を来たすと考える。

(3) 後遺障害診断書の内容

後遺障害診断書の内容は、表16のとおりである。自覚症状に対応する他覚所見として、MRI検査での異常所見が示されている。

(4) 後遺障害の評価

初診から症状固定までの症状の推移に関する詳細は不明であるが、裁判所は、「治療期間中、一貫して、頸部痛、右手のしびれを訴えていた」とし「その後も、これらの症状が残っている」と認定した。

後遺障害診断書には、右上肢の知覚低下、MRI検査における椎体の圧迫および症状出現についての所見がある。

ジャクソンテストとスパーリングテストの結果は、当初陰性から陽性→陰性→陽性となっており、一定していない。

平成20年5月31日（初診時）のMRI検査で、C4とC5の間の椎間板が正中後方へ突出して頸髄を圧排している所見があるが、ジャクソンテストとスパーリングテストは陰性である。

MRI検査は3回実施されており、程度の変化はないとされている。

自賠責保険の後遺障害認定基準における神経系統の障害に関しては、12級が他覚的に神経系統に障害が証明されるもの、14級が証明にまでは至らないが症状の残存が医学的に説明可能なものとされている。

自賠責が本件の障害を14級に認定し、12級に認定しなかった理由は判断根拠の記載がないため不明であるが、傷害の発生が合理的で、症状が事故後まもなく発生し、症状固定時まで一貫して存在すると認められ、症状の残存が医学的に説明可能と判断されたためであろう。

しかしその程度については、画像上の異常所見との整合性（いわゆる他覚所見の存在）を認めるまでの証明には至らないとして、14級にとどまるとしたものと考える。

一方、裁判所は、「甲の頸部のMRI画像及びそれらについて説明した甲本人尋問の結果によると、甲のC4とC5の間に存在する椎間板が正中後方へ突出しており、その部分において明らかな髄液の途切れを確認することができることに照らすと、甲のC4とC5の間に存在する椎間板が正中後方へ突出して頸髄を圧排している事実を認めることができる。」と画像上の異常所見の存在を認定した上で、「①甲が本件事故前から椎間板ヘルニアであったことを認める証拠がないこと、及び、②本件事故態様は、乙車両が前方に停止中であった甲車両と衝突したというものであって、甲車両の破損状況を示す証拠や乙車両の破損状況を示す証拠によっても、本件事故時に甲に加わった衝撃が軽微であったとは必ずしもいえないことに照らすと、甲の椎間板の突出による頸髄の圧排（椎間板ヘルニア）は、本件事故によって生じたものと認めることが相当である。」と本件事故による外傷性椎間板ヘルニアの発症を認定した。

また、「右手握力の低下並びに上腕三頭筋、上腕二頭筋、腕橈骨筋、膝蓋腱及びアキレス腱における反射の亢進が認められており、証拠（甲本人）によると、これらも、上記椎間板ヘルニアによるものと認められる。」として、神経学的検査により確認された所見を、椎間板ヘルニアによって生じた神経症状の異常と認定した。

ジャクソンテストとスパーリングテストの検査結果について言及はないが、変化はあり得ることとし、症状推移の範囲内としたものと思われる。

「甲が本件事故前から椎間板ヘルニアであったことを認める証拠がない」とあるが、事故前の画像が示された記載はないから、事故前に椎間板ヘルニアの診断を受けたことはないとの意味であろう。

裁判所は、甲の残存症状が、本件事故によって生じた外傷性椎間板ヘルニアによるものであるとし、画像上の異常所見および神経学検査所見と自覚症状の関連について整合性を認め、神経系統の障害が他覚的に証明されているとして、12級を認定したものと考える。

本件では、症状固定時期も争われているが、裁判所は、事情、経緯を確認し、治療が継続している事実も踏まえて、甲の主張どおり認定した。

XI タナ（膝部）障害、12級請求：他覚所見を認め12級認定

被害者（女、症状固定時27歳、カラオケボックス店員、原告、以下「甲」という）の左膝に残存する疼痛等の後遺障害（12級主張）につき、自賠責保険の認定は14級であるが、左膝打撲受傷の約1年9か月後にタナ障害（膝蓋内側滑膜襞（タナ）の肥厚による障害）が発見された場合に、疼痛等の原因はタナ障害であり、客観的な異常所見（他覚所見）が認められるとして障害等級12級12号に該当するとした事例

■後遺障害の争点■

| 1 | 左膝に残存する疼痛
自賠責の認定：14級9号→裁判所の判断：12級12号（認定変更） |

【大阪地判平成18年4月25日交通民集39巻2号578頁】

1	事案の概要

被害者	：甲（原告）
加害者	：乙（被告）
事故年月日	：平成13年1月21日午前4時30分ころ
事故場所	：東海北陸自動車道の岐阜県各務原市蘇原北山町地内下り線20.3キロポイント付近トンネル道路内
事故の態様	：甲は、乙運転の普通乗用自動車の助手席に搭乗し、シートを倒し身体の右側を下にして横臥して仮眠中であった。 乙は、普通乗用自動車を運転して、凍結していた本件事故現場のトンネルに入る前の路面でスリップし、最初にトンネル内の進行方向に向かって左の壁に車の左前部（ほぼ正面）が衝突し、さらに回転して右後部が同じく左の壁に衝突して停車した。甲は、衝突の衝撃で左膝を助手席前のダッシュボードにぶつけた。
傷害	：左膝打撲傷
治療状況	：平成13年1月22日～平成15年4月9日　732日　入院10日　実通院120日
症状固定日	：平成15年4月10日
物損	：不明

2	甲の主張

「甲は、平成14年10月16日、E病院において関節鏡検査を受け、左膝タナ切除術を施されたが、手術の際、執刀した丙川医師は、『膝蓋―大腿関節内側に巨大で分厚いヒダ』及び『インピンジ（接触・衝突）』を生じている軟骨面に著明な発赤・損傷を認めている。

すなわち、甲の後遺障害は他覚的所見（関節鏡所見）による裏付けを有するものというべきであるから、甲の後遺障害は第12級に該当すると評価するのが相当である。」

3	乙の主張

「甲の後遺障害が第12級に相当するものと認められるためには、医療機関から提出されている診断書等の医証上に記載された神経学的な所見や検査結果及びレントゲンやMRI画像で異常所見が認められる必要があると考えるべきであるが、甲の後遺障害については、これら他覚所見が認められない。

したがって、甲の後遺障害は第14級10号の『局部に神経症状を残すもの』を超えるものではない。」

4	自賠責保険の判断

（判決文に引用された自賠責保険の判断）

「甲には症状固定後も左膝の疼痛等の症状が残存し、それについて甲は、自動車損害賠償責任保険（以下「自賠責保険」という。）において、『局部に神経症状を残すもの』として第14級10号の後遺障害等級に該当するとの認定を受けた。

甲は、それを不服とし、第12級に該当する旨主張して異議申立てをしたが、上記認定は変更されなかった。」

5	裁判所の判断

「1　本件事故と甲の左膝の後遺障害（タナ障害）との因果関係

(1)　本件事故前に甲にタナ障害が発生していた可能性について

証拠（略）によれば、本件事故当時、甲はスノーボードをするためにスキー場に向かっていたことが認められる。このことから、当時、少なくとも甲の左膝に事故後に甲が訴える症状がなかったことが認められる。

また、その他、本件事故前に甲の左膝にタナ障害が発症していたと認めるに足る証拠はなく、これらのことからすると、本件事故前に甲にタナ障害は発症してはいなかったと認められる。

(2)　本件事故により甲の左膝に加わった外力及びその外力とタナ障害との関係について

前記判断の前提となる事実及び証拠によれば、本件事故により、乙車は、壁に左前部（ほぼ正面）をぶつけ、さらに右後部を同様に壁にぶつけたこと、甲は助手席のシートを倒し、右横を向いた状態で仮眠していた時に本件事故に遭ったこと、甲は、左膝をダッシュボードにぶつけたこと、その衝撃で助手席前のダッシュボードが割れたこと、事故直後甲は歩ける状態ではなく、トイレにも友人に負ぶってもらって行ったことが認められる。

以上のことからすると、甲の左膝には、何らかの防御態勢をとる隙もない状態で、ダッシュボードが割れるぐらいの相当程度の外力が加わったものと考えられる。

 タナ障害は、外傷によって膝蓋内側滑膜襞（タナ）に断裂、出血、瘢痕化が生じた場合に発現するものであると認められることを考え合わせると、本件交通事故によって甲の左膝が受けた外力により、甲の左膝にタナ障害が発症した可能性が認められる。

 (3) 本件事故後の甲の左膝についての痛みの訴え等について

 甲が本件事故の12日後から治療を受けたB病院のカルテには、『左膝痛持続』（平成13年2月5日）、『膝蓋骨の下が腫れている気がする。触ったり、歩くと違和感がある。』（同月8日）、『床から立ち上がる時疼痛＋』（同年3月3日）、『左膝関節痛』、『立て膝は不可』（同月21日）、『左膝関節痛』（同月28日）、『正座は痛む』、『立て膝ができない』、『30分位は歩ける、それ以上は膝だるくなる』（同年5月7日）、『膝関節痛』（同月30日）、『疼痛、圧痛（＋）』（同年6月6日）、『触れると疼痛（＋）』（同月13日）、『左膝圧痛残存』、（ひざの右下を図示して）『疼痛＋』『タナ』（同年7月11日）、『左膝蓋部を床につくと痛みが残る』（同月18日）、『歩行制限はないが左膝前方の疼痛が左下垂足位では5分で出てくる』（同年8月15日）、『左膝蓋を床につけない』（同月22日）、『左膝蓋部を床につくことは痛くてできない』『下垂足位にすると左膝が抜けそうになる』（同年9月5日）、『左下垂足位での膝蓋部痛変わりなし』（同月12日）、『日常生活で困ること・左膝蓋部をついて立ち上がったり、物をとろうとすること』（同月19日）、『左膝蓋内側の圧痛』（同年10月10日）、『立て膝ができない』（同月24日）、『左膝蓋部の痛み』（同月31日）、『立て膝できない』（同年11月20日）との記載があることが認められる。

 その後、甲が治療を受けたE病院のカルテには、『膝蓋―大腿関節内側圧痛＋』（平成14年1月28日）、『膝蓋―大腿関節内側圧痛＋』（同年2月7日）、『かわりない。ずっと膝を曲げていると膝蓋―大腿関節内側疼痛＋』（同年4月4日）、『あまりかわらない』、『膝をつけない』、『曲げて膝をつくと内側、奥が痛い』（同年7月4日）、『内側関節圧痛＋』（同年8月15日）との記載があることが認められる。

 これらカルテの記載と証拠からすると、甲は、事故後、平成14年10月15日にE病院に入院し、同月16日に左膝の手術を受けるまで、一貫して左膝の疼痛等の症状を訴えていたことが認められる。

 (4) 甲の左膝に対する医師の診断等について

 証拠によれば、甲の左膝については、その治療経過の中で行われたラックマンテスト、前方引き出しテスト等の各種テストにおいて異常所見は認められず、また、MRI検査においても明確にタナ障害と判断できるだけの異常所見は認められなかったものの、甲がD病院に持参したMRIに基づく『内側半月板の後方に長い断裂』との所見、F病院における『軟骨損傷は否定できません』との所見、『膝蓋大腿関節間に介在物』（平成14年12月16日付けのE病院丙川医師による回答）との所見がなされていたことが認められる。これらの所見はタナ障害につながる異常所見ということができるものである。

 また、甲が受けたE病院での関節鏡検査を伴う手術において、靭帯や半月板に異常は

なかったがタナの著明な肥厚、関節面とのインピンジ（接触、衝突）、接触する軟骨面における発赤を認めたためタナを切除したことが認められる。

　この点、乙はMRI検査において異常所見は認められていない旨の主張をするが、前述のようにはMRIからもタナ障害につながる異常所見が認められており、また、タナ障害は、明らかなタナ障害の所見があるにもかかわらず、MRIで明らかな所見を認めないことも多いものであり、タナ障害の診断におけるMRIの役割は補助的であり、最終的には関節鏡検査でその診断が行われるものであること……からすると、乙の主張は採用できない。

　証拠によれば、タナ障害の発症を関節鏡検査で確認したE病院が手術を行う前につけていた疾患名は『左膝内側半月損傷の疑い』で、予定術式は『半月縫合（？）』とされていたことが認められ、それによれば、E病院の担当医は甲の左膝に何らかの障害があることを疑っていながらも、タナ障害を念頭には置いていなかったことが推測されるが、このようにタナ障害は、膝蓋内部を直接観察して診断しなければ、発見が困難なものであり、それまでの他の病院における治療の中で、タナ障害との診断を受けなかったことは、本件事故との因果関係を否定する根拠とはならないものというべきである。

　また、乙は、事故日と手術日とが1年9か月近く離れていることから因果関係を否定するが、前述のように甲が事故後手術を受けるまで一貫して左膝にタナ障害が存在することと矛盾のない症状を訴えていたことからすれば、そのような期間の隔たりは本件事故との因果関係を否定する根拠とすべきではない。このことは、『事故により非可逆的に肥厚したタナが存在する場合、これと軟骨面との慢性的にこすれるため、両者に発赤を生じる。急性期に限るものではない。』とする丙川医師の回答書からも裏付けられるというべきである。

(5) 小括

　以上の事実及びそこから推認できること等を総合すれば、甲の左膝に発症したタナ障害は、本件事故における左膝打撲の衝撃によって生じたものであり、本件事故と因果関係を有するものと認められる。

　甲の左膝には疼痛等の後遺障害が残存していることが認められるが、それはこのタナ障害に起因するものであり、甲の後遺障害は、本件事故と因果関係を有するものである。

2　後遺障害の程度と労働能力喪失率及び喪失期間

(1) 後遺障害の程度

　甲の左膝に残存する疼痛等の後遺障害の原因は、関節鏡検査でタナの著明な肥厚、関節面とのインピンジ（接触、衝突）、接触する軟骨面における発赤が確認されたタナ障害である。これは、客観的な異常所見（他覚所見）の認められる神経症状というべきものである。

　したがって、『他覚的に神経系統の障害が証明されるもの』として、自賠責保険の後遺障害等級第12級12号に該当するものとするのが相当である。」

■解　説■

はじめに

　本件は、左膝に残存する疼痛等の後遺障害の評価が争われ、自賠責は14級9号の認定で、異議申立によっても変わらなかったものを、裁判所は12級12号に認定したものである。

　本件においては、事故受傷の約1年9か月後に確認されたタナ障害[56]が事故によって生じたものかどうかが争われ、裁判所は、事故状況、受傷態様、症状の経過、関節鏡検査等を検討して、因果関係を認めた。

　本事例から、タナ障害が事故によって生じたと判断された理由および12級認定の理由を考えることができる。

(1) 事故発生状況

　甲は、乙運転の普通乗用自動車の助手席に搭乗し、シートを倒し身体の右側を下にして横臥して仮眠中であった。乙は、凍結していた本件事故現場のトンネルに入る前の路面でスリップし、最初にトンネル内の壁に車の左前部（ほぼ正面）が衝突し、さらに右後部を壁にぶつけて停車した。甲は、衝突の衝撃で左膝を助手席前のダッシュボードにぶつけたとされる。

　シートベルトの装着については記載がないが、シートベルトは、座席を一定以上後方へ倒すと固定機能が相当に失われる。座席を倒していれば、シートベルトをしていても左右の動きが抑制されるのみで、前後方向にはほとんど効果を発揮しないと思われるから、身体を保持できなかったのかもしれない。

　右側を下にして横臥していた甲の左膝が打撲したことから、甲の身体は車内で大きく振れ動いたと思われる。

　裁判所は、「左膝をダッシュボードにぶつけたこと、その衝撃で助手席側のダッシュボードが割れた」として、「（甲の左膝には）ダッシュボードが割れるぐらいの相当程度の外力が加わったものと考えられる。」と判断を示した。

---

[56] 「棚障害　shelf disorder of the knee　約50％の人々には関節鏡視下で、膝蓋骨内側滑膜のヒダが膝蓋骨内側に棚のような形態で存在する。これが膝関節の運動時に膝蓋大腿関節のあいだにはさまったり、ひっかかったりして痛みや弾発音を発するようになると棚障害と称される。このような症状の出現はごくわずかの人にみられるのみである。診断は膝蓋骨内側部の疼痛や圧痛、索状物の触知および関節造影や関節鏡の所見で決める。治療は圧痛部位へ局麻剤とステロイド剤の局注や棚の全切除などがある」東ほか編・前掲注(2) 221頁。

　「タナ障害　タナは約半数の膝に存在し、生理的状態では障害の原因とはならない……。タナがきわめて大きく、大腿骨内側顆の前面をひろくおおう場合、あるいはそれが弾性を失って硬く、あるいは厚くなっている場合にのみ膝内障の原因となりうる」廣畑和志編『図説　臨床整形外科講座(7) 膝』（メジカルビュー社、1983) 186頁。

しかしながら、この判断にはやや疑問を感じる。膝の打撲についてではなく、膝がダッシュボードを損壊させたとする判断についてである。

甲の膝部の傷害は、ダッシュボードインジャリー（ダッシュボード損傷）である。甲の膝部に骨傷は認められていない。ダッシュボード損傷による膝部の傷害の場合は、前方からの押し込みによって、膝関節内の靭帯に損傷が生じる可能性があるが、各医療機関の診療記録に靭帯の損傷、異常は所見されていない。ダッシュボードを損壊するほどの打撃力が膝に加わったのであれば、膝部は相当な損害を被ると考えられるが、傷害は左膝打撲である。

乙車は、左前部（ほぼ正面）が壁にぶつかり、さらに右後部が壁にぶつかった。乙車には、前方からのみではなく、車体が回転して衝突した衝撃が加わっている。ダッシュボードは、車体に加わった左右からの打撃力によって損壊することがあり得る。甲は仮眠中であるから、損壊の原因を認識することは困難であろう。

あくまで可能性の問題であるが、膝がダッシュボードを損壊させた（それほどの衝撃が膝に加わった）と断定するのには、やや疑問を感じるものである。

(2) 治療経過

甲の入通院期間は表17のとおりである。

甲は、事故の翌日である平成13年1月22日にA病院を受診して治療を開始し、1年後の平成14年1月28日に、後日タナ切除手術を受けることになるE病院を受診し、事故から約1年9か月後にE病院でタナ切除手術を受け、B病院での治療終了日の翌日である平成15年4月10日付で症状固定となった。

【表17】入通院期間　　　　　　　　　　　　　　　　　　　　　　　　（年号：平成）

医療機関	開始日	終了日	通院期間	入院日数	通院実日数
A病院	13. 1.22	13. 1.26	5	0	2
B病院	13. 2. 5	13.11.20	289	0	44
C病院（MRI撮影）	13. 2.16	13. 2.16	1	0	1
D病院	13. 3. 6	13. 3. 6	1	0	1
E病院	14. 1.28	15. 4.10	438	0	11
F病院（MRI撮影）	14. 2. 7	14. 2. 7	1	0	1
E病院（タナ切除手術のため入院）	14.10.15	14.10.24	10	10	0
B病院	14.11. 7	15. 4. 9	153	0	60
合計	13. 1.22	15. 4 .9	732	10	120

表18は、事故日から15日経過後の平成13年2月5日から同年11月20日までの約9か月半のカルテ記載である。詳細は不明だが、症状が継続し、快復傾向は見受けられない感がある。

【表18】B病院のカルテの記載内容】　　　　　　　　　　　　　　　　　　（年号：平成）

	診断日	記載内容
1	13. 2. 5	左膝痛持続
2	13. 2. 8	膝蓋骨の下が腫れている気がする。触ったり、歩くと違和感がある。
3	13. 3. 3	床から立ち上がる時疼痛＋
4	13. 3.21	左膝関節痛。立て膝は不可
5	13. 3.28	左膝関節痛
6	13. 5. 7	正座は痛む。立て膝ができない。30分位は歩ける。それ以上は膝がだるくなる。
7	13. 5.30	膝関節痛
8	13. 6. 6	疼痛、圧痛（＋）
9	13. 6.13	触れると疼痛（＋）
10	13. 7.11	左膝圧痛残存（ひざの右下を図示して）疼痛＋、タナ
11	13. 7.18	左膝蓋部を床につくと痛みが残る。
12	13. 8.15	歩行制限はないが左膝前方の疼痛が左下垂足位では5分で出てくる。
13	13. 8.22	左膝蓋を床につけない。
14	13. 9. 5	左膝蓋部を床につくことは痛くてできない。下垂足位にすると左膝が抜けそうになる。
15	13. 9.12	左下垂足位での膝蓋部痛変わりなし。
16	13. 9.19	「日常生活で困ること」左膝蓋部をついて立ち上がったり、物をとろうとすること。
17	13.10.10	左膝蓋内側の圧痛
18	13.10.24	立て膝ができない。
19	13.10.31	左膝蓋部の痛み
20	13.11.20	立て膝ができない。

【表19】E病院のカルテの記載内容　　　　　　　　　　　　　　　　　　（年号：平成）

	診 断 日	記 載 内 容
1	14. 2. 7	膝蓋―大腿関節内側圧痛＋
2	14. 4. 4	かわりない。ずっと膝を曲げていると膝蓋―大腿関節内側疼痛＋
3	14. 7. 4	あまりかわらない。膝をつけない。曲げて膝をつくと内側、奥が痛い。
4	14. 8.15	内側関節圧痛＋

　表19は、事故日から約1年1か月経過後の平成14年2月7日から同年8月15日までの約6か月のカルテ記載である。前記B病院と同様に、症状が継続し、快復傾向は見受けられない感がある。甲は、同年8月15日の2か月後にE病院に入院してタナ切除の手術を受けている。

(3)　診断と所見

　裁判所の認定によれば、「甲の左膝については、その治療経過の中で行われたラックマンテスト、前方引き出しテスト等の各種テストにおいて異常所見は認められず、また、MRI検査においても明確にタナ障害と判断できるだけの異常所見は認められなかった」ものである。

　ラックマンテスト[57]と前方引き出しテスト[58]は、ともに膝の異常の有無と程度を確認する診断法であるが、それらのテストで異常は認められず、MRI検査においても異常は認められなかった。この段階では、症状を裏付ける他覚所見は認められず、医学的に証明されていないことになる。

　しかしながら裁判所は、「甲がD病院に持参したMRIに基づく『内側半月板の後方に長い断裂』との所見、F病院における『軟骨損傷は否定できません』との所見、『膝蓋大腿関節間に介在物』（平成14年12月16日付のE病院丙川医師による回答）との所見がなされていたことが認められる。これらの所見はタナ障害につながる異常所見ということができるものである。」とした。

---

(57) 「ラックマンテスト　Lachman test　患者を仰臥位とし、膝軽度屈曲位（20～30度）で大腿遠位部を片手で把持し、他方の手で脛骨近位端を前方へ引く……。前十字靭帯断裂があると、脛骨は前方へ引き出される。脛骨が前方へ移動したとき、正常例では停止するときの感覚（hard end-point）を触れるが、断裂例では停止点を触れない（soft end-point）」松野＝中村総編・前掲注(38) 680頁。

(58) 「前方引き出しテスト　anterior drawer test　膝90度屈曲位、筋弛緩状態で脛骨を徒手的に前方に引き出し、膝関節の前方動揺性をみるテスト。通常左右での比較を行うが前十字靭帯に損傷があると本テストが陽性になることが多い」東ほか編・前掲注(2) 200頁。

裁判所は、MRI 診断による「内側半月板の後方に長い断裂」の所見、「軟骨損傷は否定できません」との所見、「膝蓋大腿関節間に介在物」の所見をタナ障害につながる異常所見として認めたが、確定的診断とはいえない感があるところ、関節鏡でタナの著明な肥厚、関節面とのインピンジおよび接触する軟骨面における発赤を認めたため、タナを切除したことが認められるとして、実際に関節鏡によって確認できた所見に基づき、異常所見の存在を認定したものである。

　タナ障害の診断と確認については、「明らかなタナ障害の所見があるにもかかわらず、MRI で明らかな所見を認めないことも多いものであり、タナ障害の診断における MRI の役割は補助的であり、最終的には関節鏡検査でその診断が行われる」として、「タナ障害は、膝蓋内部を直接観察して診断しなければ、発見が困難なもの」であると見解を示した。

　診断について、「MRI の役割は補助的」であるとするのは特徴的であり、膝蓋内部を直接観察しての確認が重要であるとしている。

(4) 因果関係の認否

　タナ障害は、健常者においても発症する。乙は、MRI 検査において異常は認められず、事故から手術日まで 1 年 9 か月離れていることから因果関係はない旨を主張した。

　これに対して裁判所は、まず、甲がスキー場に向かっていた事情から事故前に症状はなかったと認め、甲の膝にはダッシュボードが割れるほどの相当程度の外力が加わったものと認定し、タナ障害は外傷によって発生する可能性があるとした。

　医学文献に、「タナ障害の症例の約半数に膝の打撲などなんらかの外傷の既往があり、二次的変化が障害の原因となりうることを示している。」[59]とし、裁判所の判断に合致する見解を示すものがある。

　事故とタナ障害の因果関係については、「事故後手術を受けるまで一貫して左膝にタナ障害が存在することと矛盾のない症状を訴えていた」とし、医師の「事故により非可逆的に肥厚したタナが存在する場合、これと軟骨面との慢性的にこすれるため、両者に発赤を生じる。急性期に限るものではない。」とする回答書も根拠の一つとして、発症の因果関係を認めた。

(5) 後遺障害の評価

　後遺障害診断書の内容は不明であり、自賠責保険の認定理由も記載されていないが、自賠責保険は、ラックマンテスト、前方引き出しテスト等の各種テストにおいて異常所見は認められず、MRI 検査においても異常所見が認められなかったことから、事

---

[59] 廣畑編・前掲注 (56) 186 頁。

故による症状の残存は説明可能であるものの、医学的証明にまでは至らないとして、14級の認定にとどまったものと思われる。

　裁判所は、症状は一貫して存在し、症状の原因はタナ障害であり、タナ障害は事故によって発症したと認められ、障害の存在が関節鏡によって確認できることから、客観的な異常所見（他覚所見）の認められる神経症状として12級を認定したものである。

第3章 異議申立
Chapter3

保険契約の被保険者あるいは交通事故の被害者で、認定に異議のある場合は、異議の申立ができる。本章においては、異議申立の方法、認否の事由、具体的事例に基づく異議申立の要点などを整理、検討する。それぞれの事項から、異議申立に関連する諸問題を考えることができる。

I 異議申立の方法

1 保険契約の被保険者

保険会社に対して、異議申立書を提出する。

2 交通事故の被害者

(1) 一括払保険会社への提出

相手方保険会社が一括払で対応している場合は、一括払保険会社（以下「一括社」という）が事前認定を行ってその結果を被害者に通知することから、被害者は一括社に異議申立書を提出するのが一般的である。

一括社は、異議申立書を損保料率機構へ送付して認定を求める。認定結果は、一括社から申請者へ通知される。異議申立の回数に制限はない。何度でも提出は可能である。

一括社への異議申立は、認定結果に対する不服の表明であるが、自賠責保険に対する請求行為とはみなされないため、自賠責保険における時効中断の効果は生じない。

(2) 自賠責保険会社への提出

相手方保険会社が一括払で対応しているか否かに関わらず、自賠責保険会社へ提出できる。

被害者で、一括社の経由を望まない者は、この直接の手続を行うことになる。

自賠責保険会社は、異議申立書を損保料率機構へ送付して認定を求める。認定結果は、自賠責保険会社から申請者へ通知される。異議申立の回数に制限はない。何度でも提出は可能である。

自賠責保険会社への提出は、形式上、損害賠償額請求となるため、自賠責保険における時効中断の効果を生じる。

(3) 紛争処理機構への提出（紛争処理申請）

一括社あるいは自賠責保険会社の通知（判断結果）に異議がある場合は、紛争処理機構へ異議申立として紛争処理（調停）の申請を行うことができる。

異議申立（紛争処理申請）は、1回のみできる。再度の申請は認められない。

被害者は、一括社、自賠責保険会社、紛争処理機構のいずれへ提出してもよいが、

紛争処理機構は、自賠責保険損害認定の最終判断機関であるから、まず、一括社または自賠責保険会社へ異議申立を行い、その結果に異議がある場合に紛争処理機構へ申立を行うのが一般的であろう。

3　競　　合

被保険者が同時に被害者である場合には、保険会社、一括社、自賠責保険会社のいずれへ先に提出してもよく、同時でもよい。

保険会社が複数ある場合などには、保険会社によりあるいは保険会社と自賠責保険会社の認定や異議申立の結果に差異があり得る。

4　その他

(1)　一括社および自賠責保険会社の異議申立

一括社および自賠責保険会社は、調査事務所の認定に不服の場合は、異議申立を行うことができる（実務的には、再認定（再調査）依頼となる）。

(2)　被保険者または被害者の申出

異議申立とはやや趣旨が異なるが、被保険者または被害者は、傷害・後遺障害・死亡の損害額の算出基準を定めた支払基準に違反があった場合や、書面による適正な説明対応が行われていない場合に、国土交通大臣に対して申し出ることができる（自賠法16条の7）。

第3章　異議申立

Ⅱ　認否の事由

　異議申立は、認定内容について異議を申し立てるものであるから、認定申立に対してどのように判断、評価されたものかを検証して、不認定あるいは認定等級に対して異議を申し立てることになる。

　認否（不認定）の事由には、傷害事案としては軽微物損、治療開始（初診）の遅れ、治療の中断などがあり、後遺障害事案としては骨折後の症状（疼痛感覚障害、偽関節等）などがある。

　以下においては、傷害事案と後遺障害事案における、いくつかの認否事由と判断理由を取り上げる。

1　軽微物損

　自賠責保険の認定実務において、物的損害が軽微であることから、受傷の事実が認められないとして認定されない場合がある。

　自動車保険で、受傷疑義事案として対応されるものと同様であるが、認否の要件を確認することは重要である。

(1)　クリープ現象による傷害に関する判例
①　受傷否認例

　判例を見ると、赤信号で停止中の普通乗用自動車に後続の普通乗用自動車がブレーキを緩めたため前進して（いわゆるクリープ現象[1]により）衝突し、停止中自動車の助手席に搭乗中の被害者（原告）が受傷したとして損害賠償請求訴訟を提起した事案につき、原告が受傷したとは認められないとして、請求（控訴）を棄却した以下の事例がある。

---

(1)　「クリープ現象（creep 這う、そっと歩く）　クリープ現象とは、（オートマチック車で）エンジンがかかっている時に、NとP以外のギアレンジにシフトを入れると、アクセルペダルを踏まなくても、車両がじりじりと動き出す現象のことである。ほとんどのAT（オートマチック）車は、N、Pレンジ以外では、エンジンの回転力が自動変速機を通して、常にタイヤに伝わっているために、発生する」JAF Mate 2003年7月号42頁。同号には、排気量1000ccほか計3台の車両を使用しての実験報告として、車両の牽引力、通過地点の時速、障害物への乗越え可否などが記載されている（41頁）。

【東京高判平成27年9月17日自保ジャ1959号40頁】

「当裁判所も、本件事故により控訴人（被害者、甲）が受傷したとは認められないから、控訴人の請求はいずれも棄却するものと判断する。

……クリープ現象により被控訴人（加害者）車両が極めて低速度で2.7メートル進んで甲車両に追突したとの本件事故の態様や、本件事故による被控訴人車両の損傷はナンバープレートが若干折れ曲がっただけであり、甲車両の後部バンパーにもわずかな接触痕が認められるにすぎないとの本件事故に関して認められる客観的な事実と、甲車両の後部バンパーには本件事故前から何かに接触したような痕跡が複数あったことに照らせば、甲車両のリーンホースメントとバックパネルに存在する損傷の痕跡が本件事故に起因するものであると認めるには足りず、他に、この控訴人主張事実を認めるべき証拠はない。

……本件事故により甲車両に加わった衝撃力がごく小さなものであったと認められることは引用する原判決が説示するとおりであり、このような本件事故の態様に照らし、控訴人の頸部に過伸展や過屈曲が生じたとは認められない。

……本件事故の態様に照らし、本件事故によって控訴人に外傷性頸部症候群が発症したと認められないことは、前記に説示したとおりであり、控訴人主張の治療等の経過は、その認定判断を左右するものとは認められない。」

■原審■【宇都宮地判平成27年4月28日自保ジャ1959号40頁】

「車両の変形・破損状況又は部品の変形状況から衝突時の走行速度を推定する際、フロントバンパーだけが損傷した場合は時速5キロメートルであるとされ、また、時速1.5～2キロメートルの場合には、バンパーのカバー、フェイス、モール部等に接触痕のみが生じて変形・破損は生じない、時速3.5～4キロメートルの場合には、リーンホースメントは変形するが、バンパーステーまでは変形は及ばない、時速4～5キロメートルの場合には、リーンホースメントの変形、バンパーステー取付部の変形・破損が生じるという自動車工学上の知見が認められるところ、上記被告（加害者）車両の損傷状況に照らすと、比較的柔らかいナンバープレートが折れ曲がっただけで、バンパー等には目立った損傷が確認できなかったのであるから、被告車両の事故時の走行速度は、せいぜい時速2～3キロメートル程度であったものと合理的に推認することができ、衝突によって甲（被害者、原告）車両に加わった衝撃力がごく小さなものであったことを客観的に裏付けるものであるといえる。」

上記判例では、加害車両が停止状態から前進を始めて追突するまでの距離、原告自動車の損傷状況、（以下は原判決の判断を引用）衝突時速度、双方自動車の痕跡、診断内容、受傷態様などを確認の上で、原告が受傷したとは認められないと控訴を棄却した。

上記判例の原審は、宇都宮地裁平成27年4月28日判決であるが、同地裁判決は、

車両部品の損傷状況から衝突時の速度を推定する場合における自動車工学の知見を示し、事故時の走行速度はせいぜい時速2～3キロメートル程度であったものと合理的に推認できるとし、衝突によって甲（被害者、原告）車両に加わった衝撃力がごく小さなものであったことを客観的に裏付けるものであるとした。この自動車工学の知見[2]に基づく判断は、実務上の参考になると思われる。

② 受傷認定例

判例を見ると、普通乗用自動車を運転、停止中にクリープ現象で前進した被告普通乗用自動車に追突された原告（男、50歳、獣医師）の受傷および後遺障害（左肩関節の機能障害、自賠責12級6号認定済）につき、「原告車両及び被告車両の損傷状況からすると、本件事故による衝撃の程度は、必ずしも大きくはなかったとは考えられるが、クリープ現象による接触程度の軽微なものであったとはいえず、シートベルトが左肩に食い込んで局所的に外力が及んだことからすると、左肩腱板損傷の受傷機転として合理的といい得る。」とし、「原告の左肩腱板損傷及びこれに伴う左肩関節の機能障害は、本件事故によるものと認められる。」、後遺障害については、自賠責の認定と同じく「当該機能障害は、後遺障害等級12級6号に該当するものと認められる。」とした事例がある[3]。

(2) 調査確認の要点

傷害事案における調査確認の要点は、表1のとおりである。

当該事故が、車両相互の接触・衝突である場合は、双方の車両について情報を得ることが必要である。往々にして相手方車両の状態に注視するものであるが、加害車両側の関係情報も大きな要素であることに留意すべきである。

物的損害の情報についていえば、事故車両の写真や修理見積書などのほか、技術アジャスター（鑑定人）による入力方向の報告、確認が重要である。

事故により加えられたエネルギーが大きいほど車体損傷は大きくなる。したがって、物的損害と衝突の結果として生じる人的損害にはある程度の相関性があると考えられている。

近年自動車のバンパー表面に使われているポリプロピレンという素材は、復元性があって衝突後に元に戻ってしまうことがあるため、外観だけでは衝突状況が読み取れ

---

(2) 自動車工学、事故解析に関するものとしては、鑑定人、警察・司法関係者の著作のほか、一般財団法人全日本自動車研究所（Japan Automobile Reserch Institute　略称 JARI）、一般社団法人日本自動車連盟（Japan Automobile Federation　略称 JAF）および株式会社自研センターの書籍、報告書、調査研究、論文などがある。
(3) 横浜地判平成27年12月17日自保ジャ1968号27頁。

Ⅱ　認否の事由

【表1】傷害事案における調査確認の要点

① 事故発生事実および発生状況に関連するものとして
　ア．天候
　イ．路面の形質、状態（アスファルト、土）
　ウ．路面の乾湿状況
　エ．路面の勾配（平坦、上り坂、下り坂、角度）
　オ．双方車両の種別、型式、車両重量、積載物（重量）、搭乗人員
　カ．車間距離
　キ．衝突時の速度
　ク．双方車両の損傷程度確認書（視認可能状況、確認形状）
　ケ．双方車両の写真（全体、外周、前方、後方、左右側方、左右斜め側方、上方）、
　コ．双方車両の修理見積書
　サ．双方車両の損傷状況説明書
　シ．双方車両の停止位置
　ス．相手方車両の移動の有無、方向、距離
　セ．当方当事者（加害運転者）の供述書（事故原因、被害者の言動）
　ソ．相手方の供述書（衝突時の姿勢、体動、症状）
② 傷害に関するものとして
　ア．診断書
　イ．診療報酬明細書
　ウ．画像資料
　エ．診療録（カルテ）
　オ．看護記録
　カ．医療調査報告書（自覚症状、他覚所見、検査所見、症状の推移、検査数値の推移（たとえば関節可動域）、医学的見解）
　キ．その他医療資料
③ その他
　ア．刑事記録、実況見分調書
　イ．双方車両搭乗者の状態（傷害の有無、衝突体感、体動）

ない。軽微な事故ほどバンパー内部にあるリーンフォースメント[(4)]やステー[(5)]の状態が重要な情報となる。しかし、軽微な事故ほどこうした情報が少ない傾向がある。

　軽自動車と大型貨物車の衝突で大型貨物車の損害状況を見ても軽自動車の外力を知ることはできない。双方車両の情報を得ることが必要である。

---

(4)　reinforcement：RF　補強部材。
(5)　stay　機械や構造物の一部を補強する部材。

この点、第1章Ⅸ2「他覚所見のないむち打ち症免責条項」で取り上げた東京高裁平成11年8月9日判決は、事故状況、双方車両の状態などを詳細、的確に確認の上で判断を示しており、参考になる。

2　治療開始の遅れ

　事故によって負傷した場合には、速やかに治療が開始されるのが一般的である。

　しかし、事案によっては、事故からしばらく経ってから治療が開始されるものがある。単独部位傷害の場合もあるだろうし、複数の傷害を負った場合に部位によって治療開始が相違する場合もあるだろう。

　自賠責保険の認定実務において、明文の規定はないようであるが、事故から2週間以上経過しての初診の場合は調査確認が行われ、1か月前後の経過から不認定となる可能性が高いように思われる。

　事故から相当期間経過しての治療開始については、申請者に事由についての合理的説明が求められる。

3　治療の中断

　治療の過程において、一定期間治療が行われない場合に、前・後の治療に連続性が認められない、あるいは相当因果関係が認められないとして、後の治療について認定されない場合がある。

　治療は、医療機関の指示によって行われるであろうが、通常治療とは異なる―通常の概念も難しいが―治療の中断があるときに問題が生じる。

　自賠責保険の実務においては、1か月前後の治療中断がある場合は、調査確認が行われ、認定されない可能性が高くなると思われる。

　申請者には、治療の中断事由について合理的説明が求められる。治療中断による否認に対する主張の要点は、中断となった事情に相当性が認められるための合理的説明と中断の前後における症状の一貫性、連続性の立証である。

　判例を見ると、普通乗用自動車を運転走行中に追突され、RSD[6]を発症し12級の後遺障害が残存したとして損害賠償請求訴訟を提起した事案において、治療途中の4か月の治療中断につき、家族の入院、被害者（原告）自身の失業、通院を続けても症

---

(6)　「反射性交感神経性ジストロフィー　reflex sympathetic dystrophy　外傷などの不完全の末梢感覚神経の損傷の後に障害神経の支配部位を越えた灼熱痛 burning pain や、通常では起こさない程度の弱い刺激により起こる痛み（アロディニア allody-nia）を特徴とした慢性の疼痛が生じ、皮膚温低下、浮腫などの血管運動障害や、それに引き続いて筋萎縮症、皮膚、爪の退行性変化や骨粗鬆症などの栄養障害をきたす病態である」『南山堂医学大辞典〔第20版〕』（南山堂、2015）1998頁。

状が軽快しないとの思い等が理由であって、治癒ではないと認められること、再診時に直ちに専門医の受診を勧められていること、事故態様と症状に矛盾はないこと、再診時以降の症状は本件事故によるものと考える旨の医師の所見に照らし、中断後の再診治療について相当因果関係が認められるとした事例がある[7]。

4　症状の増悪、新たな症状の発現

治療の途中で、それまでなかった新たな症状が発現した場合や症状が増悪した場合に、その症状に関連するものが認定されないことがある。

自賠責の認定実務においては、受傷と治療経過の整合性が要点となることから、外傷の一般的治癒過程と異なる経過をたどる事案においては、発生の事由につき、合理的な医学的説明が求められる。

判例を見ると、普通乗用自動車（原告は後部座席に搭乗）が第1車線（外側車線）を走行中、第2車線（内側車線）を走行していた事業用大型貨物自動車（被告車）に接触された事故により、原告が負傷し後遺障害を残したとして損害賠償を請求した事案において、事故日から10日後の頸部痛の増悪と左上肢のしびれの出現および事故日から25日後の腰痛の出現と増悪の訴えについて、いずれも本件事故に起因するものと認めるのが相当であるとした事例がある[8]。

5　常時性疼痛

症状固定時点において、局部に疼痛を残すという訴えに対する認否の問題である。

局部の疼痛については、認定基準で、12級と14級の2種の等級が定められている。

疼痛の程度については、「ａ疼痛(a)『通常の労務に服することはできるが、時には強度の疼痛のため、ある程度差し支えがあるもの』第12級の12。(b)『通常の労務に服することはできるが、受傷部位にほとんど常時疼痛を残すもの』第14級の9」[9]とされていて、「受傷部位にほとんど常時疼痛を残すもの」が14級該当の要件と定められている。

疼痛の訴えについては、疼痛が残存する医学的合理性の立証が求められる。

14級に該当する場合における常時性疼痛の文言は、「ほとんど常時疼痛を残す」で、「ほとんど」が付いている。

つまり、絶対的な常時疼痛は要件ではなく、「ほとんど常時」に該当するかどうかの判断であることに留意する必要がある。

---

(7) さいたま地判平成24年6月21日自保ジャ1880号46頁。
(8) 東京地判平成25年8月6日交通民集46巻4号1031頁。**第2章「判例紹介」Ⅶ参照。**
(9) 必携161頁。

「ほとんど」とは、「殆ど・幾ど。①大方。大略。……②今少しで。すんでのことで。……」[10]の意味とされる。

常時痛みがある場合には常時疼痛であろうが、常時ではないが時折痛みがある場合が問題となる。

「ほとんど常時」の具体的内容は難しいが、身体組織に損傷の事実が確認でき、損傷による傷害と残存症状との間に因果関係が認められ、平常時以外であっても、運動時、動作時に疼痛があり、その運動、動作が日常的である場合は、認定対象となる可能性があると思われる。

6　骨折後の症状（偽関節）

骨折後の残存症状が、神経症状であるのか偽関節（ぎかんせつ）[11]に認定されるべきものであるかという問題である。骨折後の治癒過程が順調であればよいが、一定期間を経てもなお症状が残存するときには、偽関節が疑われる場合がある。

遷延治癒骨折は、骨癒合の進行が遅れてはいるが、待てばいずれは骨癒合が得られるものをいう。偽関節は骨癒合の進行が停止しており、いくら待っても骨癒合が得られないものである[12]。

必携には、「偽関節とは、一般に、骨折等による骨片間のゆ合機転が止まって異常可動を示すものをいう」(252頁)との説明がある。

遷延治癒骨折と偽関節について、具体的にいつどのように診断するかについてはさまざまな意見があるとされる。

「遷延治癒骨折は受傷後3カ月経過しても仮骨形成がほとんどみられないものや、9～12カ月経過して骨癒合の完成しないもの、偽関節は、3カ月以上X線写真上まったく変化のないもの、を判定基準としている[13]。」とする見解があるが、いずれかの鑑別診断はなかなかに困難であると思われる。

偽関節の後遺障害については、上肢の後遺障害として、7級9号「1上肢に偽関節を残し、著しい運動障害を残すもの」と8級8号「1上肢に偽関節を残すもの」があり、

---

(10)　新村出編『広辞苑〔第6版〕』(岩波書店、2008)2600頁。
(11)　「偽関節　英 pseudoarthrosis,non-union……　骨折治癒に要する日数を過ぎても骨癒合が得られない状態を遷延治癒 delayed union と呼ぶ。そのまま治癒障害因子が除かれないと、骨癒合が起こらないまま局所の骨折治癒機転は沈静化してしまう。骨折部は異常可動性を示し、骨片間は結合組織で隔てられ、骨折端の骨髄開口部は瘢痕または骨組織で閉鎖され、硬化または萎縮を示す。このような状態を偽関節と呼ぶ。固定不良、過剰牽引、骨欠損過大、軟部組織の嵌入、感染などが原因となる。手術によらねば骨癒合は得られない」南山堂・前掲注(6)500頁。
(12)　二ノ宮節夫ほか編『今日の整形外科治療指針〔第4版〕』(医学書院、2000)70頁。
(13)　二ノ宮ほか編・前掲注(12)70頁。

下肢の後遺障害として、7級10号「1下肢に偽関節を残し、著しい運動障害を残すもの」と8級9号「1下肢に偽関節を残すもの」がある。

　自賠責の認定実務において、骨折後の残存症状について神経症状と評価されていたものが、別医により偽関節と診断され、認定が変更されることもあるため、骨折後に症状が残存する場合には、偽関節の存在を考慮する必要がある。

Ⅲ 後遺障害の認定に対する異議申立

1 後遺障害認定の申請に当たって

　後遺障害の認定は、残存する症状が医学的妥当性を有すると認められるか否かの認否の問題と、医学的妥当性を有すると認められる場合にその障害はどの程度であるかという評価の問題がある。認定の実務においては、認否と評価が同時に行われることになる。

　医学的妥当性とは、患者の主訴（自覚症状）と客観的所見（他覚所見）に照らして、

【表2】後遺障害認定の申請において必要な記載内容

> (1) 自覚症状
> 　事故受傷によって当該症状が発生したことの医学的説明である。
> 　① 当該部位の訴えは、傷害と一致するものか。
> 　② 症状を訴える部位は一定しており、他部位への変遷はないか。
> 　③ 症状の訴えは、一貫性があるか。
> 　④ 当該症状の発現、残存は医学的知見に照らして説明できるものか。
> (2) 他覚所見
> 　神経学的検査結果と画像診断（あるいは同程度の証明力を有する医学的確認資料）において、異常所見が認められるかどうか、異常所見が認められる場合には、その医学的説明が必要となる。
> 　具体的には、以下が挙げられる。
> 　① 神経学的検査による異常所見は何か。
> 　② 画像診断による異常所見は何か。
> 　③ 神経学的検査による異常所見と画像診断による異常所見の整合性に関する説明
> 　④ 当該傷害と神経学的検査による異常所見あるいは画像診断による異常所見の整合性についての説明
> 　⑤ 神経学的検査結果と画像診断に特段の異常所見はないが、それに代わる医学的確認資料がある場合にはその明示
> 　たとえば、当該傷害が骨折等の器質的損傷である場合には、骨折部位と一致する範囲に解剖学的規則性を有する神経学的異常所見が認められ、かつ、画像診断においても同範囲に異常所見が確認でき、その所見を具体的に説明する必要がある[14]。

障害が医学的に確認できるかどうかということである。

具体的には、表2の点があげられる。

したがって、後遺障害認定の申請に当たって、後遺障害診断書の記載内容が上記諸点を充足していることが重要である。

後遺障害診断書への記載が不足する場合は、別紙に記載することは差し支えないし、有用であるといえる。

2 意見書

後遺障害認定において、後遺障害診断書は必須書類であり、その記載内容は認定上の重要な要素である。

しかし、同診断書は記載項目が定型されており、記載内容は医師の裁量に委ねられていて、かつ、記載分量が限られているところから、認定上の十分な判断情報が得られていない場合がある。

意見書は、同診断書を補足する意味とさらに医学的見解を表明するものとして重要な役割を担うことになる。

意見書は、異議申立時のみならず、医師の協力が得られるならば初回の後遺障害認定申請時に提出してもよい。

3 意見書の留意点

後遺障害の認定は、医学的妥当性が認められるか否かが要点である。

医学的妥当性の要点とは、事故前の身体状況と既往症に関する確認を行った上で、

| ① 受傷状況と傷害発生および症状残存の整合に関する妥当性 |
| ② 残存症状の内容に関する妥当性 |
| ③ 症状経過と残存症状の妥当性 |
| ④ 自覚症状と他覚所見との整合性・妥当性 |

と整理できる。

記載に当たっては、上記4点を検討しつつ、見解を述べることになる。

(1) 具体的記載内容

具体的な記載内容としては、表3の事項があげられる。

---

(14) 慶應義塾大学医学部客員教授・自算会（当時）顧問医平林洌「講演 後遺障害等級認定にかかわる医学的基礎知識」、赤い本〔2003年版〕254頁同旨。

【表3】具体的記載内容

(1) 事故前の身体状況と既往症の有無
　① 事故前の身体状況（症状がなかったことの確認）
　② 既往症の内容、程度
　③ 既往症と本件症状との関連性あるいは影響の有無
(2) 事故受傷（受傷状況）と症状残存についての医学的見解
　① 受傷状況の把握
　② 当該事故によって傷害が生じたとする医学的説明
　③ 治療経過および症状推移に関する医学的説明
　④ 残存症状の内容
　⑤ 症状経過と残存症状整合性に関する見解
(3) 自覚症状と日常生活への支障状況
　① 自覚症状の内容
　② 日常生活の支障性
　③ 日常生活に関する指導内容
(4) 他覚所見と検査結果
　① 神経学的検査所見
　② 画像診断所見（XP、MRI 等）
　③ 自覚症状と他覚所見との整合性に関する医学的説明
　④ 遅発性の症状がある場合には、発症の原因と受傷との因果関係に関する医学的見解
　⑤ 症状固定時の症状が非外傷性の退行性変化による症状と競合している場合や、外傷と関連のない症状が残存している場合には、受傷後の連続性や変化についての医学的所見

(2) 一般的標準項目

　意見書は医学的見解の表明であるから定型はなく、事案によってさまざまあり得るが、一般的標準型としては表4の項目をあげることができる。意見書の内容については、後記Ⅳ「異議申立参考事例」の各例を参照願いたい。

4　申請者の準備

　後遺障害の認定を求める場合や後遺障害の認定内容に異議を申し立てる場合には、現在の残存症状の実態を示し、その症状が医学的な合理性を有することを立証する必要がある。

　申請者は、準備として「日常生活状況報告書」を作成して、障害についての医学的見解を医師に意見書として作成してもらうことが有用である。

【表4】一般的標準項目

① 受傷機転
② 治療歴
③ 事故前の身体状況、日常生活動作
④ 既往症
⑤ 自覚症状
⑥ 症状の経過
⑦ 他覚所見
⑧ 受傷と症状の関係
⑨ 因果関係について
⑩ 予後
⑪ その他

5 異議申立の文例

判例を見ると、判決文中に原告（対人事故の被害者）が自賠責保険の後遺障害認定に対して異議申立を行った際に提出した書面が引用掲載されているものがある。以下判例参照。

【東京地判平成18年9月27日交通民集39巻5号1321頁】

「私は整形外科の医師です。確かに現在は、朝勤務先の病院に出勤し夜帰宅する、という事故前の勤務体制に戻っています。しかし、病院における仕事の内容は以前とは全く異なるものです。私の記憶障害は事故直後よりは格段に改善したと思います。しかしながら、その日の日付が覚えられずカルテへの記載の度にカレンダーで確認しなくてはならない、外来で何度も会った患者さんの名前・顔・病名を覚えていられない、入院中の患者さんの病状を忘れてしまい、回診の度にカルテを確認しなくてはならない、業務上の重要な伝言を忘れてしまう、その日の午前中にあった出来事を夕方には思い出せない、など医師という職業にとっては致命的となりかねない症状が残存してしまいました。些細なことも可能な限り手帳に書き取る、ボイスレコーダーで患者さんの（原文ママ）とのやりとりを記録する、といった作業の繰り返しです。その患者さんの病態の詳細を覚えていることができずに、事故前のような手術は行うことができません。比較的簡単な手術のサポート役に甘んじる他ありません。病院側の配慮で以前と同条件での復職となっていますが、実際には以上のように事故前とは全く異なる就労状態となっていることを再度御考慮いただけることを切に願っています。」（自賠責保険の認定に対する異議申立）。

上記事例は、原告（男、37歳、整形外科医）が脳挫傷、肺挫傷、左鎖骨骨折、左腎破裂、

慢性硬膜下血腫等の傷害を負い、①記憶障害、②複視等の症状が残存したことについて、自賠責保険が併合11級（①記憶障害12級、②複視12級）に該当すると認定したことにつき、異議を申し立てたものである。

異議申立の結果、認定は変更されなかった。原告は裁判所に5級相当の認定を求めたが、裁判所は自賠責保険の認定と同様に①②とも12級に認定した。

異議申立書は、日常生活、勤務の状況、就労における具体的な支障および対応に苦慮している実態を詳細に記載しており、参考になる。

Ⅳ 異議申立参考事例

以下に、後遺障害の異議申立における参考として、6事例をあげる。

各事例は、判例を参考に創作したものである。実際の事例に基づくものではないが、判例に示された自賠責認定の要点、実務上の判断根拠、検討すべき問題点などを要素として、矛盾のないように作成した。

■□参考事例1□■

本事例は、頸部痛主体の症状が残存する事案である。当初は腰部挫傷の傷害もあったが、その後腰部の症状は消失したことから、残存する頸部の症状の評価が問題となる。自覚症状が主体であり、神経症状残存の典型例として策定した。症状残存の合理的妥当性、症状の一貫性、回復困難性が要点である。

頸椎捻挫に伴う「頸部痛、めまい、左小指・環指のしびれ感」の症状については、後遺障害に該当しないとされた結論を変更し、神経障害の14級9号とした事例	
傷　　害	①頸椎捻挫、②腰部挫傷
認定変更	非該当→14級9号（①頸椎捻挫後の残存症状を評価）
1	**事案の概要**

甲（事故時29歳）は、自動車を運転して赤信号で停止中に追突され、約6か月の通院治療後に症状固定の診断を受けたので、後遺障害の認定を求めたところ非該当の判断であったため、異議申立を行った。

［後遺障害診断書の記載内容］

症状固定日	＊＊年＊月＊＊日
傷病名	頸椎捻挫、腰部挫傷
自覚症状	頸部痛、めまい、左小指・環指のしびれ感
他覚所見および検査結果等	頸椎可動制限 ジャクソンテスト、スパーリングテスト軽度陽性 左握力低下、右30キログラム、左24キログラム
頸椎部運動障害	屈曲：他動45度自動45度 伸展：他動40度自動40度、右回旋50度、左回旋50度、右側屈40度、左側屈40度
障害内容の増悪・緩解の見通し	受傷6か月経過し、緩解、増悪を繰り返す可能性あり

第3章　異議申立

| 2 | 当初の自賠責保険の判断 |

結論

　自賠責保険の後遺障害には該当しないものと判断します。

理由

　頸椎捻挫に伴う「頸部痛、めまい、左小指・環指のしびれ感」の症状については、提出の画像上、本件事故による骨折等の器質的異常所見は認められず、その他提出の医証からも症状の裏付けとなる客観的な医学的所見に乏しく、その他治療経過、症状推移等からも将来にわたり残存する障害とは捉え難いことから、自賠責保険の後遺障害には該当しないものと判断します。

　なお、頸椎部の運動障害については、その運動可動域が制限されるような骨折等の器質的損傷が認められないことから、自賠責保険の後遺障害としては評価できません。

| 3 | 異議申立 |

　甲は、(1)異議申立書と(2)日常生活状況報告書を作成して、主治医に(3)意見書作成を依頼（意見書作成のお願い）し、(4)医師の意見書を添えて、異議申立を行った。

(1)　異議申立書

＊＊年＊＊月＊＊日

○○損害保険株式会社　御中

甲・住所
甲・氏名

異議申立書

　＊＊年＊＊月＊＊日発生事故の後遺障害に関して非該当の通知を受けましたが、私には障害が残っており、後遺障害に該当するものと考えますので、再度審査いただきたくお願い申し上げます。

添付
1. 日常生活状況報告書
2. 主治医意見書

---

(2)　日常生活状況報告書

＊＊年＊＊月＊＊日

○○損害保険株式会社　御中

甲・住所
甲・氏名

日常生活状況報告書

はじめに

　私は、＊＊年＊月＊＊日の事故により負傷し、現在も症状改善のため治療中で、不自由な毎日を送っております。

日常生活の実態と状況は以下のとおりです。
1. 起居動作
＜起床時、寝ていて起き上がる時＞
　毎朝、体を横に向けてから手をついて起きる（手をつかないで仰臥位で起きると痛みがある）。
＜顔を洗う時＞
　下を向くとこわばり、痛みがあるため洗うのが難しい。
2. 現在の症状
　頭痛、後頸部痛、肩痛、左手の手のひら・指先のしびれが常にある。
3. 運動等
　事故前は、ゴルフがストレス解消および趣味でもあったため、頻繁に通っていたが、練習に行くと後日痛みがひどくなったため、行けなくなってしまった。
4. 仕事
　受傷時は無職であったが、介護の仕事に就くために資格を取得した。
　しかし、痛み（治療）があるため就職できなかった。
　現在は、介護の職に就いていますが、状況は以下のとおりです。
　ア．日中は痛み緩和のため、湿布薬を使用している。
　イ．左手・左腕の力が衰え、重い物を持つ時や左手を挙げる動作が苦痛である。
　ウ．常に手指のしびれとこわばりがあるため、十分に力が入らず、手早く作業ができない。
　エ．時々休まないと苦痛である。辛い時は一時中断しながら仕事をしている。
　オ．左手をベッドについたり、左手に力を入れる介助では常に痛みがあり、力が入らない。
　カ．利用者様を介助する時左手に自信がないため、右手のみで介助するので不便である。

(3) 意見書作成のお願い

＊＊年＊＊月＊＊日

△△整形外科

院長　△△　△△　先生

甲・住所

甲・氏名

意見書作成に関するお願い

拝啓

　ますますご清栄のこととお喜び申し上げます。

　私は、＊＊年＊＊月＊＊日の事故により負傷し、後遺障害の認定申請を行いましたが、非該当の判断でした。

　障害は現に残っており、該当しないとの判断はとても受け入れられるものではありません。

　事故後は、障害によって生活も大きく変わり、不自由な日々を送っております。

　つきましては、このたび後遺障害等級認定異議申立を行うこととしましたので、是非先生のご協力をいただきたいと存じます。

　ご多忙中恐れ入りますが、意見書を作成いただけますようお願い申し上げます。

敬具

(4) 医師の意見書

> 意見書
>
> 患者名：甲
> 傷病名：頸椎捻挫、腰部挫傷
> ① 受傷機転
> 　患者は、軽自動車を運転しているとき信号待ち停止中のところへ追突された。約2メートル押し出されたと聞いている。
> 　車両後部の修理費損害は見積書によれば約30万円。事故により患者身体の頸部および腰部に衝撃が及んだと推測される。
> ② 治療歴
> 　＊＊年＊月＊＊日の交通事故にて受傷。同日より当院に通院。後頸部から両肩にかけての疼痛、左上肢のだるさ、腰痛があり、＊月＊＊日まで局所の安静を指示した。
> 　その後運動器リハビリテーションを開始した。＊月＊＊日まで運動器リハビリテーションを行った。
> 　その後は患者本人の希望により整骨院に通院し、月に2回ほど当院にて経過観察を行った。
> ③ 事故前の身体状況
> 　日常生活動作、スポーツ等に支障はなかったと聞いている。
> ④ 現在の自覚症状
> 　頭痛、後頸部痛、肩痛、左手のしびれがあり、朝起きるとき手をつかないで起きると痛みが出現する。
> 　事故前はゴルフが趣味だったが、スウィング時に疼痛が強くなり、練習に行けなくなった。
> 　その後介護職に就いたが、仕事中は貼付剤を使用している。左手に力が入らず、重い物を持つときや上肢の挙上が苦痛である。
> ⑤ 他覚所見
> 　頸椎疼痛性可動制限
> 　左手握力の低下、右30キログラム、左24キログラム
> 　ジャクソン・スパーリング疼痛誘発試験陽性
> ⑥ 受傷と症状の関係
> 　受傷時頸椎および腰椎X線にて明らかな異常所見は認めないが、事故による衝撃により軟部組織の損傷と自律神経の障害が起こり、保存療法の限界もあり、特に頸部と左上肢に症状が残存したと思われる。
> 　残存症状に一貫性があり、部位および症状に変遷はない。
> 　現在も整骨院に通院しており、当院にも月2回ほど通院している。
> ⑦ 予後
> 　症状固定後5か月後の現在、症状の改善が見られず、今後の改善の可能性は低いと思われる。
> ⑧ 最近の通院状況
> 　（症状固定日から現在までの通院日を記載）
> 　　　　　　　　　　　　　＊＊年＊月＊日

　　　　　　　　　　　△△整形外科
　　　　　　　　　　医師△△　△△

| 4 | 異議申立後の自賠責保険の判断 |

結論

　自賠法施行令別表第二14級9号に該当するものと判断します。

理由

　異議申立に基づき、後遺障害診断書、医療照会回答書および画像等を再検討した結果、次のとおり判断します。

　頚椎捻挫後の頚部痛については、画像上、本件事故による骨折等の器質的損傷は認められず、医療照会回答書からも明らかな他覚的異常所見は認め難く、他覚的に神経系統の障害が証明されるものと捉えることは困難です。

　しかしながら、医療照会回答書および△△整形外科の意見書（＊＊年＊月＊日発行）上、受傷当初から症状の一貫性が認められ、その他治療状況も勘案すれば、将来においても回復が困難と見込まれる障害と捉えられますので、「局部に神経症状を残すもの」として別表第二14級9号に該当するものと判断します。

　なお、頚椎部の運動障害については、提出の画像上、その原因となる骨折、脱臼等は認められないことから、自賠責保険における後遺障害には該当しないものと判断します。

■解　　説■

　甲は、受傷の約6か月後に症状固定と診断されたが、その後も通院治療を続けていた。主治医が意見書を作成したのは、症状固定の約5か月後である。日常生活状況報告書には、支障の状況が詳細かつ具体的に記載されている。

　意見書では、受傷機転として、事故状況、車体（軽自動車）、押し出し距離、車両損害が記載されている。医師は前記情報を確認した上で、「頚部および腰部に衝撃が及んだと推測される。」として、受傷の相当性を認識した上で記載している。

　症状残存の理由として、「事故による衝撃により軟部組織の損傷と自律神経の障害が起こり、保存療法の限界もあり、特に頚部と左上肢に症状が残存したと思われる」とし、症状の推移については、「一貫性があり、部位および症状に変遷はない」と見解を述べている。

　自賠責保険は、甲の頚椎部の運動障害について、「提出の画像上、その原因となる骨折、脱臼等は認められないことから、自賠責保険における後遺障害には該当しないものと判断します」としているが、自賠責保険の認定において、当該部位に脱臼・骨折等の器質的損傷の所見がない場合には、頚椎部（脊柱）の運動障害としての評価は

第3章　異議申立

できないこととなっている[15]。

　自賠責保険は、障害存在の証明には至らないが、症状の一貫性と回復困難性を認め、認定を変更したものである。

■□参考事例2□■

　交通事故においては、多部位に傷害を負うことは珍しくない。本事例では、頸部、腰部ほかに傷害を負ったとし、他覚所見に乏しく、自覚症状が主体である神経症状残存の典型例として策定した。事故と受傷の整合性、症状残存の妥当性と評価が要点といえる。

頸椎捻挫ほかに伴う頸部痛、肩痛、上肢のしびれ、触覚低下等の症状については、いずれも後遺障害に該当しないとされた結論を変更し、神経障害併合14級とした事例	
傷　　害	①頸椎捻挫、②腰椎捻挫、③左上腕打撲、④左肋骨骨折
認定変更	非該当→14級（①頸椎捻挫後の残存症状14級9号、②腰椎捻挫後の残存症状14級9号、併合14級）
1	事案の概要

　甲（事故時59歳）は、道路横断中に自動車に衝突され、約1年の通院治療後に症状固定の診断を受けたので、後遺障害の認定を求めたところ非該当の判断であったため、異議申立を行った。

［後遺障害診断書の記載内容］

症状固定日	＊＊年＊月＊＊日
傷病名	頸椎捻挫、腰椎捻挫、左上腕打撲、左肋骨骨折

---

(15) 「頸椎部の運動障害については、提出の画像上、当該部位に脱臼・骨折等の器質的損傷の所見がないことから、自賠責保険における脊柱の運動障害としての障害としての評価はでき」ない（神戸地判平成22年12月7日交通民集43巻6号1587頁、自賠責保険の認定）。

(16) 「ホフマン反射　Hoffmann's reflex　手関節部を軽く背屈させた後、検者の右手中指と示指で被検者の中指中節を握り、母指で被検者の中指の爪の部分を下にはじくと、母指および他の指が内屈する反射。これは正常の手指屈筋反射であるが、正常者では閾値が高く出にくいので、出現するときは病的反射として扱う」日野原重明ほか編『看護・医学事典〔第4版〕』（医学書院、1982）857頁。

(17) 「トレムナー反射　Troemner's reflex　手の病的反射の一つ。手を軽く背屈させ、中指の先端を手掌面から検者の指で強くはじいて、母指が内転すれば陽性である。一側だけに現れるときには錐体路障害を考える。両側に現れるときには必ずしも病的ではなく、単に神経質でも起こることがある」日野原ほか編・前掲注(16) 659頁。

(18) 「ライトテスト　Wright test　座位で両肩関節を外転90度、外旋90度、肘90度屈曲位をとらせると橈骨動脈の脈拍が減弱する。肋鎖間隙での圧迫を考える」松野丈夫＝中村利孝総編集『標準整形外科学〔第12版〕』（医学書院、2014）871頁。

自覚症状	頸部痛、腰痛、背部痛、上肢のしびれ、触覚低下、下肢のしびれ
他覚所見および検査結果等	握力右12.5キログラム、左14キログラム スパーリングテスト(左) +－ (右) +－、ホフマン反射[16] －－、トレムナー反射[17] －－、ライトテスト[18] +－+－、ROM[19] 問題なし、手のスピードテスト[20] 問題なし、本人の自覚症状としては動かしにくいとのこと、深部腱反射正常 しびれと触覚低下の図示
障害の程度	記載なし
障害内容の増悪・緩解の見通し	不変

2	当初の自賠責保険の判断

結論

自賠責保険の後遺障害としては非該当と判断します。

理由

1. 頸椎捻挫に伴う頸部痛、肩痛、上肢のしびれ、触覚低下等の症状については、提出の画像上異常は認められず医証上も神経学的検査所見に乏しく、治療経過を総合し自訴の症状の残存が説明できず、自賠責保険の後遺障害としては非該当と判断します。
2. 腰椎捻挫、左上腕打撲等に伴う背部痛、腰痛、下肢のしびれ、触覚低下等の症状については、提出の画像上経年性の変性が見られるものの、医証上も神経学的検査所見に乏しく、治療経過を総合し自訴の症状の残存が説明できず、自賠責保険の後遺障害としては非該当と判断します。

3	異議申立

甲は、(1)異議申立書と(2)日常生活状況報告書を作成して、主治医に(3)意見書作成を依頼（意見書作成のお願い）し、(4)医師の意見書を添えて、異議申立を行った。

(1) 異議申立書

```
                                              ＊＊年＊＊月＊＊日
△△損害保険株式会社　御中
○○損害保険株式会社　御中
                                              甲・住所
                                              甲・氏名

                      後遺障害異議申立書
```

(19) 「関節可動域　英 joint range of motion（ROM）」南山堂・前掲注(6) 454頁。
(20) 「スピードテスト　Speed test　肘伸展、前腕回外位で抵抗下に腕を前方挙上させると痛みが誘発される」松野＝中村総編・前掲注(18) 455頁。

記

1. 事故年月日　　　　　：＊＊年＊＊月＊＊日
2. 被害者　　　　　　　：甲
3. 加害者　　　　　　　：乙
4. 自賠責保険会社　　　：△△損害保険株式会社
5. 自賠責保険証明書番号：＊＊－＊＊＊＊＊＊－＊
6. 自動車保険会社　　　：○○損害保険株式会社
7. 自動車保険証券番号　：＊＊＊＊＊＊＊＊＊
8. 自動車保険事故番号　：＊＊＊＊＊＊＊＊＊

　上記事故の後遺障害に関しては、先に非該当の旨の通知を受けましたが、私の障害は少なくとも14級以上には該当するものと考えますので、再度審査いただきたくお願い申し上げます。

添付
　1. 日常生活状況報告書
　2. 意見書

(2) 日常生活状況報告書

＊＊年＊＊月＊＊日

△△損害保険株式会社　御中
○○損害保険株式会社　御中

甲・住所
甲・氏名

日常生活状況報告書

はじめに
　私は、＊＊年＊＊月＊＊日の事故により障害を負い、現在もなお苦しい状態が続き、治療を続けております。
　日常生活と実態等は以下のとおりです。

1. 現在の状況
　　頸部痛、上肢（指先）のしびれ、肩痛、頭痛、腰痛、背部痛、下肢のしびれ
2. 起居動作
　［起床時］
　　ア．まず横になってから、手をついて起きる（手をつかないと起き上がれない）。
　　イ．腰が硬く慢性的な痛みがあるため急な動作ができない。無理に動かそうとすると痛みが増す。
　［立姿勢］
　　ア．立ち続けていると足がしびれて腰部を中心に疲労感が増してくる。
　　イ．事故前は半日位立っていても平気だったが、現在立ち仕事は1時間以上できず、時々休まなければならない。
3. 仕事
　　ア．立姿勢を続けるため、首、肩、背中、腰、足が痛くなり、立っているのが辛く時々

　　　　座るが、座って立ち上がるときも背中、腰、足が痛くなる。
　　イ．日中はコルセットや湿布薬を使用している。
　　ウ．事故後は物を持つ力が衰え、重い物が一切持てない。
　　エ．手が震え、力が入らない。物を落とすことがある。
　　オ．手指のしびれと十分に力が入らないため、ハサミ、針を使う仕事がしづらい。
　　カ．仕事上、ハサミ、針を使わざるを得ないが、細かい巧みな動作ができず、かつ、手早くできない。仕事を終えると手指がこわばる。

(3) 意見書作成のお願い

　　　　　　　　　　　　　　　　　　　　　　　　　　　　　＊＊年＊＊月＊＊日
　□□整形外科
　□□　□□　先生
　　　　　　　　　　　　　　　　　　　　　　　　　　　　　　　甲・住所
　　　　　　　　　　　　　　　　　　　　　　　　　　　　　　　甲・氏名

　　　　　　　　　　　　　意見書作成に関するお願い
　拝啓
　　ますますご清栄のこととお喜び申し上げます。
　　私は、＊＊年＊＊月＊＊日の事故により負傷し、現在も不自由な日々を送っております。
　　本件事故による障害について、後遺障害等級認定を受けましたところ、「非該当」の判断を受けました。
　　しかし、非該当の認定は私の障害の評価として納得できるものではなく、少なくとも14級以上には該当するものと考えております。
　　つきましては、このたび後遺障害等級認定異議申立を行うこととしましたので、是非先生のご協力をいただきたいと存じます。
　　ご多忙中恐れ入りますが、意見書を作成いただけますようお願い申し上げます。
　　　　　　　　　　　　　　　　　　　　　　　　　　　　　　　　　　　　　敬具

(4) 医師の意見書

　　　　　　　　　　　　　　　　　意見書
　甲・住所
　甲・氏名
　甲・生年月日
　1．傷病名
　　頚椎捻挫、腰椎捻挫、左上腕打撲、左肋骨骨折
　2．治療歴
　　＊＊年＊＊月＊＊日の事故にて受傷。同日より当診管理。頚部痛、腰痛、背部痛、左上肢の痛み、左胸部痛あり、上記診断。

リブバンド[21]固定、カラーキーパー[22]固定、薬物療法、その後に物理療法などにて治療した。

左上肢のしびれが時々あり、筋力低下あり、触覚低下あり。治療による症状改善は軽度。

＊＊年＊月＊＊日に症状平衡状態と判断し、症状固定として終了した。

しかしながら、頸部痛、腰痛、背部痛、上肢のしびれ、触覚低下、下肢のしびれ、触覚低下、四肢の筋力低下あり、月2回程度通院している。

3. 事故前の身体状況、日常生活動作

特に問題なく仕事も可能であった。

4. 自覚症状

頸部痛、腰痛、背部痛あり、左上肢のしびれ、筋力低下あり、触覚低下あり。

販売のための出張で電車に乗るなどで困難あり、仕事上でドライヤーをかけたりするが、重さ、疲労のため、1時間程度までしか作業ができない。

5. 他覚所見

握力右12.5左14キログラム、低下、徒手筋力テストでは上肢は3＋～4程度、下肢は挙上のみ4その他は5、右上肢の触覚は前腕から先で低下、3／10～9／10、左上記の触覚は上腕から先で低下、1／10～9／10、右下肢の触覚は大腿から低下、1／10～9／10、左下肢の触覚は大腿から低下、1／10～9／10程度、姿勢によりしびれ（異常感覚）があり、スパーリングテスト両側で＋－、ライトテスト両側で＋－、スピードテストは正常範囲内ではあるが、本人の自覚症状としては動かしにくいとのこと。

6. 受傷と症状の関係

X線写真、MRI所見では、頸椎、腰椎の変形あり。これにより、軽度の脊髄への圧迫はあり得たと思われる。事故により軽度の損傷があったと考えられる。

また、頸部、腰部の軟部組織、筋肉への損傷のため、痛みが出たと考えられる。

さらにこれにより、頸腕症候群を合併したと考えられる。痛みのための廃用にて、筋力低下が起こったものと考えられる。受傷により症状発症し、現在の症状が残存することは十分妥当である。

7. 予後

筋肉の萎縮は、1年が経過しているため、改善の可能性は低い。神経症状についても同様である。

8. 最近の通院状況

（症状固定日以降、意見書作成日までの通院日を記載）

上記のとおり証明します。

＊＊年＊月＊＊日

□□整形外科

医師□□　□□

4　異議申立後の自賠責保険の判断

結論

---

(21) 胸部固定帯。
(22) 頸椎固定用シーネ（頸部コルセット）。

自賠責等級別表第二併合14級と判断します。

理由

ご提出の異議申立書と日常生活状況報告書によりますと、事故後も頸部痛、腰痛等のため、起床時や立姿勢等で上記症状の残存から苦しい状態が続いており、頸椎捻挫と腰椎捻挫等による神経症状が残存しておりますとの主旨から自賠責の後遺障害に対する再審請求と解されますので、ご提出の医証、意見書、画像等慎重に検討した結果、以下のとおりと判断します。

1. 頸椎捻挫に伴う頸部痛、上肢のしびれ、触覚低下等との症状については、意見書で神経学的に、握力低下、左右上肢の触覚低下等と所見されておりますが、ご提出の頸部XPによれば骨傷等の外傷所見はなく、症状の残存を裏付ける有意な所見は得られておりません。

    しかしながら本件事故受傷による上記症状が症状固定まで一貫して所見され、症状固定後においても通院治療していること等から、将来においても回復が困難と見込まれる身体的な毀損状態であることを否定し難く、医学的に推定可能なものと捉え、局部に神経症状を残すものとして自賠責等級別表第二14級9号適用と判断します。

2. 腰椎捻挫に伴う腰痛、下肢のしびれ、触覚低下等との症状については、意見書で神経学的に、左右下肢の触覚低下、姿勢によりしびれ（異常感覚）等と所見されておりますが、ご提出の腰部MRIによれば提出の画像上僅かの変性は認められるものの神経の圧迫所見は認められず、前記お申立の訴えの症状については他覚的に神経系統の障害が証明されたものとは捉えられません。

    しかしながら、本件事故受傷による上記症状が症状固定まで一貫して所見され、症状固定後においても通院治療していること等から、将来においても回復が困難と見込まれる身体的な毀損状態であることを否定し難く、医学的に推定可能なものと捉え、局部に神経症状を残すものとして自賠責等級別表第二14級9号適用と判断します。

    上記1.と2.を併合し、自賠責等級別表第二併合14級と判断します。

■解　説■

甲は自動車に衝突され、肋骨骨折の傷害を負っていることから、身体には相当のダメージを受けたと推測される。

主治医は、画像診断として「X線写真、MRI所見では、頸椎、腰椎の変形あり」と所見している。甲は59歳であるから、加齢による変性である可能性もある。加齢変性がある場合は、一般的に症状が発現しやすく、改善しにくい傾向があるとされている。

症状が残存する理由として、「頸部、腰部の軟部組織、筋肉への損傷のため、痛みが出たと考えられる。さらにこれにより、頸腕症候群を合併したと考えられる。痛みのための廃用にて、筋力低下が起こったものと考えられる。」との見解を述べている。

甲の症状は、本件事故によって生じ、症状固定後も治療を続けていたことも含めて、

事故当初から一貫して存在すると認められることから、証明には至らないが、その存在は医学的に推定可能なものと判断されたため、認定が変更されたものである。

■□参考事例3□■

追突された被害者が、頸部とともに腰部の傷害を訴えることはかなり多いといえる。本事例は、頸部と腰部に神経症状を残したとの設定に基づき、策定した。事故と受傷の整合性、症状残存の妥当性、将来残存性が要点といえる。

頸椎捻挫、胸椎捻挫、腰椎捻挫に伴う、腰痛・後頸部痛が常時ある、疲れると後頸部痛が強くなる等の症状については、後遺障害に該当しないとされた結論を変更し、頸部と腰部に神経障害の残存を認め併合14級とした事例	
傷　　害	①頸椎捻挫、②胸椎捻挫、③腰椎捻挫
認定変更	非該当→14級（①頸椎捻挫後の残存症状14級9号、③腰椎捻挫後の残存症状14級9号、併合14級）

1	事案の概要

甲（事故時22歳）は、自動車を運転して赤信号で停止中に追突され、約1年2か月の通院治療後に症状固定の診断を受けたので、後遺障害の認定を求めたところ非該当の判断であったため、異議申立を行った。

[後遺障害診断書の記載内容]

症状固定日	＊＊年＊月＊＊日
傷病名	頸椎捻挫、胸椎捻挫、腰椎捻挫
自覚症状	腰痛・後頸部痛が常時ある。疲れると後頸部痛が強くなる。両手指のしびれは常にあり、疲れると増悪する。
他覚所見および検査結果等	両上肢・肩甲帯の筋力は痛みと廃用により、4レベル。握力右16.5キログラム、左15キログラム。ホフマン反射等異常反射なし。 上肢の触覚は正常だが、指先すべてが常時しびれている。 頸椎MRI正常。頸椎・胸椎・腰椎X線正常
頸椎部運動障害	屈曲：他動45度自動45度 伸展：他動40度自動40度 回旋：他動右40度他動左40度、自動右40度自動左40度 側屈：他動右40度他動左40度、自動右40度自動左40度
障害内容の増悪・緩解の見通し	記載なし

2　当初の自賠責保険の判断

結論

　自賠責保険の後遺障害には該当しないものと判断します。

理由

　自賠責保険における後遺障害については、交通外傷によって生じた障害であってその障害の存在が医学的に認められ、かつ将来においても回復が困難と医学的に見込まれる精神的または身体的な毀損状態をいいます。

　ご提出の医証等をこの要件に該当するかどうか検討の結果、次のとおりと判断します。

　頸椎捻挫、胸椎捻挫、腰椎捻挫に伴う腰痛・後頸部痛が常時ある、疲れると後頸部痛が強くなる、両手指のしびれは常にあり、疲れると増悪する等の症状については、提出の画像上、特段の異常所見は認められず、有意な神経学的異常所見に乏しく、将来にわたり残存する障害とは捉え難いことから、自賠責保険の後遺障害には該当しないものと判断します。

3　異議申立

　甲は、(1)異議申立書と(2)日常生活状況報告書を作成して、主治医に(3)意見書作成を依頼（意見書作成のお願い）し、(4)医師の意見書を添えて、異議申立を行った。

(1)　異議申立書

＊＊年＊＊月＊＊日

○○損害保険株式会社　御中

甲・住所
甲・氏名

後遺障害異議申立書

記

1. 事故年月日　　　　：＊＊年＊＊月＊＊日
2. 被害者　　　　　　：甲
3. 加害者　　　　　　：乙
4. 自賠責保険　　　　：○○損害保険株式会社
5. 自賠責保険証明書番号：＊＊＊＊＊＊＊＊＊＊

　上記事故の後遺障害に関しては、先に非該当の旨の通知を受けましたが、障害は現在もなお残存しており、納得できるものではありません。

　私の症状は、後遺障害に該当するものと考えますので、再度審査いただきたくお願い申し上げます。

添付
  1. 日常生活状況報告書
  2. 主治医の意見書

第3章　異議申立

(2)　日常生活状況報告書

＊＊年＊＊月＊＊日

○○損害保険株式会社　御中

甲・住所
甲・氏名

日常生活状況報告書

はじめに
　私は、＊＊年＊＊月＊＊日の事故により障害を負い、現在もなお苦しい、不自由な毎日を送っております。
　日常生活の状況と実態は以下のとおりです。
1．起居動作
［起床、寝ていて起き上がるとき］
　ア．まず横になってから、手をついて起きる（手をつかないと起き上がれない）。
　イ．腰が硬く、慢性的な痛みがあるため急な動作ができない。少しでも無理に動かそうとすると痛みが増す。
［立姿勢］
　ア．立ち続けていると疲れる。腰部を中心に疲労感が増してくる。
　イ．事故前は1時間以上立っていても疲れは感じなかったが、現在は40分ほど立っていると疲れてきて、一時休まなければならない。
2．歩行
　事故前は長時間歩いても平気で、異常を感じることはなかったが、事故後は歩くのが苦痛である。20分以上歩くと腰が痛くなる。
3．仕事
　ア．立姿勢を続けるため、首、肩、背中、腰、足が痛くなり、立っているのが辛くなる。連続しての長時間労働はできないので、時々休みながら仕事をしている。
　イ．日中はコルセットを使用している。
　ウ．事故後は物を持つ力が衰え、重い物が持てない。
　エ．手が震え、力が入らず、物を落とすことがある。
　オ．手指のしびれと十分に力が入らないため、ハサミ、針を使う仕事がしづらい。
　カ．手指のしびれのため、ハサミを使う作業は十分にはできない。何とか仕事はしているが、手指がこわばって手際の良い細かい動作は難しい。

---

(3)　意見書作成のお願い

＊＊年＊＊月＊＊日

○○診療所
　○○　○○　先生

甲・住所
甲・氏名

意見書作成に関するお願い

> 拝啓
> 　ますますご清栄のこととお喜び申し上げます。
> 　私は、＊＊年＊＊月＊＊日の事故により負傷し、治療を受けました。その節は大変お世話になりました。
> 　事故後は、障害によって生活も大きく変わり、不自由な日々を送っております。
> 　貴診療所で治療を受ける前に、一度後遺障害診断を得て、後遺障害等級認定を受けたところ、「非該当」となりました。
> 　しかし、前記認定は私の障害の評価として納得できるものではなく、何らかの後遺障害等級には該当するものと考えております。
> 　つきましては、このたび後遺障害等級認定異議申立を行うこととといたしましたので、是非先生のご協力をいただきたいと存じます。
> 　ご多忙中恐れ入りますが、意見書を作成いただけますようお願い申し上げます。
> 　　　　　　　　　　　　　　　　　　　　　　　　　　　　　　　　　　敬具

(4) 医師の意見書

> 　　　　　　　　　　　　　　　　意見書
> 　　　　　　　　　　　　　　　　　　　　　　　　　　　　○○診療所
> 　　　　　　　　　　　　　　　　　　　　　　　　　　医師　○○　○○
>
> 1. 患者名　甲
> 2. 傷病名　頸椎捻挫、胸椎捻挫、腰椎捻挫
> 3. 治療歴
> 　　＊＊年＊＊月＊＊日　交通事故受傷　△△外科通院
> 　　当院＊＊年＊＊月＊＊日より通院
> 　腰痛、後頸部痛、両手指先のしびれ、頸椎可動域は全体に狭く、ホフマン、トレムナー等の異常反射はなかった。
> 　当院で牽引療法、温熱療法を行うも、症状改善は見られなかった。
> 　痛みのため、日常生活にも支障あり、廃用のため肩甲帯上肢の筋力低下を認めた。
> 4. 事故前の身体状況、日常生活動作
> 　　特に問題なく仕事可能であった。
> 5. 症状の経過
> 　　当院通院 8 か月に及んだが、腰痛、後頸部痛の改善はなく、腰痛、後頸部痛は持続している。
> 6. 自覚症状
> 　　起床時首腰の痛みがあり、手をついて起き上がらなければならない。
> 　　痛みのため急な動作ができない。
> 　　40 分の立位姿勢で、腰痛、後頸部痛が増悪し、休まなければならない。
> 　　20 分以上の歩行が腰痛のためできない。
> 　　上肢の力が落ち、重い物が持てない。
> 　　ハサミを使うと指先のしびれが出て、手際の良い細かい作業ができない。
> 7. 他覚所見

両上肢から肩甲帯の筋力は廃用のためほぼGoodレベル
握力　右16.5キログラム　左15キログラム
指先の触覚は正常である。

8. 受傷と症状の関係

頚椎X線、腰椎X線にて骨折、異常変形は認めない。頚椎MRIにて椎間板、脊髄神経は異常を認めない。

頚椎捻挫、腰椎捻挫による軟部組織の損傷とそれによる疼痛が受傷時より起きたものと思われる。通常保存治療で軽快することが多いが、痛みのため廃用が進み、筋力低下のため40分ほどの立位で腰痛が出現するものと思われる。

後頚部痛も、廃用のため筋拘縮があり、可動域が狭く、頚椎可動で痛みが出現するものと思われる。

指先のしびれ感は神経障害ではなく、筋力低下廃用によって、ハサミ等使用によりこわばり感があるものと思われる。

受傷により症状発症し、現在症状が残存することは医学的に十分妥当である。

9. 予後

筋の廃用、筋拘縮は通常自然経過で使用することにより改善することが多い。

しかし、本症例では、1年半の経過で改善は見られず、今後の改善の可能性は低いと思われる。

4　異議申立後の自賠責保険の判断

結論

自賠責等級別表第二14級適用と判断します。

理由

異議申立につき、新たにご提出の医証、回答書等を再度検討した結果、下記のとおり判断します。

1. 後頚部痛が常時ある、疲れると後頚部痛が強くなる、両手指のしびれは常時あり、疲れると増悪する等の症状については、症状を裏付ける有意な他覚所見は得られておりませんが、△△外科の照会回答書（＊＊年＊＊月＊＊日付）および○○診療所の照会回答書（＊＊年＊＊月＊＊日付）によれば、後頚部痛の症状は受診当初から一貫して継続していることが認められること、症状の将来における残存性を否定することは困難と捉えられることから、「局部に神経症状を残すもの」として、自賠責等級別表第二14級9号適用と判断します。

なお、頚椎部の運動制限については、運動可動域が制限されるような骨傷等の器質的損傷は認められないため、自賠責保険の後遺障害としては評価できません。

2. 腰痛が常時ある等の症状については、症状を裏付ける有意な他覚所見は得られておりませんが、△△外科の照会回答書（＊＊年＊＊月＊＊日付）および○○診療所の照会回答書（＊＊年＊＊月＊＊日付）によれば、腰痛の症状は受診当初から一貫して継続していることが認められることから、症状の将来における残存性を否定することは困難と捉えられることから、「局部に神経症状を残すもの」として、別表第二14級9号

適用と判断します。
　上記 1. 2. を併合し、別表第二併合 14 級適用と判断します。

■解　説■

　甲は、△△外科で約 6 か月通院治療を受け、その後に○○診療所へ転院し、同診療所で約 9 か月の通院治療を受けた。異議申立時は、事故後約 1 年半である。

　甲の残存症状について、主治医（○○診療所医師）は、「頸椎捻挫、腰椎捻挫による軟部組織の損傷とそれによる疼痛が受傷時より起きたものと思われる。……痛みのため廃用が進み、……後頭部痛も、廃用のため筋拘縮があり」と見解を述べている。

　自賠責保険は、他覚所見は乏しいが、症状は受診当初から一貫して継続していることと将来における残存性を認めて、認定を変更したものである。

■□参考事例 4□■

　骨折自体は順調に治癒しながら、なお骨折部位（周辺を含む）に神経症状を残す場合がある。その場合には、症状残存についての医学的説明を示す必要がある。本事例は、症状残存の医学的妥当性と認定の可否を要点として策定した。

左足捻挫、左第 4 趾基節骨骨折に伴う安静時自発痛等の症状については、後遺障害に該当しないとされた結論を変更し、神経障害の 14 級 9 号とした事例	
傷　　害	左足捻挫、左第 4 趾基節骨骨折、右手第 3 指ＭＰ関節部捻挫および打撲
認定変更	非該当→14 級 9 号
1	事案の概要

　甲（事故時 39 歳）は、歩行中に自動車に衝突され、約 1 年の通院治療後に症状固定の診断を受けたので、後遺障害の認定を求めたところ非該当の判断であったため、異議申立を行った。

［後遺障害診断書の記載内容］

症状固定日	＊＊年＊月＊＊日
傷病名	左足捻挫、左第 4 趾基節骨骨折、右手第 3 指 MP 関節部捻挫および打撲
自覚症状	左足は安静時自発痛あり。正座は 1 分程度で疼痛増強する。階段は昇り降りで疼痛増強する。 右手はタオルや雑巾を絞る際に痛みを自覚し、物を持つと痛みが増強する。
他覚所見および検査結果等	反射正常 X 線検査で特に異常を認めず。

	骨シンチグラフィー[23]でも明らかな異常集積なし。疼痛部の図示あり。
関節機能障害	可動域制限なし。
障害内容の増悪・緩解の見通し	受傷よりかなりの時間を経過しているが、現在の症状は緩解する見通しは乏しい。

2　当初の自賠責保険の判断

結論

自賠責保険の後遺障害には該当しないものと判断します。

理由

自賠責保険における後遺障害については、交通外傷によって生じた障害であってその障害の存在が医学的に認められ、かつ将来においても回復が困難と医学的に見込まれる精神的または身体的な毀損状態をいいます。

ご提出の医証等をこの要件に該当するかどうか検討の結果、次のとおりと判断します。

1. 左足捻挫、左第4趾基節骨骨折に伴う安静時自発痛、正座は1分程度で疼痛増強する、階段は昇り降りで疼痛増強する等の症状については、提出の画像上左第4趾基節骨骨折は認められるものの癒合しており、神経学的検査所見に乏しく、治療経過を総合し自訴の症状の残存が説明できず、自賠責保険の後遺障害としては非該当と判断します。
2. 右手第3指MP関節部捻挫および打撲に伴うタオルや雑巾を絞る際に痛みを自覚し、物を持つと痛みが増強する等の症状については、提出の画像上異常は認められず、医証上も神経学的検査所見に乏しく、治療経過を総合し自訴の症状の残存が説明できず、自賠責保険の後遺障害としては非該当と判断します。

3　異議申立

甲は、(1)異議申立書と(2)日常生活状況報告書を作成して、主治医に(3)意見書作成を依頼（意見書作成のお願い）し、(4)医師の意見書を添えて、異議申立を行った。

(1)　異議申立書

```
                                              ＊＊年＊＊月＊＊日
△△損害保険株式会社　御中
○○損害保険株式会社　御中
                                              甲・住所
                                              甲・氏名

              後遺障害異議申立書
                    記
```

---

[23]「骨シンチグラフィー　英 bone scintigraphy……［骨スキャン bone scan］骨に集積するRI標識トレーサを静注後、シンチカメラで全身および局所のイメージを撮影する核医学画像検査。……静注2〜4時間後に撮影が行われる。正常の骨格が描出されるが、腫瘍、炎症、外傷などの病巣部では放射能集積が増加する。……」南山堂・前掲注(6)856頁。

1. 事故年月日　　　　　　：＊＊年＊＊月＊＊日
2. 被害者　　　　　　　　：甲
3. 加害者　　　　　　　　：乙
4. 自賠責保険会社　　　　：△△損害保険株式会社
5. 自賠責保険証明書番号　：＊＊－＊＊＊＊＊＊＊－＊
6. 自動車保険会社　　　　：○○損害保険株式会社
7. 自動車保険証券番号　　：＊＊＊＊＊＊＊＊＊
8. 自動車保険事故番号　　：＊＊＊＊＊＊＊＊＊

　上記事故によって生じた私の障害に関して、非該当の通知を受けましたが、私の障害は少なくとも14級以上には該当するものと考えますので、再度審査いただきたくお願い申し上げます。

添付
　1．日常生活状況報告書
　2．主治医の意見書

(2)　日常生活状況報告書

　　　　　　　　　　　　　　　　　　　　　　　　　　　　　　　＊＊年＊＊月＊＊日
○○損害保険株式会社　御中
　　　　　　　　　　　　　　　　　　　　　　　　　　　　　　　甲・住所
　　　　　　　　　　　　　　　　　　　　　　　　　　　　　　　甲・氏名

　　　　　　　　　　　　　　　　日常生活状況報告書

はじめに
　私は、＊＊年＊＊月＊＊日の事故により障害を負い、現在もなお苦しい、不自由な毎日を送っております。
　日常生活の状況と実態は以下のとおりです。

1．手
　ア．手を握ると手の甲が痛む。
　イ．雑巾を絞るとき痛みがあってきつく絞れない。
　ウ．食器の片付けのとき皿3～4枚でも重さに耐えられず、痛みがある。

2．足
　ア．正座はまったくできない。
　イ．階段は降りることはどうやらできるが、昇るときは痛みがあるので2～3段ごとに休まなければならない。
　ウ．以前は長距離歩いても平気だったが、現在は足首とつま先が痛く、少し歩くのも苦痛である。
　エ．椅子に腰掛けていると足の裏がしびれてきて、20分くらいが限度である。
　オ．1日中足の裏がしびれていて、特に睡眠時のしびれが不快で眠れない。
　カ．プールに入ったときや冬など、冷えると突然足の指先がつれて、痛みがひどくマッサージしてもすぐ戻らない。
　キ．正座ができないので足を伸ばしてテーブルについているが、立ち上がるとき足首

第3章　異議申立

　　　　が痛む。
- ク．体操をする際の飛び上がる運動は、足首が痛くてまったくできない。
- ケ．事故前に比べて全体的に疲れやすくなった。
- コ．事故前はプレス加工の仕事をしていたが、事故によって十分に働くことができなくなったため解雇された。

(3) 意見書作成のお願い

　　　　　　　　　　　　　　　　　　　　　　　　　　　＊＊年＊＊月＊＊日
　○○病院　整形外科
　　○○　○○　先生
　　　　　　　　　　　　　　　　　　　　　　　　　　　　　　甲・住所
　　　　　　　　　　　　　　　　　　　　　　　　　　　　　　甲・氏名

　　　　　　　　　　　　　　意見書作成に関するお願い

拝啓
　ますますご清栄のこととお喜び申し上げます。
　私は、＊＊年＊＊月＊＊日の事故により負傷し、現在も不自由な日々を送っております。
　日常生活の状態については、日常生活状況報告書をご高覧願います。
　本件事故による障害について、後遺障害等級認定を受けましたところ、「非該当」の判断を受けました。
　しかし、非該当の認定は残存する障害の評価として納得できるものではなく、少なくとも14級以上には該当するものと考えております。
　つきましては、このたび後遺障害等級認定異議申立を行うこととしましたので、是非先生のご協力をいただきたいと存じます。
　ご多忙中恐れ入りますが、意見書を作成いただけますようお願い申し上げます。
　　　　　　　　　　　　　　　　　　　　　　　　　　　　　　　　　敬具

(4) 医師の意見書

　　　　　　　　　　　　　　　　意見書

患者名：甲
診断名：左足捻挫、左第4趾基節骨骨折、右手第3指MP関節部捻挫および打撲
　上記の傷病に対して＊＊年＊月＊＊日付の後遺障害診断書を作成しました。
　他覚所見および検査結果の所見について神経学的他覚所見はありませんが、＊＊年＊＊月＊＊日現在[24]も下記の症状が残存しており、障害の存在は明らかであると判断しています。
　具体的な症状としては
1. 右手に関しては、動作（把握動作、絞る動作、重い物を持つ動作等）で疼痛が増強

[24] 意見書作成日。後遺障害診断書作成日の約10か月後。

し動作を持続できない。
2. 左足に関しては、安静時にも自発痛があり、正座不可、階段の昇降は休息が必要、足底部のしびれがあり、立位・座位にて増強し、睡眠時は睡眠が妨げられる。足が冷えるとしびれが増強し、ジャンプや荷重時に足関節の疼痛が増強する。

以上の症状は、他覚所見には乏しいものの受傷時から現在に至るまでの経過をみる限りにおいては、事故によるものと考えております。

その理由として、＊＊年＊＊月＊＊日[25]に当院を別件で初診しており、＊＊年＊月＊日[26]までに計＊＊回の診察をしておりますが、その際には上記症状のいずれも見られておらず、今回の事故により症状が生じていることは確かであると考えます。

〇〇病院　整形外科
医師〇〇　〇〇

4　異議申立後の自賠責保険の判断

結論
自賠責等級別表第二14級9号と判断します。

理由
異議申立につき、新たにご提出の医証等を再度検討した結果、下記のとおり判断します。
1. 左足捻挫、左第4趾基節骨骨折後の左足痛の訴えの症状については、ご提出の画像上、骨折部は問題なく癒合しており、後遺障害診断書上、「反射正常、X線検査でも特に異常認めず」と所見されていることから、神経系統の障害が他覚的に証明されるものとしての評価は困難です。

一方、受傷からの訴えの症状について検討すれば、一次診の□□整形外科の経過診断書によれば、「左足痛」二次診の△△整形外科の診断書にも「左足関節〜足、腫脹疼痛しびれ等」、三次診の〇〇病院整形外科意見書によれば、「左足に関しては、安静時にも自発痛があり」と所見され、現在[27]も訴えの症状の残存が所見されていることから、同部の訴えの症状については一貫性が認められ「局部に神経症状を残すもの」として、自賠責等級別表第二14級9号と判断します。

2. 右手はタオルや雑巾を絞る際に痛みを自覚し、物を持つと痛みが増強するとのことについては、後遺障害診断書上、右手第3指MP関節部捻挫および打撲と診断されており、ご提出の右手画像上、骨折等の外傷性の異常所見は認められず、後遺障害診断書上、「反射正常、X線検査でも特に異常を認めず」と所見されていることから、神経系統の障害が他覚的に証明されるものとしての評価は困難です。

一方、受傷からの訴えの症状について検討すれば、一次診の□□整形外科回答書によれば、初診時に「右手疼痛擦過傷みられる」と所見され、二次診の△△整形外科の経過診断書上も右手の訴えの症状が所見され、三次診の〇〇病院整形外科意見書によ

(25)　事故の約7か月前。
(26)　事故の約1か月前。
(27)　意見書作成日。

れば、右手の訴えの症状の残存が所見されていることから右手症状の一貫性の否定は困難なものの、その訴えの症状の程度は「動作時の疼痛」と捉えられ、認定基準の「ほとんど常時の疼痛」とは捉え難いことから、自賠責保険の後遺障害には該当しないものと判断します。

■解　説■

　甲は、事故受傷の約6か月後に症状固定の診断を受け、後遺障害認定を申請したが非該当であった。症状固定後も通院治療を続け、症状固定の約10か月後（事故受傷の約1年4か月後）に主治医の意見書等を添付して異議申立を行った。

　甲は、意見書を作成した○○病院整形外科に、本件事故の約7か月前に受診しており、その診療最終時点（本件事故の約1か月前）の確認によって事故前には甲が訴えるいずれの症状もなかったと証されている。

　左足に関しては、他覚所見の評価は困難であるが、安静時にも自発痛[28]があり、現在も症状の残存が所見されていることから一貫性が認められ、14級9号の認定となったものである。

■□参考事例5□■

　本事例は、医療機関の作成する後遺障害診断書が、必ずしも認定上十分な医証となっていないことがあること、ときには他の医療機関を受診することが必要な場合があることを考えて策定したものである。

左下腿開放性骨折に伴う左下腿痛、歩行能力低下等の症状について神経障害の14級9号とした結論を変更し、「1下肢の3大関節中の1関節の機能に障害を残すもの」として12級7号に該当するとした事例	
傷　　害	左下腿開放性骨折
認定変更	14級9号→12級7号
1	事案の概要

　甲（事故当時56歳）は、歩行中に自動車に衝突され、約2年間△△クリニックへ通院治療し症状固定の診断を受けたので、△△クリニック作成の後遺障害診断書を添えて認定を求めたところ、神経障害14級9号の判断であった。

　甲はその後、□□整形外科医院（後医）へ転院して治療を継続したが、14級9号の認定に納得できないことから、あらためて□□整形外科医院作成の後遺障害診断書と意見書を添えて、上位等級の認定を求めて異議申立を行った。

---

[28]　「自発痛　Spontaneous pain　安静時の疼痛」河井弘次ほか編『整形外科学・外傷学〔改訂第5版〕』（文光堂、1990）19頁。

Ⅳ　異議申立参考事例

[□□整形外科医院（後医）作成の後遺障害診断書の記載内容]

症状固定日	＊＊年＊月＊＊日				
傷病名	左下腿開放性骨折				
自覚症状	左下腿痛、歩行能力低下、術後瘢痕				
他覚所見および検査結果等	XP骨癒合良好、変治なし、抜釘後約15センチメートルの術後瘢痕 疼痛（骨折部周辺中心） 歩行時、寒冷、疲労により増悪する。荷重障害はない。 神経学的異常所見なし（運動、知覚）。 膝・足関節可動域制限				
関節機能障害	関節名	運動の種類	他動（度）		自動（度）	
			左	右	左	右
	膝	屈曲	120	130	100	130
		伸展	0	0	0	0
	足	屈曲	40	45	40	45
		伸展	0	20	0	20
障害内容の増悪・緩解の見通し	記載なし				

2　当初の自賠責保険の判断

（事故当初から約2年間治療を受けた△△クリニック作成の後遺障害診断書に基づく判断）

結論

　自賠責等級別表第二14級9号と判断します。

理由

1. 左下腿開放性骨折に伴う左下腿痛、歩行能力低下等の症状については、医証と画像から骨折の状態、症状経過、治療経過等を勘案すると症状の将来にわたる残存は否定し難いと捉えられることから、「局部に神経症状を残すもの」として、自賠責等級別表第二14級9号と判断します。
2. 左下腿開放性骨折に伴う左下肢の手術瘢痕は医証から手のひら大に至らず、自賠責保険の後遺障害としては非該当と判断します。

3　異議申立

　甲は、(1)異議申立書と(2)日常生活状況報告書を作成して、□□整形外科医院主治医に(3)意見書作成を依頼（意見書作成のお願い）し、(4)医師の意見書を添えて、異議申立を行った。

(1)　異議申立書

＊＊年＊＊月＊＊日

○○損害保険株式会社　御中
□□損害保険株式会社　御中

甲・住所
甲・氏名

後遺障害異議申立書

記

1. 事故年月日　　　　　：＊＊年＊＊月＊＊日
2. 被害者　　　　　　　：甲
3. 加害者　　　　　　　：乙
4. 自動車保険会社　　　：○○損害保険株式会社
5. 自動車保険証券番号　：＊＊＊＊＊＊＊＊＊＊
6. 自動車保険事故番号　：＊＊＊＊＊＊＊＊＊＊
7. 自賠責保険会社　　　：□□損害保険株式会社
8. 自賠責保険証明書番号：＊＊＊＊＊＊＊＊＊

　上記事故の後遺障害に関しては、先に14級9号の認定となりました。
　しかし、前回の後遺障害診断（△△クリニック）においては、膝関節および足関節の機能障害についての計測と診断が行われておらず、前記障害が検討されない内容での判断となっております。
　このたび、あらためて機能障害に関する診断と後遺障害診断書の交付を受けましたので、再度審査いただきたくお願い申し上げます。

(2) 日常生活状況報告書

＊＊年＊＊月＊＊日

○○損害保険株式会社　御中
□□損害保険株式会社　御中

甲・住所
甲・氏名

日常生活状況報告書

はじめに
　私は、＊＊年＊＊月＊＊日の事故により障害を負い、現在もなお苦しい、不自由な毎日を送っております。
　事故に遭うまでは、健脚、俊足が宝物で明るく楽しい日々を過ごしてきましたが、事故によってその後の生活は一変し、苦痛の毎日です。
　日常生活の状況と実態は以下のとおりです。
1. 歩行
　ア．事故前は長距離を歩いても平気で、皆を助けながら歩いていけたが、事故後は少し歩いただけで足が痛み出してしまい、連続歩行は15分位が限度である。
　イ．続いて歩くときは、休みながら歩かなければならない。
　ウ．歩く速度は普通の人の3倍ほどかかる。
2. 家事

ア．立ち続けるのは困難で、5分ほど立っていると座って休まなければならない。
　　イ．膝を曲げて下の物を取る動作は、辛くてできない。
　　ウ．洗濯物を干すための伸び上がり動作は、痛みが激しくできない。
　3．階段
　　ア．昇り降りは、1歩1歩立ち止まって1段ずつ昇り、1段ずつ降りる。
　　イ．できるだけ階段は使わないようにしている。
　4．正座
　　正座はできない。

(3) 意見書作成のお願い

＊＊年＊＊月＊＊日

□□整形外科医院
院長□□　□□先生

意見書作成のお願い

拝啓
　ますますご清栄のこととお喜び申し上げます。
　私は、＊＊年＊＊月＊＊日の交通事故により、左下腿開放性骨折の傷害を負いました。その節は大変お世話になりました。
　事故後は、障害によって生活も大きく変わり、不自由な日々を送っております。
　その後に後遺障害等級の認定を受け、「左下腿開放性骨折に伴う左下腿痛、歩行能力低下等の症状」について、「局部に神経症状を残すもの」の障害として、14級9号の認定を受けました。
　しかし、前記認定内容は私の障害の評価として納得できるものではなく、さらに上位の障害等級が認定されるべきと考えております。
　このたび、再度後遺障害の認定審査を受けたいので、是非先生のご協力をいただきたいと存じます。
　ご多忙中恐れ入りますが、意見書を作成いただけますようお願い申し上げます。

敬具

(4) 医師の意見書

意見書

1．患者名
　　甲
2．傷病名
　　左下腿開放性骨折
3．治療歴
　　＊＊年＊＊月＊＊日の交通事故により受傷され、前医にて観血的治療を受けた後、リハビリ加療を継続して受けた。当院には＊＊年＊月＊日から残存する自覚症状に対する

理学療法継続を目的として受診した。

外傷後持続する左下肢痛に対し、温熱療法や薬物療法を主体に対症療法を継続。途中、骨癒合良好にて前医で内固定金属の抜釘術を受けた後、再び当院にて理学療法を継続した。

ある程度自覚症状は改善し、平衡状態に達したと判断されたため、＊＊年＊＊月＊＊日をもって症状固定、治療中止とした。

4. 事故前の身体状況、日常生活動作、既往症

事故前の状況は、本人の申出以外に詳細を把握し得ないが、下肢痛もなく、歩行に障害を来たすような症状はなかったものと判断される。

また加齢に伴う変性が受傷前より存在したとしても、同部に症状を出現する程の既往疾患はなかったと推測される。

5. 症状発現

今回の交通外傷を契機に左下肢痛が生じたものと判断される。

6. 症状の経過

当院通院開始後、自覚症状に改善は見られたが、一貫して下肢痛の訴えは持続し症状が残存しているものと考える。

7. 受傷と症状の関係

骨折そのものは変治もなく骨癒合も良好であり、下肢痛は骨には由来していないと判断されるが、開放性骨折で周囲軟部組織のダメージは相当にあったと考えられ、これらが完全に回復していないとすれば末梢神経由来の症状も含め総合的に下肢痛を生じているものと推測される。

8. 自覚症状

歩行、寒冷、疲労により増悪する下肢痛。正座不能。

9. 他覚所見

左膝・足関節可動域制限（健側に比し）。創周囲圧痛および約15センチメートルの術後瘢痕を認める。神経学的異常所見は認めない。

10. 日常生活動作に対する支障

元来、健脚、俊足が自慢であり、長距離を連続して歩行できたが、事故後は疼痛のため早く歩くことができなくなり、連続しても15分の歩行が限界である。

立位保持も以前のように長くできず、膝を折って下の物を取る動作もできなくなったため、炊事や洗濯等の日常生活に支障を来たしている。

階段の昇降も一段ずつしかできなくなり、正座も不能になった。

11. 予後

瘢痕は生涯残存する。疼痛に関しても年齢的な回復力を考慮すると現在以上の改善は期待し難い。

＊＊年＊月＊日
□□整形外科医院
担当医師　□□□□

| 4 | 異議申立後の自賠責保険の判断 |

結論

自賠責等級別表第二12級7号に該当するものと判断します。

理由
1. 左下腿骨骨折に伴う左足関節の機能障害については、提出の医証上、左足関節の運動可能領域が健側（右足関節）のそれと比較して、3／4以下に制限されており、「1下肢の3大関節中の1関節の機能に障害を残すもの」として自賠責等級別表第二12級7号に該当するものと判断します。

   左下腿骨骨折に伴う左下腿痛、歩行能力低下等の症状については、上記障害と同一原因によって生じた同一傷害部位ですので上記等級に含まれます。
2. 左膝関節の機能障害については、提出された医証からは可動域制限が健側（右膝関節）の3／4以下に制限されておりませんので、自賠責保険の後遺障害としては非該当と判断します。
3. 左下腿骨骨折に伴う左下肢の手術瘢痕は、医証から手のひら大に至らず、自賠責保険の後遺障害としては非該当と判断します。

■解　説■

甲は、骨折後の神経症状残存が後遺障害に該当するとして、14級9号の認定となった。

しかし、前回認定時の後遺障害診断書（当初治療を受けた△△クリニック作成診断書）には、左足関節および左膝関節の機能障害については記載がなく、障害が検討された形跡は見当たらないものであった。

甲は、あらためて、後医として理学療法を実施した□□整形外科医院において関節機能障害の計測を受けて、後遺障害認定申請を行い、異議申立が認められたものである。

■□参考事例6□■

本事例は、初診の遅れ、接骨院の施術（事実上の初診）、専門医受診の遅れ、症状の遅発と症状の増悪、無責判断への対応、小額物損と傷害発生の関係、事故発生と受傷の因果関係を要点として、事案の内容を策定した。

頸椎症、頸椎症性脊髄症、頸椎椎間板ヘルニアおよび前方除圧固定術後の症状について、当初は自賠責保険の支払対象外（無責）とした判断を変更して、一部有責とし、さらに変更して有責とし、最終的に9級10号の認定とした事例	
傷　　害	頸椎症、頸椎症性脊髄症、頸椎椎間板ヘルニア
認定変更	支払対象外（無責）→一部有責→有責→9級10号

第3章　異議申立

| 1 | 事案の概要 |

　甲（事故時53歳）は、軽四輪貨物自動車を運転して赤信号で停止中に追突され、前方の車両に衝突した。

　事故の4日後に○○接骨院を受診して施術を受けた後、事故から13日後に△△病院を受診した。△△病院受診後に□□大学□□病院を受診した。その後、△△病院の紹介により○○大学附属病院（脳神経外科）で前方除圧固定術[29]を受けた。

　甲は、自賠責保険会社へ自賠法16条請求（被害者請求。以下「被害者請求」という）の書類を提出したところ、支払対象外（以下「無責」という）と判断された。

| 2 | 当初（1回目）の自賠責保険の判断 |

　先般、被害者甲様の自動車事故による人身損害につきまして、弊社自動車損害賠償責任保険（証明書番号＊＊＊＊＊＊＊＊、事故受付番号＊＊＊－＊＊＊＊＊）に対して、貴方様より保険金（損害賠償額）の請求を受けましたが、調査の結果、本件は下記理由により、遺憾ながらご請求に応じかねる結果となりましたので、悪しからずご了承願います。

結論

　本件事故と治療との相当因果関係が認められないことから、自賠責保険の支払対象外と判断します。

理由

1．事案の概要

　＊＊年＊＊月＊＊日発生の本件事故後、同年＊＊月＊＊日から＊＊年＊月＊＊日まで△△病院で「頸椎症」の診断により治療を受けられ、＊＊年＊月＊日からは○○大学附属病院を受診され、同院では＊＊年＊月＊＊日に前方除圧固定術も施行されています。

　また、＊＊年＊＊月＊＊日から＊＊年＊月＊＊日までは○○接骨院で「腰部捻挫および頸部捻挫」の傷病名により施術を受けられています。

2．問題点

　本件事故後の治療の自賠責保険の対象可否、すなわち、本件事故と治療との相当因果関係が問題となります。

3．判断

　自賠責保険は賠償責任保険であることから、被保険者（加害者側）に賠償責任が存在することがお支払いの前提となります。賠償責任が認められるためには、事故と損害（治療）との間に、社会通念上「相当」といえるだけの因果関係（相当因果関係）が存在す

---

(29)　「前方除圧固定術　椎間板ヘルニアは脊髄や神経根の前方にあるため前方除圧固定術 anterior interbody fusion が原則であり、主に Robinson（ロビンソン）法（Robinson method）が用いられる。顕微鏡や内視鏡を併用することもあり、脱出ヘルニアは完全に摘出しないと治癒は望めない。この方法では胸鎖乳突筋の内側から進入し、気管と食道を内側によけて椎間板に到達し、障害椎間板やヘルニアを完全に切除し、椎体間に腸骨から採取した骨移植を行う」松野＝中村総編・前掲注(18) 532頁。

ることが必要であり、この点については請求者側が立証すべき事項と解されています。

これを踏まえた上で、事故後の治療経過を検討したところ、△△病院を受診し、「頸椎症」の診断を受けられたのが事故から13日後であることから、受傷当初から症状があったことは明らかではありません。

また、事故4日後の＊＊年＊＊月＊＊日からは〇〇接骨院で施術を受けられていますが、提出の資料からは、施術部位や具体的な症状などが明らかでなく、同接骨院の診断証明書をもって受傷当初から事故による症状があったと捉えることも困難です。

一般的に、外傷による症状は受傷当初が最も重く、その後は経時的に改善していくものと考えられますが、既述の治療経過ならびに物損状況などを踏まえれば、本件事故によって頸椎症による症状が出現したとは直ちに捉え難いものと判断します。

したがって、本件事故後の治療については、事故との相当因果関係を認め難く、上記結論のとおりと判断します。

3	異議申立

1. 自賠責保険の判断理由

自賠責保険が、無責と判断した理由は、次の点である。
 (1) △△病院で頸椎症の診断を受けたのが事故から13日後であることから、受傷当初から症状があったことは明らかではない。
 (2) 〇〇接骨院での施術部位や具体的な症状などが明らかでなく、受傷当初から事故による症状があったと捉えることは困難である。
 (3) 一般的に、外傷による症状は受傷当初が最も重く、その経時的に改善していくものと考えられるが、治療経過によれば（増悪傾向がうかがえ）、本件事故によって頸椎症による症状が出現したとは捉え難い。
 (4) 物損状況も踏まえれば、本件事故によって症状が出現したとは認め難い。

2. 異議申立の要点

甲の異議申立の要点は、
 (1) △△病院で頸椎症の診断を受けたのが事故から13日後であるが、受傷当初から症状があったことを明らかにする（(2)と関連する）。
 (2) 〇〇接骨院での施術部位や具体的な症状などを示し、受傷当初から事故による症状があったことを明らかにする。
 (3) 一般的に、外傷による症状は受傷当初が最も重く、その後経時的に改善していくものであるが、傷害によっては異なる進行をとる場合があることを立証する。
 (4) 物損状況に照らして、傷害が発生する可能性は否定できないことを立証する。
 (5) 事故前は身体に異常はなく、事故後の症状はすべて事故に起因するものであることを立証する。
である。

3. 異議申立のための準備資料

甲は、傷害および残存症状は、すべて本件事故によって生じたものと考えるところから、

第3章　異議申立

次の資料を取り付けて異議申立を行った（異議申立1回目）。
(1) 医療関係資料（症状が本件事故に起因する証明資料）として
　△△病院△△医師作成の診断書、○○大学附属病院○○医師作成の診断書、○○接骨院作成の施術証明書・施術費明細書
(2) 事故後の症状を証する資料として
　勤務先上司の上申書（事故前は何の問題もなく勤務していたが、事故後は苦しそうであった）、甲の配偶者の上申書（事故後は体調が思わしくなかった）
(3) 事故前の身体状況、健康状態、既往症がなかったことを証する資料として健康保険組合からの証明書（治療履歴の証明。頸部および腰部の治療歴なし）、労働基準監督署からの証明書（労災事故受給履歴なし）、健康診断機関からの証明書（特に異常所見なし）
(4) 物的損害を証する資料として
　甲車両の写真、修理見積書および加害車両の写真、見積書である。
以下は上記「(1)　医療関係資料」の一部である。

① 　△△病院△△医師作成の診断書

> 診断書
>
> 甲・住所
> 甲・氏名
> 甲・生年月日
> 病名　頸椎症
> 1. 経過
> 　＊＊年＊＊月＊＊日、交通事故により受傷（追突された）。その後、左手のしびれ、さらに両手のしびれ、握力低下、歩行障害などの症状の進行があり、同年＊＊月＊＊日当科初診。所見から手術適応ありと判断し、○○大学附属病院脳神経外科に紹介した。
> 2. 頸椎症
> 　頸椎症は、頸椎に変形などの異常を認める旨の所見で、必ずしも疾病を意味するものではなく、動的要因により生じることもあり、外傷起因性を否定するものではない。
> 3. 所見
> 　本患者は、＊＊年＊＊月＊＊日の追突事故にて受傷し、その後前記の通り症状の進行が認められたが、受傷前に存在した無症候性の椎間板ヘルニアが事故を契機に症状を呈し、時間の経過とともに増悪した可能性は否定できない。
> 　頸椎症は、無症候性で推移していたものが外的・動的要因を契機に症状が発現し、その後増悪することは医学的知見として知られており、一般の外傷の治癒経過と同一に考えることは妥当ではない。
> 　上記のとおり診断します。
> 　　　　　　　　　　　　　　＊＊年＊＊月＊＊日
> 　　　　　　　　　　　　　　△△病院
> 　　　　　　　　　　　　　　医師氏名　△△　△△

② ○○大学附属病院○○医師作成の診断書

> 診断書
>
> 甲・住所
> 甲・氏名
> 甲・生年月日
> 病名　外傷性椎間板ヘルニア
> 付記
> 　＊＊年＊＊月＊＊日に追突事故にて受傷。その後、上肢のしびれが出現し、徐々に増悪。＊＊年に入り、巧緻運動障害、歩行障害も加わってきたため、当院を受診した。C5／6に椎間板ヘルニアを認め、手術によって症状の改善をみた。
> 　以上の経過より、外傷を契機として椎間板ヘルニアが発症し、時間とともに突出の程度が増悪したために症状が進行したか、受傷前に存在した無症候性椎間板ヘルニアが、事故を契機に症状を呈したものと考えられる。
> 　一般に、頸椎症性変形や椎間板ヘルニアに伴う脊髄の圧迫は、必ずしも症状を呈するわけではなく、軽微な外傷を契機に症状が出現してくることは、よく知られた事実である。
> 　本患者においても、受傷前には神経症状のなかったことから、事故と椎間板ヘルニアによる症状は、相当因果関係にあるものと考える。
> 　上記のとおり診断します。
> 　　　　　　　　　　　　　　　＊＊年＊＊月＊＊日
> 　　　　　　　　　　　　　　　○○大学医学部附属病院
> 　　　　　　　　　　　　　　　医師氏名　　○○　○○

③ ○○接骨院作成の施術証明書・施術費明細書（部分）

> 傷病名　腰部捻挫および頸部捻挫
> 経過
> 　＊＊年＊＊月＊＊日発生の交通事故にて受傷。同年＊＊月＊＊日来院。初見。初見時の症状は、腰部および頸部の違和感、異常感、不快感、疼痛等であった。頸部については、後頭・頸部から肩甲・背部のこりおよび頸椎運動制限が認められた。
> 　その後、感覚障害として左手指および手掌のしびれ、両手のしびれ感の訴えがあった。また、運動系では、動作時の力感不足、手指巧緻運動不全の訴えがあり、全般的な症状の進行、増悪傾向が認められた。

4	後遺障害診断書の記載内容
症状固定日	＊＊年＊月＊日
傷病名	頸椎症性脊髄症、椎間板ヘルニア
自覚症状	両手のしびれ、巧緻運動障害、歩行障害
他覚所見および検査結果等	下肢腱反射亢進、痙性による歩行障害（平地歩行可能、階段は手すりを要する）

	MRI：C5／6で脊髄圧迫による髄内高信号の残存を認める。 レントゲン：C3／4、C4／5で金属ケージによる固定を認める。
障害の程度	記載なし
障害内容の増悪・緩解の見通し	記載なし

5　異議申立後の自賠責保険の判断

（甲が自賠責保険会社に対して異議申立を行ったところ、自賠責保険会社は、無責を一部有責とする判断に変更した）

結論

　異議申立について検討した結果、前回回答を変更し、○○大学附属病院を除いた、○○接骨院の施術、△△病院および□□大学□□病院での治療については、事故との相当因果関係が認められるものと判断します。

理由

　異議申立の趣旨

　前回回答において、本件事故後の治療については、事故との相当因果関係は認められず、自賠責保険の対象外と判断したところ、「事故後の治療はすべて本件事故と相当因果関係があり、自賠責保険の支払対象となるべきものです。」との異議申立があったものです。

　判断

　前回回答でもご説明のとおり、自賠責保険は賠償責任保険であることから、被保険者（加害者側）に賠償責任が存在することがお支払いの前提となります。

　賠償責任が認められるためには、事故と損害（治療）との間に、社会通念上「相当」といえるだけの因果関係（相当因果関係）が存在することが必要であり、この点については請求者側が立証すべき事項と解されています。

　これを踏まえた上で、今般の異議申立について、新たに提出の資料も含め検討したところ、まず、□□大学□□病院の診療録（＊＊年＊月＊＊日付）では、「＊＊年＊＊月より腰痛出現、その後両下腿の痛み、両手のしびれあり」とされ、この記載内容からすれば、＊＊年＊＊月＊＊日発生の本件事故以前より腰痛や四肢の痛み、しびれといった症状を自覚されていたものと捉えられます。

　次に、事故の4日後より施術を受けられた○○接骨院の診断証明書（＊＊年＊＊月＊＊日付）では、「初見時の症状は、腰部および頸部の違和感、異常感、不快感、疼痛等であった。頸部については、後頭・頸部から肩甲・背部のこりおよび頸椎運動制限が認められた。」とされており、事故後4日後の時点では四肢症状の存在は認められていません。

　また、事故13日後に受診された△△病院発行の回答書（＊＊年＊月＊日付神経学的所見の推移について）では、同院初診時に上下肢のしびれ、歩行困難といった症状こそ認められていますが、具体的な神経学的異常所見の有無は「カルテ記載なく不明」とあり判然としません。

　さらに、その後受診された□□大学□□病院発行の回答書（＊＊年＊月＊日付神経学的所見の推移について）では、同院初診時（＊＊年＊月＊日）に両下腿痛、両手のしび

れといった四肢症状が認められるものの、その後平成＊＊年＊月＊＊日、同年＊月＊＊日時点では「腰痛」の局所症状のみ認められており、同院受診中には特段の神経学的異常所見は認められていません。

　その後受診された○○大学医学部附属病院脳神経外科では、「頸椎椎間板ヘルニア」の傷病名により治療を受けられ、＊＊年＊月＊＊日には頸椎前方除圧術も受けられていますが、この手術の対象となったと捉えられる四肢のしびれ、痛み、歩行困難といった症状については、既述の症状および所見の経過からすれば、本件事故を契機として出現し、かつ、その後一貫して存在していたとは捉え難く、その裏付けとなるような神経学的異常所見の事故からの一貫性も認められません。

　したがって、○○大学医学部附属病院脳神経外科での手術治療の対象となった四肢症状、歩行困難といった症状については、直ちに本件事故との相当因果関係は認め難いものと判断せざるを得ません。

　一方、既述の症状経過を踏まえれば、事故当初より頸部や腰部の局所症状も存在しており、これら局所症状については、その後の治療、施術時においても認められ、治療を継続しているものと捉えられますので、○○接骨院の施術、△△病院および□□大学□□病院での治療については、事故との相当因果関係を否定し難いものと判断されます。

　以上より上記結論のとおり判断します。

6　再度の異議申立

　甲の異議申立に対して、自賠責保険会社は無責判断を有責に変更はしたが、その変更は、○○接骨院、△△病院および□□大学□□病院での治療についての治療を相当因果関係があるとして認めるもので、△△病院の紹介により受診し、頸椎前方除圧術を受けた○○大学医学部附属病院分の治療については認定しないとする、一部有責の判断であった。

　甲は、自賠責保険会社の判断を不服とし、○○大学医学部附属病院分も認定されるべきであるとして、再度の異議申立を行った。

異議申立書

> はじめに
> 　本件事故について、自賠責保険損害賠償額（保険金）支払請求をいたしましたところ、自賠責保険会社から「対象外のため」一切支払わないとの通知を受けました（＊＊年＊月＊日付自動車損害賠償責任保険お支払不能のご通知）。
> 　この通知は了解できるものではないので、異議申立をいたしましたところ、今度は「治療の一部について因果関係を認める。」旨の通知を受けました（＊＊年＊＊月＊＊日付）。
> 　しかしながら、私は本件事故により傷害を負ったもので、自賠責保険は本件傷害に係るすべての治療について対象となるべきと考えますので、再度審査いただきたくお願い申し上げます。
> 【1】申立の趣旨
> 　私は、本件事故により傷害を負い、①○○接骨院、②△△病院、③□□大学□□病院および④○○大学医学部附属病院で治療を受けました。

自賠責保険損害賠償額（保険金）支払請求をいたしましたところ、自賠責保険会社は、「対象外のため」請求に応じかねるとして、一切支払わないと通知してきました（＊＊年＊月＊日付）。

　その通知はあまりに一方的で納得できるものではないため、資料（下記【3】添付資料1.～18.）を添えて異議申立を行いました。

　すると、「○○大学医学部附属病院を除いた、○○接骨院の施術、△△病院および□□大学□□病院での治療については、事故との相当因果関係が認められるものと判断します。」として、前回の認定を一部変更する旨を通知してきました（＊＊年＊＊月＊＊日付）。

　しかし、この変更も到底納得できるものではありません。事故後の治療はすべて本件事故と相当因果関係があり、自賠責保険の支払対象となるべきものです。

【2】自賠責保険会社の判断

　（1）初回判断

　　＊＊年＊月＊日付

　「……貴方様より保険金（損害賠償額）のご請求を受けましたが、調査の結果、本件は下記理由により、遺憾ながらご請求に応じかねる結果となりましたので、悪しからずご了承願います。……1.　結論　対象外のため……」

　（2）2回目判断（初回判断に対する異議申立を行った結果示された判断―現行判断）

　　＊＊年＊＊月＊＊日付

　「……異議申立について検討した結果、前回回答を変更し、○○大学医学部附属病院を除いた、○○接骨院の施術、△△病院および□□大学□□病院での治療については、事故との相当因果関係が認められるものと判断します。……」

【3】添付資料

＜1＞

1.　交通事故証明書
2.　事故発生状況報告書
3.　事故発生状況説明書
4.　△△△△医師作成診断書（＊＊年＊＊月＊＊日付△△病院）
5.　○○○○医師作成診断書（＊＊年＊＊月＊＊日付○○大学医学部附属病院）
6.　○○接骨院診断証明書（＊＊年＊＊月＊＊日付）
7.　○○接骨院施術証明書・施術費明細書
8.　上申書(1)（申請者甲の勤務先上司・＊＊＊＊作成）
9.　上申書(2)（申請者甲の配偶者・＊＊＊＊作成）
10.　＊＊＊＊＊＊健康保険組合あて申請書兼同意書写
11.　＊＊＊＊＊＊健康保険組合からの回答書（受傷履歴の照会について）
12.　健康保険被保険者証写
13.　厚生労働省＊＊労働局＊＊労働基準監督署あて証明願書兼同意書写
14.　＊＊労働基準監督署長からの回答書（証明書）
15.　医療法人社団＊＊＊あて申請書兼同意書写
16.　医療法人社団＊＊＊からの返送書類
　　（1）送付書類のご案内

（2）健康診断結果のお知らせ（受診年月日＊＊年＊＊月＊＊日）
 17. 甲車両の写真、修理見積書写
 18. 加害車両の写真、修理見積書写
＜2＞今回、異議申立を行うに当たり、以下の資料を新たに提出します。
 1. □□□□医師作成診断書（＊＊年＊月＊＊日付□□大学□□病院）
 2. △△△△医師作成診断書（＊＊年＊月＊＊日付△△病院）
 3. 医学文献1（＊＊＊＊整形外科学第＊版＊＊＊頁以下写し　＊＊＊＊）
 4. 医学文献2（＊＊＊整形外科第＊版＊＊＊頁以下写し　＊＊＊＊）
＜3＞治療関係資料、その他資料写し
 1. △△病院　診断書、診療報酬明細書、領収証
 2. □□大学□□病院　診断書、診療報酬明細書
 3. ○○大学医学部附属病院　診断書、診療報酬明細書、領収証
 4. その他資料

【4】申立の理由
　本件事故後の治療、すなわち、①○○接骨院、②△△病院、③□□大学□□病院および④○○大学医学部附属病院での治療は、すべて本件事故と相当因果関係があり、自賠責保険の支払対象として取り扱われるべきと考えます。以下、その理由を申し述べます。
1. 本件事故の取扱い
　本件事故は人身事故として取り扱われています。行政当局も本件事故による傷害の発生を認定しています（資料1参照）。
2. 事故当初の症状
　私が自賠責保険会社（以下「同社」という）へ被害者請求を行い、同社が「対象外のため」請求に応じかねるとして、一切支払わないと通知してきた時の「自動車損害賠償責任保険お支払不能のご通知（＊＊年＊月＊日付）」添付の理由説明書（以下「理由説明書」という）には、「受傷当初から症状があったことは明らかではありません。」との文言があります。
　私は、本件追突事故により、まず腰から背中にかけて強い衝撃を受け、次いで前車に衝突して前につんのめる状態になり、首を大きく振ったため頸部に衝撃を感じました（資料3参照）。
　その後、腰部および頸部に違和感、異常感等を感じましたが、そのうち収まるだろうと思っていました。しかし、一向に良くならないので、やはり診てもらった方がよいだろうと思い、事故から4日後に接骨院へ診療を受けに行きました。この間の症状については、私の勤務先上司である＊＊＊＊氏および私の配偶者＊＊＊＊の上申書（資料8および資料9参照）により証したく提出します。
3. ○○接骨院での施術内容および同院治療中の症状
　○○接骨院での施術内容および同院治療中の症状に関して、同社理由説明書には、「事故後4日後の＊＊年＊＊月＊＊日からは○○接骨院で施術を受けられていますが、提出の資料からは、施術部位や具体的な症状などが明らかでなく、同接骨院の診断証明書をもって受傷当初から事故による症状があったと捉えることも困難です。」とあります。
　先に提出した○○接骨院の診断証明書は、私の傷害についてその概要を記したものであったため、施術部位や具体的な症状などが明らかではありませんでした。そこでこの

たび、具体的症状、施術部位および症状の経過等を記した新たな診断証明書（資料6参照）と施術証明書・施術費明細書（資料7参照）を提出します。
4. △△病院での受診と「頸椎症」
 (1) 同社理由説明書に「事故後の治療経過を検討したところ、△△病院を受診し、「頸椎症」の診断を受けられたのが事故から13日後であることから、受傷当初から症状があったことは明らかではありません。」とあります。
　　事故から13日後に△△病院を受診したのは、接骨院だけではなく、やはり専門医の診察を受けておいた方がよいだろうと考えたためです。
　　受傷当初から症状があった事実については、前述の私の勤務先上司である＊＊＊＊氏の上申書（資料8）、私の配偶者＊＊＊＊の上申書（資料9）並びに○○接骨院の診断証明書（資料6）と施術証明書・施術費明細書（資料7）を参照願います。
 (2) △△病院での頸椎症の診断においては、「頸椎症は、頸椎に変形などの異常を認める旨の所見で、必ずしも疾病を意味するものではなく、動的要因により生じることもあり、外傷起因性を否定するものではない（△△△△医師作成診断書中の文言と同じ）。」との説明を受けました。
　　しかし、医学的意味の詳細はわかりかねます。
5. 症状および経過
　同社理由説明書に「一般的に、外傷による症状は受傷当初が最も重く、その後経時的に改善していくものと考えられますが」とあり、当該部分は外傷の治癒過程を説明したものであると解します。
　「外傷による症状は受傷当初が最も重く、その後経時的に改善していくものと考えられます」の内容は、その前語にあるとおり、「一般的」傷害については妥当と思います。
　しかし、すべての傷害が一般的普遍性を有するものではなく、一般的治癒過程をとらない症例も存在すると考えます。
　△△△△医師（△△病院）は、診断書の「3. 所見」において、「頸椎症は、無症候で推移していたものが外的・動的要因を契機に症状が発現し、その後増悪することは医学的知見として知られており、一般の外傷の治癒経過と同一に考えることは妥当ではない（資料4参照）。」としています。
6. 事故と損害との相当因果関係
　同社理由説明書の「3. 判断」の2行目以下に、「賠償責任が認められるためには、事故と損害（治療）との間に、社会通念上「相当」といえるだけの因果関係（相当因果関係）が存在することが必要であり、この点については請求者側が立証すべき事項と解されています。」とあり、当該部分は、事故と損害との相当因果関係の立証についての説明と解されます。
　△△△△医師は、診断書の「3. 所見」において、「本患者は、＊＊年＊＊月の追突事故にて受傷し、その後前記のとおり症状の進行が認められたが、受傷前に存在した無症候性の椎間板ヘルニアが事故を契機に症状を呈し、時間の経過とともに増悪した可能性は否定できない（資料5参照）。」との判断を示しています。
　また、○○○○医師（○○大学医学部附属病院）は、診断書の「付記」において、「以上の経過より、外傷を契機として椎間板ヘルニアが発症し、時間とともに突出の程度が

増悪したために症状が進行したか、受傷前に存在した無症候性椎間板ヘルニアが、事故を契機に症状を呈したものと考えられる。一般に、頸椎症性変形や椎間板ヘルニアに伴う脊髄の圧迫は、必ずしも症状を呈するわけではなく、軽微な外傷を契機に症状が出現してくることは、よく知られた事実である。本患者においても、受傷前には神経症状のなかったことから、事故と椎間板ヘルニアによる症状は、相当因果関係にあるものと考える（資料5参照）。」との判断を示しています。

以上、両医師の診断を根拠として、本件事故と損害との間には相当因果関係が存在すると判断できるものと考えます。

7. 事故前の健康状態と既往症の有無

上記6. において、事故と損害との間には相当因果関係が存在する旨を申し述べましたが、事実関係として、事故前には本件事故傷害（症状）と関連する傷害や症状は一切なく、既往症もなかったことを証することが必要であると考えますので、以下の事実を示します。

(1) 事故前1か年間の私的な疾病および傷害の有無について

私は、＊＊＊＊＊＊健康保険組合加入の健康保険被保険者（資料12参照）ですので、私が事故前に私的な疾病および傷害により治療を受けた事実の有無とその内容について、同健康保険組合あて事故前1か年間（＊＊年＊＊月＊＊日より＊＊年＊＊月＊＊日まで）の私の診療履歴を回答くださるよう申請（資料10参照）し、同健康保険組合より事故前1か年間は受診履歴がない旨の回答（資料11参照）を得ました。

(2) 事故前1か年間の業務に起因する疾病および傷害の有無について

私は、株式会社＊＊に勤務する同会社社員で、同会社は労災保険に加入していますので、同会社所在地区を管轄する厚生労働省＊＊労働局＊＊労働基準監督署あて事故前1か年間の労災保険の給付の有無と金額について回答くださるよう申請（資料13参照）し、＊＊労働基準監督署長より事故前1か年間は療養給付並びに休業給付とも給付がない旨の回答（資料14参照）を得ました。

(3) 事故前1か年間の全身健康状態について

私は、毎年勤務先会社の指導により医療法人社団＊＊＊の健康診断を受けていますので、同会あて事故前の全身健康状態について事故前に受診した健康診断記録および健康診断時の問診の内容（現存症状および既往症の有無について）を照会（資料15参照）し、(1)送付書類のご案内（資料16(1)参照）と(2)健康診断結果のお知らせ（資料16(2)参照）を受理しました。

あらためて見てみると、健康診断結果の内容（受診年月日＊＊年＊＊月＊＊日―事故の＊＊日前）に特段の異常は認められません。

健康診断時には、受診当時の身体状況に特段の異常や不具合を感じていなかったために、問診において「現在、特に異常はありません。心配していることもありません。既往症もありません。」旨を答えた覚えがあります。その内容は、「問診を反映する既往症欄にコメントはありません（資料16(1)参照）。」の回答となっているものです。

8. 物損状況

同社理由説明書に、「既述の治療経過並びに物損状況などを踏まえれば（傍線記載者甲）」とあります。「物損状況」とは、どのような意味なのでしょうか。

私が搭乗していた被害車両（＊＊＊＊＊＊）は、後部と前部に損害を受け、修理金額

は＊＊＊,＊＊＊円（消費税を含まず。資料17参照）です。
　「物損状況」は、損害の形状あるいは修理金額またはその両方を指すものと考えられます。
　私は自動車工学の専門家ではありませんが、次のことはいえると思います。
(1) 修理金額
　被害車両は、荷物運搬用の軽四輪貨物自動車で、乗用車に比べて比較的丈夫な構造になっています。また、後部には一般の乗用車のような衝撃吸収構造部はなく、前部は極端に短い構造で、フロント部分のフード（ボンネット）はほとんどありません。
　したがって、被害車両が乗用車であった場合に破損するはずのトランクがないために後部の修理金額は乗用車に比べて当然に小額になり、前部はフード（ボンネット）に当たるところが短いため同様に小額になります。
　仮に、被害車両が高級外車であった場合には、後部バンパーの損害だけでも数十万円になります。ゆえに、修理金額を相当性の判断に用いるのは適切ではありません。
(2) 車体の構造と損害の形状
　被害車両は、乗用車にあるようなトランクはなく、後部で衝撃を吸収することはほとんどありません。
　座席は、乗用車のようなリクライニングシートではなく、座席が直接に背面の鋼板に接する形状になっています。したがって、後方からの衝撃は直接的に座席面（身体背面）に伝わることになります。
　被害車両は、一見すると大きな損害はないように見えるのかもしれません。
　私は自動車の専門家ではないので、被害車両の損害形状を評価することはできませんが、車両の、特に後部に大きな損害はないとする見解があるとするならば、その見解は見方を変えれば、被害車両の後部に加えられた衝撃は、ほとんどもろに搭乗者に加えられたことになるといえるものです。
　ゆえに、損害の形状を相当性の判断に用いるのは適切ではありません。
　以上から、物損状況を因果関係の判断資料にするのは妥当ではないと考えます。
9. 事故の態様と衝撃の程度
　事故発生状況説明書（資料3参照）で述べたとおり、私は追突を受けて突き出され、約1.5メートルから2.0メートル前方の停止車両に衝突しました。
　被害車両である＊＊＊＊＊＊の車体重量は＊＊＊キログラムです。
　小型乗用車の代表的車種であるトヨタカローラ（アクシオ X1500CC オートマチック）の車体重量は1,130キログラムで、両車の車体重量を比較すると、トヨタカローラを1.0とした場合、＊＊＊＊＊＊は0.6＊＊、つまり、＊＊＊＊＊＊の車体重量はトヨタカローラの約6＊％に当たり、小型乗用車に比べて相当に軽量の車両であるといえます。
　被害車両が比較的丈夫な構造であることは前述しました。
　前記の内容とあわせれば、被害車両は軽量であるため、追突された場合には容易にしかも勢いよく前方に突き出されて激しく前方車両に衝突することになり、それでいて丈夫な車両であるため、損害の形状はそれほど大きな損傷を示さないことになります。
［衝突による衝撃の伝導と乗員への影響］
　本件事故は、いわゆる玉突き追突事故です。本件車両は、まず、後部に衝突され（以下「第一次衝突」という）、反動で前方に押し出されて前方車両に衝突した（以下「第二次衝突」

という）ものです。

　第一次衝突の衝撃は、荷台部分を介して乗員席に伝わります。

　被害車両が乗用車であれば、後部にはトランク等の衝撃を吸収する緩衝帯がありますが、本件車両は貨物車であるので、衝突の衝撃は直接的に乗員席に伝わることになります。

［乗員席への衝撃伝導］

　本件車両の乗員席は、座席シートの後部が直接に座席後面の鋼板に接着されていて、その鋼板はまた直接に荷台部分の鋼板に接着されています。乗用車のように座席の後部に空間帯はありません。

　したがって、後方から加えられた衝撃は、直接に乗員席の後面に伝導されることになります。

［第二次衝突］

　本件車両は、第一次衝突で前方に押し出され、第二次衝突では、反対に前方から後方への突きこみ衝撃を受けています。

　本件車両は、前面部が乗用車に比して極めて短い構造となっています。

　乗用車の場合は、前方からの衝撃をフロント部分で、ある程度吸収することになるのでしょうが、本件車両はそのような衝撃緩衝を担う部分がほとんどないため、前方からの衝撃はほぼ直接的に乗員席へ伝導されることになります。

　本件車両に加えられた後方からの衝撃と、押し出し衝突による前方からの突きこみ衝撃は、本件車両の構造上、乗員に相当程度の打撃を与えるものであると考えます。

　衝撃の実態は相当に激しいもので、腰部に衝撃を受けた直後に頸部を大きく前後に振る運動を強制され、腰部と頸部に損傷を受けたものです。

　私は、本件事故の衝撃は小さなものではなかったと実感していますが、私に加えられた衝撃が大きなものではなかったとする見解があるとしても、衝撃の程度と傷害の程度は必ず比例するというものではありません。

　○○○○医師は、診断書の「付記」において、「軽微な外傷を契機に症状が出現してくることは、よく知られた事実である（資料5参照）。」としています。

　仮に、「本件事故の車両損害は大きくなく、したがって外傷も軽微であったはずであるから、症状の出現は考え難い。」という見解があるならば、その見解は○○○○医師の医学的知見に基づく説明により否定されるべきと考えます。

10．□□大学□□病院の診療録について

　本点については、□□□□医師作成診断書（平成＊＊年＊月＊＊日付□□大学□□病院）を併せ参照願います。

　私が異議申立を行い、自賠責保険会社が、○○大学医学部附属病院を除いた治療について因果関係を認める旨の通知文書（以下「通知文書」といいます）には、＜理由＞「3．判断」7行目以下に「□□大学□□病院の診療録（＊＊年＊月＊＊日付）」では、「05．＊＊月より腰痛出現、その後両下腿の痛み、両手のしびれあり」とされ、この記載内容からすれば、＊＊年＊＊月＊＊日発生の本件事故以前より腰痛や四肢の痛み、しびれといった症状を自覚されていたものと捉えられます。」とあります。

　自賠責保険会社は、「事故以前より腰痛や四肢の痛み、しびれといった症状があった」はずであると主張しているものと考えます。

しかし、この主張は誤りです。受診当時に私が医師にどのように説明したかは、今となっては定かでありませんが、診療録に腰痛の記載があるのならば、「腰が痛い」ことを述べたものと思います。ただし、その腰痛は、仕事柄重い物を持つことがあるために生じる腰痛で、一般的に誰しもが経験する症状の一つです。

医師に最近の状態はたずねられて、「＊＊月腰痛」と答えたのだろうと思います。

仮に、そのように答えたとしても、その腰痛は日常でたまに生じる一過性のものです。なぜならば、本件事故以前は健康で、特段の異常や支障を感じることはなく、腰痛で治療を受けたことは一度もありません。

この点に関しては、健康保険および労災保険の記録により確認できるものです。

診療録に記載があるとする「その後両下腿の痛み、両手のしびれあり」の「その後」とは、「本件事故後」のことと思われます

今となっては、医師がどのような意味合いで記載したかはわかりかねますが、本件事故後に生じた腰痛をはじめとする諸症状は、それまでに経験した一過性のものとはまったく異質のものでした。

11. △△病院と○○大学医学部附属病院の関連

本点については、△△△△医師作成診断書（＊＊年＊月＊＊日付△△病院）を併せ参照願います。

通知文書には、＜結論＞「……○○大学医学部附属病院を除いた」として、治療過程のうち○○大学医学部附属病院での治療を本件事故と相当因果関係のある治療とは認めない旨の判断が示されています。

私は、△△医師の手術適応との診断により○○大学医学部附属病院を紹介され、同病院にて手術を受けました。

手術を担当された○○○○医師は、○○大学医学部で指導医的立場にある方と思われます。

△△医師は、診断書（＊＊年＊月＊＊日付）において、「手術適応あると判断し、○○大学脳神経外科に紹介した。……当科での診断と紹介し手術を実施した○○大学脳神経外科の治療過程は同一のものである。したがって、当院での加療・診断と○○大学脳神経外科での手術治療を別個として捉え、分離して判断するのは妥当ではないと考える。」と述べています。

△△医師と○○医師は、いわば診断医と執刀医の関係に立つもので、同一治療過程にあるものです。

すなわち、△△病院と○○大学医学部附属病院の治療は、同一治療過程にあるものと判断されるものであり、分離して考える対象ではあり得ません。

自賠責保険会社の、○○大学医学部附属病院を除く判断に合理的理由はないと考えます。

12. 初期症状の医学的所見

私は、事故直後から身体の異常を感じ、その後上下肢のしびれが生じ、歩行困難へと症状が悪化していきました。

自賠責保険会社は、私の症状が○○大学医学部附属病院脳神経外科での傷病名である「頸椎椎間板ヘルニア」ではないと判断しているとうかがえます。

その判断根拠の医学的詳細はわかりかねますが、事故直後から事故以前には感じたこ

とのない身体的異常を感じたのは事実です。

[○○接骨院の診断証明書]（＊＊年＊＊月＊＊日付）

　同院の診断証明書には「初見時の症状は、腰部および頸部の違和感、異常感、不快感、疼痛等であった。頸部については、後頭・頸部から肩甲・背部のこりおよび頸椎運動制限が認められた。」とあります。

　頸椎椎間板ヘルニアの症状に関する医学文献を検証したところ、頸椎椎間板ヘルニアの項目に同様の記述があることを確認しました。

　具体的には、＊＊整形外科学第＊版（＊＊＊＊）＊＊＊頁に「1. 自覚症状①頸椎症状：後頭・頸部から肩甲・背部のこり、不快感、疼痛などと頸椎運動制限が先行する。」とあり、＊＊整形外科第＊版（＊＊＊＊）＊＊＊頁に「多くは違和感を感じた後、徐々に頸部痛を訴える。」とあって、まさに私の初期症状と合致するものです。

　また、同院診断証明書に記載されている「その後、感覚障害として左手指および手掌のしびれ感、両手のしびれ感の訴えがあった。また、運動系では、動作時の力感不足、手指巧緻運動不全の訴えがあり、全般的な症状の進行、増悪傾向が認められた。」の説明は、＊＊整形外科第＊版（＊＊＊＊）＊＊＊頁にある「③脊髄症状 myelopathy：感覚障害は手指、手掌全体に及ぶしびれ感が主体で、さらに体幹、下肢に広がる。運動系では書字、更衣、食事動作時の手指巧緻運動不全 clumsiness を訴える。」とあって、私の症状と一致するものです。

13. 頸椎椎間板ヘルニアの症状と相当因果関係

　○○○○医師作成診断書（＊＊年＊＊月＊＊日付○○大学医学部附属病院）の付記には、「頸椎症性変形や椎間板ヘルニアに伴う脊髄の圧迫は、必ずしも症状を呈するわけではなく」とあります。

　症状には個人差があり、すべての患者が同様の症状を呈するわけでもなく、また、すべての症例が初期から確定的診断ができる兆候を示すわけではないと思います。

　医学的知見はわかりませんが、事故以前にはなかった症状が事故後に生じ、その症状が医学的妥当性を有している場合には、相当因果関係の存在が認められるべきと考えます。

14. まとめ

(1) 本件事故は、人身事故として取り扱われています。

(2) 受傷当初から症状があったことは、私の勤務先上司である＊＊＊＊氏および私の配偶者＊＊＊＊が証しています。

　　また、○○接骨院の診断証明書と施術証明書・施術費明細書により、受傷当初から事故による症状があったことが証されています。

(3) △△病院の受診が事故から13日後である事情については、専門医の診察を受けた方がよいと判断したためです。

　　また、受傷当初から症状があった事実については、前記のとおり証されています。

(4) ○○接骨院における施術部位や具体的症状については、同整骨院の診断証明書および施術証明書・施術費明細書により証されており、受傷当初から事故による症状があったことが示されています。

(5) 一般的な外傷による症状と治療経過は、すべての傷害に妥当するわけではなく、外的・動的要因を契機に症状が出現し、その後増悪する症例があることは医学的知

見として知られています。
- (6) 本件事故後の治療と事故との相当因果関係については、事故以前は全身状態として健康であり、既往の傷害や疾病はなく、診療医は「時間の経過とともに増悪した可能性は否定できない（△△△△医師）。」および「事故と椎間板ヘルニアによる症状は、相当因果関係にあるものと考える（〇〇〇〇医師）。」との判断を示しています。
また、物損状況は衝撃の程度を反映するとは必ずしもいい難く、相当因果関係を考慮するものには適さないと考えます。
- (7) 私の初期症状およびその後の経過は、頚椎椎間板ヘルニアの典型的症状に合致しています。
- (8) 症状には個人差があり、また、初期から鮮明な異常所見が確認できない症例もあり得ると考えます。
- (9) △△病院と〇〇大学医学部附属病院の治療は、同一治療過程にあるもので、分離して考える対象ではありません。

15. 結語

以上より、本件事故後の治療は本件事故と相当因果関係があると判断されるべきと考えますので、本件よろしくご高配賜りますようお願い申し上げます。

7 再度の異議申立後の自賠責保険判断

結論

自賠法施行令別表第二9級10号に該当するものと判断します。

理由

「両手のしびれ、巧緻運動障害、歩行障害」等の症状については、後遺障害診断書（〇〇大学医学部附属病院発行／＊＊年＊＊月＊日付）上、「頚椎症性脊髄症」の傷病名が認められます。

また、提出の診断書を検討したところ、治療経過において、前方除圧固定術の施行が認められています。

この点、提出の頚部MRI画像、脊髄の輝度変化が認められること、「神経学的所見の推移について」（〇〇大学医学部附属病院脳神経外科発行／＊＊年＊月＊日付）上、受傷当初に下肢腱反射異常が認められること、症状経過として、受傷当初において手足のしびれが認められており、前記の前方除圧固定術後、経時的に症状が回復していること等を勘案すると、「両手のしびれ、巧緻運動障害、歩行障害」等の症状については、本件事故による脊髄の障害と捉えられます。

等級評価については、提出の「脊髄症状判定用」（〇〇大学医学部附属病院脳神経外科発行／＊＊年＊月＊＊日付）によれば、「巧緻運動障害がわずかにあり、下肢の痙性が残っているが、日常生活・就労は可能な状況にある」とされているものの、手のしびれ等が認められ、また、前方除圧固定術の施行が認められ、脊柱の障害も併せ総合的に評価すれば、「神経系統の機能又は精神に障害を残し、服することができる労務が相当な程度に制限されるもの」として別表第二9級10号に該当するものと判断します。

■解　説■
　本件は、玉突き追突事故の被害者（甲）が事故の当日は医療機関を受診せず、事故の4日後に接骨院で施術を受け、事故から13日後に病院を受診し、その後に前方除圧固定術を受けて、残存する症状等について自賠責保険へ被害者請求を行ったところ、無責の判断を受けたため、異議申立を行ったものである。
　争点は、事故後に発現した症状は、本件事故によって生じた傷病であるか、それとも本件事故によって生じた傷病ではないと判断されるかである。
　甲は、異議申立に当たり、さまざまな資料を提出した。

(1) 資料の内容
　① 事故と症状の因果関係
　(i) 自賠責保険が相当因果関係は認められないとしたことに対して、甲は、施術を受けた動機、その後に専門医を受診した経緯を説明し、各医療機関から症状の推移を含めた因果関係がある旨を証する資料を提出した。
　(ii) 事故後の症状については、配偶者と勤務先上司の上申書を提出した。
　(iii) 自賠責保険の見解は、事故前に存在した疾患が顕在化したもので事故起因性はないとの判断のようにうかがえることから、事故前の身体状況（健康状態。疾患のないこと）を示す資料を提出した。

　② 物損状況
　自賠責保険が、「物損状況などを踏まえれば」として傷害発生に疑問を呈したことに対して、資料として甲車両と加害車両の写真、見積書を示し、被害車両の構造、損害状況、体動などを詳細に述べて、受傷の相当性を主張した。
　甲の主張として、修理金額を相当性の判断に用いるのは適切ではなく、物損状況を因果関係の判断材料にするのは妥当ではない旨を述べたが、その記載は、あくまで本事例における固有の事情に基づく主張であると理解願いたい。

(2) 異議申立の方法と認定結果
　甲は、事故直後には病院等での診療を受けず、事故の4日後に接骨院で施術を受け始めた。事故発生の際に、傷害の発生をあまり意識しないあるいは重大に考えない被害者は案外と多い。頸部等に違和感を覚えながら、そのうち収まるだろうと様子をみて、結果として初診が遅くなることは稀ではない。
　また、すべての被害者が当初から専門医を受診するとは限らず、地域によっては近くに病院等がないことなどの事情もあり、あるいはその他の事情から接骨院の施術が初診となる場合がある。本件は、そのような事情も考慮して事例を策定したものであ

る。
　事故後に発症した症状が、当該事故によるものかという因果関係が争われる事案は数多くあると思われる。

■事項索引■

あ行

新たな症状の発現・・・・・・・・112, 167
異議申立・・・・・・・・・・・・・・・・・160
意見書・・・・・・・・・・・・・・・・・・171
　——の留意点・・・・・・・・・・・171
痛み・・・・・・・・・・・・・・・・・・・・86
一括払・・・・・・・・・・・・・・・・・・17
運動制限・・・・・・・・・・・・・・・・126

か行

外因・・・・・・・・・・・・・・・・・・・・8
外傷性半月板損傷の症状・・・・・・・139
外旋・・・・・・・・・・・・・・・・・・・・87
外転・・・・・・・・・・・・・・・・・・・・87
外貌・・・・・・・・・・・・・・・・・・・・95
　——の醜状障害・・・・・・・・・・・95
加重・・・・・・・・・・・・・・・・・・・・13
カラーキーパー・・・・・・・・・・・・184
関節可動域（の）制限・・・・・・・63, 87
関節可動域の測定値・・・・・・・・・・87
関節の機能障害・・・・・・・・・・・・・87
偽関節・・・・・・・・・・・・・・・・・168
　——の後遺障害・・・・・・・・・・168
屈曲・・・・・・・・・・・・・・・・・・・・87
クリープ現象・・・・・・・・・・・・・162
頸肩腕症候群・・・・・・・・・・・45, 46
頸髄損傷・・・・・・・・・・・・・・・・75
頸椎捻挫・・・・・・・・・・・・・・・・111
頸椎の運動制限・・・・・・・・・・・・125
頸椎部の運動障害・・・・・・・・62, 179
軽微物損・・・・・・・・・・・・・・・・162
頸部症候群・・・・・・・・・・・・・・・37

系列・・・・・・・・・・・・・・・・・・・・12
　——と序列・・・・・・・・・・・・・11
後遺症・・・・・・・・・・・・・・・・・・・2
後遺障害・・・・・・・・・・・・・2, 4, 5
　——等級と保険金支払割合・・・・40
　——等級表・・・・・・・・・・・・・11
　——の該当要件・・・・・・・・・・・5
　——の定義・・・・・・・・・・・・・・5
　——の評価時期・・・・・・・・・・・5
　——の部位・・・・・・・・・・・・・11
骨シンチグラフィー・・・・・・・・・192

さ行

サーモグラフィー・・・・・・・・・・・50
参考運動・・・・・・・・・・・・・・・・87
参考可動域角度・・・・・・・・・・・・126
自覚症状・・・・・・・・・・・・・・・・44
施行令別表第一・・・・・・・・・・・・25
施行令別表第二・・・・・・・・・・・・25
事前認定・・・・・・・・・・・・・・・・17
自発痛・・・・・・・・・・・・・・・・・196
支払基準・・・・・・・・・・・・・・・2, 4
ジャクソンテスト・・・・・・・・・・・48
醜状・・・・・・・・・・・・・・・・95, 96
　——障害・・・・・・・・・・・・・・95
　——が複数存在する場合・・・・・96
主要運動・・・・・・・・・・・・・・・・87
傷害・・・・・・・・・・・・・・・・・7, 8
　——の意義・・・・・・・・・・・・・7
　——の定義・・・・・・・・・・・・・8
障害系列表・・・・・・・・・・・・・・・12
障害等級認定基準・・・・・・・・・・・2
障害等級早見表・・・・・・・・・・・・12
障害等級表・・・・・・・・・・・・・・・11

219

障害の系列・・・・・・11	治療の中断・・・・・・166
障害の序列・・・・・・11	椎間板ヘルニア・・・・・・61
常時性疼痛・・・・・・167	通院・・・・・・35
症状固定・・・・・・5, 8	停止距離・・・・・・108
症状の増悪・・・・・・112, 167	同一（の）系列・・・・・・12, 13, 15
序列・・・・・・12	同一の部位・・・・・・13, 15
神経系統の機能又は精神の障害・・・・・・27	疼痛等感覚障害・・・・・・86
神経症状12級・14級・・・・・・27	徒手筋力テスト・・・・・・86
神経症状の後遺障害認定基準・・・・・・29	トレムナー反射・・・・・・181
伸展・・・・・・87	
ステー・・・・・・165	**な行**
スパーリングテスト・・・・・・48	
スピードテスト・・・・・・181	内旋・・・・・・87
精神障害・・・・・・69	内的要因（内因）・・・・・・8
精神症状・・・・・・69	内転・・・・・・87
セラピー・・・・・・60	なおったとき・・・・・・3, 5
遷延治癒骨折・・・・・・168	治ったとき・・・・・・8
前方除圧固定術・・・・・・202	日常生活状況報告書・・・・・・172
前方引き出しテスト・・・・・・156	入院・・・・・・35
専門検討会・・・・・・27	認定基準・・・・・・25
――報告・・・・・・27	ノーズダイブ・・・・・・136
相当・・・・・・13	
損傷の形状・・・・・・139	**は行**
た行	半月板の損傷・・・・・・139
	反射・・・・・・145
他覚所見・・・・・・44	――の亢進・・・・・・113
――の意義・・・・・・44	非器質性精神障害・・・・・・70
――の定義・・・・・・52	非特異性腰痛・・・・・・112
――のないむち打ち症免責条項・・・・・・37	被保険者・・・・・・2
ダッシュボード・・・・・・136	部位・・・・・・11
――インジャリー（ダッシュボード損傷）・・・・・・138, 154	紛争処理機構・・・・・・21
タナ障害・・・・・・51, 153	紛争処理申請・・・・・・160
中心性頸髄損傷・・・・・・127	紛争申立による時効中断の効力・・・・・・23
――の症状・・・・・・127	併合・・・・・・12
調査確認の要点・・・・・・164	傍脊柱筋群・・・・・・69
治療開始の遅れ・・・・・・166	ほとんど常時・・・・・・86, 167, 168
	――疼痛を残すもの・・・・・・167

ホフマン反射・・・・・・・・・・・・・・・・・・・・・181

ま行

鞭うち損傷・・・・・・・・・・・・・・・・・・・・・111

や行

腰痛・・・・・・・・・・・・・・・・・・・・・・37,111
　──症・・・・・・・・・・・・・・・・・・・・・・112

ら行

ライトテスト・・・・・・・・・・・・・・・・・・・181
ラックマンテスト・・・・・・・・・・・・・・・156
リーンフォースメント・・・・・・・・・・・・165
理学的検査・・・・・・・・・・・・・・・・・・・・・44
リブバンド・・・・・・・・・・・・・・・・・・・・184
労災保険における関節機能障害の認定・・77

欧字・数字

MMT・・・・・・・・・・・・・・・・・・・・・・・・86
ROM・・・・・・・・・・・・・・・・・・・・・・・181
RSD・・・・・・・・・・・・・・・・・・・・・・・166
2種以上の後遺障害・・・・・・・・・・・・・・・40

■判例索引■

[高等裁判所]

大阪高判平成元年5月12日判タ705号202頁··17
東京高判平成4年3月16日労判615号48頁··45
東京高判平成5年1月27日判時1452号137頁···45, 46
東京高判平成5年12月21日判時1514号143頁··45
東京高判平成11年8月9日判タ1041号250頁・判時1699号87頁··························37, 44
東京高判平成12年8月28日判時1749号38頁··45
大阪高判平成18年9月28日交通民集39巻5号1227頁···33
東京高判平成20年3月13日判時2004号143頁···45
東京高判平成27年9月17日自保ジャ1959号40頁··163
東京高判平成28年1月20日判時2292号58頁··14

[地方裁判所]

東京地判平成2年11月27日金判865号32頁・判時1373号88頁································42
東京地判平成9年2月3日判タ952号272頁··8
宇都宮地足利支判平成11年3月16日判タ1041号250頁··39
大阪地判平成17年7月19日自保ジャ1618号16頁···54
大阪地判平成18年4月25日交通民集39巻2号578頁·······································50, 149
東京地判平成19年11月7日交通民集40巻6号1479頁···33
東京地判平成21年2月5日交通民集42巻1号110頁··30, 33
神戸地判平成21年6月24日交通民集42巻3号774頁···32
東京地判平成21年9月10日交通民集42巻5号1163頁··70
神戸地判平成21年9月28日交通民集42巻5号1239頁···47
名古屋地判平成22年3月19日交通民集43巻2号419頁··49
大阪地判平成22年4月15日自保ジャ1838号68頁···99
京都地判平成22年5月27日判時2093号72頁··95
横浜地判平成22年7月15日自保ジャ1838号106頁··64
神戸地判平成22年12月7日交通民集43巻6号1587頁··34
東京地判平成23年2月3日交通民集44巻1号197頁···46
高松地判平成23年6月1日自保ジャ1855号73頁···30, 56
京都地判平成23年6月10日交通民集44巻3号765頁··32
横浜地判平成23年7月20日交通民集44巻4号968頁···48, 141
名古屋地判平成23年8月19日交通民集44巻4号1086頁······································30, 78
東京地判平成24年4月26日交通民集45巻2号499頁···31

さいたま地判平成 24 年 6 月 21 日自保ジャ 1880 号 46 頁·····················167
大阪地判平成 24 年 6 月 27 日自保ジャ 1893 号 97 頁······················91
熊本地判平成 24 年 8 月 9 日自保ジャ 1881 号 174 頁······················39
東京地判平成 24 年 8 月 28 日自保ジャ 1885 号 92 頁······················72
大阪地判平成 25 年 1 月 10 日交通民集 46 巻 1 号 1 頁·····················31
東京地判平成 25 年 8 月 6 日交通民集 46 巻 4 号 1031 頁··················103
仙台地判平成 27 年 1 月 29 日自保ジャ 1945 号 159 頁·····················54
さいたま地判平成 27 年 3 月 20 日判時 2255 号 96 頁······················15
宇都宮地判平成 27 年 4 月 28 日自保ジャ 1959 号 40 頁····················163
名古屋地判平成 27 年 8 月 28 日自保ジャ 1959 号 50 頁····················131
東京地判平成 27 年 9 月 28 日自保ジャ 1960 号 52 頁··················32, 116
横浜地判平成 27 年 12 月 17 日自保ジャ 1968 号 27 頁·····················164
福岡地判平成 28 年 2 月 22 日判時 2302 号 111 頁························36

後遺障害の認定と異議申立―むち打ち損傷事案を中心として―

著　　者	加　藤　久　道
初版第１刷	2018年１月22日発行
初版第４刷	2022年４月27日発行

発　行　所	株式会社保険毎日新聞社
	〒101-0016　東京都台東区台東４－14－８
	シモジンパークビル２Ｆ
	TEL 03-5816-2861／FAX 03-5816-2863
	URL https://www.homai.co.jp/
発　行　人	森　川　正　晴
カバーデザイン	塚　原　善　亮
印刷・製本	株式会社バズカットディレクション

ISBN978-4-89293-291-5
©2018　Hisamichi KATO　　　Printed in Japan

本書の内容を無断で転記、転載することを禁じます。
乱丁・落丁本はお取り替えいたします。